자주성의 공동체

자유에서 자주로
개인에서 공동체로
생명에서 정신으로

저자 이병창

생각해 보면 끝없이 방황했던 세월이었다. 한때 절망에 빠지기도 했다. 캄캄한 밤 구름 낀 하늘에 언뜻 비치는 달처럼 새 세상이 올 것 같은 기대로 들떴던 때도 있었다. 그리고 또 언제 끝날 줄 모르는 시련의 날들...그렇게 벌써 한평생을 살았다.

이 오랜 세월 동안 늘 마음속을 떠나지 않는 말이 하나 있었다. 그 말은 '신의 침묵'이라는 말이다. 신은 왜 침묵하는가? 신의 언제 끝날지 모르는 이 침묵은 무엇을 의미하는가? 나는 묻고 또 물었다. 그리고 이제야 하나의 답을 얻었다. 신이 내놓은 답은 아니다. 하지만 신은 내가 이이 답을 내리기를 기다렸을 것이라고 믿는다.

이 시대는 자유주의 시대라고 한다. 이 시대의 정신은 포스트모던 자유주의이다. 그 한계는 부시의 이라크 침공으로 드러났다. 그 후 사람들은 공동체의 길을 모색했다. 누구는 무정부주의적인 공동체를 모색한다. 누구는 에로스의 공동체를 모색한다. 나름대로 울림은 있지만, 이 세상의 눈물을 씻기는 부족하다. 역사의 받침점은 더더구나 아니다. 그럼 무엇인가?

그 답은 곧 자주성의 공동체이다. 절망 속에서 일어나 그 새벽, 바다의 세찬 바람 속에 서서 들었다. 간절한 마음속에서 나는 이 공동체의 말을 들었다. 인민이 하늘이라는 말이다. 이 세상의 눈물을 씻어주는 이는 메시아가 아니라 인민의 공동체이다. 그 공동체란 서로 자주성을 통해 결합한 공동체이다. 사랑과 모심 그리고 무한 책임의 정신으로 결합한 공동체이다. 이 공동체는 유토피아적 공동체가 아니라 역사의 객관적 이념을 실현하는 공동체이다.

나는 이 자주성의 공동체를 말로 해야 하겠다고 결심했으나 나에게는 언어가 부족하다. 흩어진 언어를 부릴 재주가 없다. 얼기설기 언어를 끌어모았으나 볼수록 제멋대로 다. 어쩌면 내 생각이 근본적으로 부족한 것인지 모른다. 갑자기 숨이 막히고 다시 또 생각에 잠기지만 더는 생각이 닿지 않는다. 하는 수 없다. 일단 이렇게라도 말해보고, 다시 또 기다려야 할지 모르겠다. 다음번에는 신이 직접 말씀하시기를 간절히 기다리면서 우선 이 글을 내놓는다.

2017년 3월 10일 새벽
이병창

차례

나는 최근 마음이 아팠다. 우리 사회의 분열이 끝이 없기 때문이다. 그중 가장 심각한 것은 경제적인 양극화로 등장한 사회적 분열이다. 그에 못지않게 정치 영역에서도 분열이 극심하다. 보수도 진보도 어김없이 분열을 겪고 있다. 분열은 창조의 원천이 되기보다 극심한 파쟁의 기원이 되기도 한다. 이런 분열이 어느덧 우리 마음속까지 파고든 것이 아닌가 걱정한다.

분열의 원인은 무엇인가? 분열의 끝은 도대체 어디일까? 나는 스스로 물어보았다. 어떻게 하면 분열을 극복할 수 있을까? 분열의 출발점은 신자유주의라는 사회 체제에 있을 것이다. 분열은 신자유주의 사회의 특징인 파편화 때문이다. 분열을 극복하기 위해서는 신자유주의를 극복해야 한다는 것은 말할 필요가 없다. 하지만 신자유주의라는 현실을 극복하려면 먼저 우리 마음속의 분열부터 극복할 필요가 있지 않을까?

나는 마음이 분열한 원인을 살펴보았다. 나는 이 시대 만연한 포스트모던 자유주의라는 이데올로기에 혐의를 두지 않을 수 없었다. 포스트모던 자유주의는 자유를 입에 달고 다니지만, 그 자유는 진짜 자유가 아니다. 포스트모던 자유주의는 마음속에서 일어나는 선택의 가능성을 주장하는 것에 그친다. 그 결과 자유는 다만 상상에만 머물며 실제로 의지를 지배하는 것은 욕망의 힘이다. 포스트모던 자유주의는 욕망의 제한 없는 해방을 주장하는 이데올로기이다.

욕망이란 무엇인가? 그것은 자연 발생적인 힘이지만 외적인 자극이나 내적인 충동에 따라 끝없이 변화하는 것이다. 사회적 현실이 이리저리 변동함에 따라서 욕망도 춤추니, 개인은 자기 자신이 무엇을 욕망하는가조차 종잡을 수 없을 때가 많다. 포스트모던 자유주의는 개인의 자유에 기초하여 합의의 공정성을 소리높여 떠들지만, 공정성이란 말로만 그칠 뿐이다. 공정성이라는 것은 자기의 욕망을 감추는 구실에 불과하다. 서로 불신하는 가운데 어제 합의했던 것도 오늘 깨어지는 일이 다반사이다.

포스트모던 자유주의는 평화와 상호존중이라는 아름다운 옷을 걸치고 다니지만, 그것은 폭력을 감추는 장식에 불과하다. 실제로는 서로를 의심하고 서로를 배제하면서 급기야 폭력을 행사하니, 미국사회에서 난무한 무차별 총기 난사가 이를 입증한다. 포스트모던 자유주의가 지배하는 이 시대, 보편적 인권이라는 이름으로 자행하는 제국주의적 침략이 모든 폭력의 원조다. 이로부터 전쟁 이주민과 노동 이민에 대한 유럽 인종주의자의 테러가 나온다.

포스트모던 자유주의는 한때 억압과 차별을 제거하자는 아름다운 말이었으나 신자유주의 시대, 현실의 파편화가 극단화되자 자기의 내심을 노골적으로 드러냈다. 자유는 말뿐이었으며 실제로는 욕망이었다. 그 결과 전 세계에 걸쳐서 포스트모던 자유주의를 극복하려는 철학적 시도가 등장했다.

최근 포스트모던 자유주의의 대안으로서 20세기 초 모더니즘으로 되돌아가자는 주장이 등장했다. 20세기 초 모더니즘은 근대 계몽주의를 비판하면서 과학과 이성을 통해서가 아니라 직관과 감수성을 통해서 진리에 도달할 수 있을 것이라 믿었다. 그 결과 본질을 직관하는 계시, 꿈, 무의식, 환상 등에 기초한 다양한 모더니즘이 발전했다. 최근 활발하게 논의되는 들뢰즈의 철학과 라캉-지젝의 철학은 모더니즘의 부활이라 간주할 만하다.

대표적으로 들뢰즈의 철학을 보자. 거슬러 올라가자면 19세기 초 셸링은 칸트의 의무 개념을 극복하고자 생명력 개념을 제시했다. 칸트는 도덕법칙을 그 자체로서 따르는 의지를 순수의지라 했다. 그는 순수의지(자유의지)를 의무 또는 자율적 의지라고 보았다. 그러나 순수의지는 강제적이라는 데 한계가 있었다. 셸링은 칸트를 비판하면서 순수의지 대신 양심의 개념을 제시했다. 양심은 도덕법칙을 직관적으로 인식하는 능력이며 동시에 도덕법칙을 즉각적으로 실행할 수 있는 능력이다. 그런데 양심이 인간에게 가능한가가 문제다. 이런 문제를 풀기 위해 셸링은 미분 기하학에 나오는 미분적(differential) 힘이라는 개념을 도입했다. 그는 생명체에도 미분적 힘이 내재하며 이를 생명력이라 했다. 생명력은 스스로 실행하는 자발적 능력이다. 셸링은 이를 통해 양심의 가능성을 확보할 수 있었다.

셸링이 제시한 생명력 개념은 20세기 초 베르그송의 철학에 영향을 주었고 20세기 후반에는 들뢰즈의 철학을 통해 포스트모던 자유주의를 극복하는 대안으로 부활했다. 들뢰즈 역시 생명에 내재하는 미분적 힘을 핵심적인 개념으로 삼는다. 생명력은 사유에 머무르지 않고 자발적으로 실행될 수 있으므로 포스트모던 자유주의의 자유 개념을 극복할 수 있는 것으로 보였다. 최근 우리나라에도 들뢰즈 철학 연구자가 부쩍 많아졌다.

그러나 생명력 개념이 포스트모던 자유주의와 그로부터 유래된 분열을 극복할 수 있을까? 나는 이점을 회의한다. 왜냐하면 생명력 개념은 근본적인 한계를 가지고 있기 때문이다. 생명력 개념은 수동적인 의지인 정념의 수준에 머무르며, 개인 차원의 의지에 그친다. 정념의 수준에 머무르기에 생명력은 자기도 어쩔 수 없는 힘에 사로잡혀 행동한다. 또한 생명력을 아무리 고양하더라도 개인의 차원에 그치는 한, 개인의 힘으로 시대의 어둠을 극복할 수는 없다. 개인의 생명력은 역사의 거대한 수레바퀴 아래서 절망과 도피 또는 자학에 빠지지 않을 수 없다. 최근 우리나라에서 들뢰즈 철학도들이 도피주의에 빠지는 것도 그 때문으로 보인다.

포스트모던 자유주의를 극복하는 다른 대안은 없을까? 들뢰즈나 라캉, 지젝처럼 모더니즘으로 돌아가는 길 외에 다른 길은 없는가? 자유주의의 문제는 자유라는 개념이 철저하지 못한 데 있었으니, 포스트모던 자유주의를 극복하기 위해서는 오히려 자유라는 개념을 더 철저하게 밀고 나갈 필요가 있는 것이 아닐까? 이렇게 생각하는 가운데 나는 자주성이라는 개념을 발견하게 되었다. 자유는 욕망 가운데 가치 있는 것을 자기의 것으로 선택한다. 그러나 자유는 마음속의 가능성이다. 자주적 의지는 마음 속에 선택된 욕망 즉 가치를 실제 행위로 실행하려는 의지를 말한다.

자주적 의지의 방식은 욕망의 방식과 다르다. 자유주의가 결국 복귀하고 마는 욕망은 충동적이다. 즉 욕망은 항상 최종 결과를 얻는 것 또는 이를 통해 얻는 쾌락을 얻는 것이 목적이다. 욕망은 결과를 향해 충동적으로 달려간다. 이와 달리 자주적 의지는 자신이 선택한 가치에 충실하고자 한다. 자주적 의지는 가치에 충실한 행위를 통해 즐거움을 얻는다. 결과의 만족이 아니라 행위를 실행하는 즐거움이 자주적 의지의 목적이다. 욕망은 '도덕적 결과주의'라 할 수 있다. 무슨 짓을 해서든지 결과만 도달하면 된다고 생각하기 때문이다. 반면 자주적 의지는 '도덕적 행위주의'라 볼 수 있다. 행위를 하는 과정, 하나하나의 행위가 중요하기 때문이다.

넓게 본다면 이미 칸트의 순수의지 개념이나 셸링의 생명력 개념도 자주성의 한 형태이다. 모두 결과보다는 행위를 강조하는 개념이기 때문이다. 그러나 순수의지나 생명력은 개인적 차원의 의지, 정념에 머무르는 의지이다. 이런 의지로는 자유주의의 자유 개념을 극복하기에 한계가 있으므로 나는 자주성의 더 고차적인 형태를 모색할 필요가 있다고 보았다. 이런 더 고차적인 자주성은 정념을 극복하는 능동적 의지이어야 하며 또한 개인의 의지를 넘어선 공동체 정신이어야 한다고 생각했다. 왜냐하면 오직 공동체의 힘을 통해서만 역사를 들어 올릴 수 있는

지렛대의 받침점을 발견할 수 있기 때문이다. 또한 정념을 넘어선 능동적 의지만이 흔들림이 없이 새로운 역사의 이념을 실천할 수 있기 때문이다.

이런 공동체 정신은 우선 기독교에서 발견할 수 있다. 기독교적 사랑의 정신을 이해하는 과정에서 사도 바울을 만나게 된다. 바울에 관한 여러 해석이 존재하지만, 바울의 제자였던 2세기 신학자 마르키온(Marcion)은 바울을 이해하는 사다리를 마련해 준다. 기독교의 사랑 정신은 종교적 사유에 지배되고 있다. 종교적 사유의 기초는 창조주라는 신 개념이다. 마르키온은 이런 창조주 개념을 부정하면서 그에 대치되는 성령 개념을 제시했다. 그는 이를 통해 기독교의 사랑 정신을 새롭게 이해할 수 있도록 해준다.

바울은 율법을 비판한다. 율법은 도덕적 규범을 실행하는 데서 훈육의 방식을 사용한다. 훈육은 행위를 처벌하거나 보상해서 도덕적으로 행동하게 하는 방식이다. 훈육이 의존하는 것은 인간의 욕망이니, 훈육을 강화할수록 욕망도 강화하고 강화된 욕망은 도덕을 더욱 자주 위반하게 할 것이다. 그러므로 바울은 율법이 오히려 죄의 원인이 된다고 말한다. 반면 바울은 믿음을 통해 구원을 얻는다고 한다. 믿음이란 곧 성령과의 합일이다. 성령이 사랑의 정신이므로 믿음이란 사랑의 정신을 온몸으로 구현하는 것이다. 바울은 예수가 죽음으로 실천한 사랑의 정신을 실천함으로써 세상을 구원하고자 했다.

사랑은 흔히 받는 것이 아니고 주는 것이라 말한다. 사랑의 정신은 무엇이든 스스로 실행하는 가운데서 즐거움을 얻는 정신이다. 이런 점에서 사랑의 정신은 자주적인 의지이며, 자발적인 생명력보다 더 탁월한 능동적인 자주성이라고 할 수 있겠다. 자율성이나 자발성은 어디까지나 개인의 의지에 머무르는 것이다. 반면 사랑의 정신은 공동체를 형성하는 정신이다. 그러므로 바울이 말하는 사랑의 정신은 흔히 말하는 정념의 사랑과 구별된다. 정념의 사랑은 대가를 기대하는 사랑이며 한 개인, 한 가족, 한 민족에 대한 사랑에 그친다. 그러나 성령의 정신인 사랑은 한 개인을 넘어서 공동체를 형성하는 공동체 정신으로 나타난다. 사랑의 정신은 자신이 곧 공동체의 주인이라고 생각하며 공동체에 대해 무한한 책임을 짊어지는 정신이다.

자주적 의지의 최고 형태는 사랑의 정신이다. 사랑의 정신을 통해 공동체가 형성될 수 있다. 이런 사랑의 정신은 사도 바울의 삶 속에서 구현되어 있다. 사도 바울의 삶은 한마디로 교회 공동체를 형성하려는 시도였다. 그가 「로마서」를 쓴 이유는 로마 교회에 유대인과 비유대인 사이의 갈등을 해결하기 위한 것이었다. 그가 「고린도서」를 쓴 이유도 고린도 교회에 베드로파와 바울파 사이의 갈등을 해결하기 위한 것이었다.

사도 바울의 사상을 통해 동학사상을 재발견하게 된다. 동학의 인내천 사상은 새로운 자주적 공동체 정신을 열어나가고 있었다. 바울의 믿음 개념은 동학사상에 수심정기라는 개념으로 나타난다. 바울의 사랑의 정신은 동학사상에서 모든 사람을 천주로 모시라는 '모심'의 사상으로 나타난다. 그러나 바울의 사상과 동학사상에 차이도 있다. 바울의 믿음이 성령과의 합일을 우선시하는 것이라면 동학사상에서 시천주 사상은 이웃을 통해 천주를 발견한다. 전자자 수직적 관점이라면 후자는 수평적 관점이다. 이런 점에서 동학사상은 최근 프랑스 철학자 레비나스

(Levinas)의 환대 개념을 상기시킨다. 레비나스는 이웃에서 죽어가는 타인의 얼굴에서 신이 현현함을 발견한다.

그러나 유감스럽게도 사도 바울의 사랑 정신이나 동학사상에서 모심의 정신은 역사적으로 망각되었다. 이렇게 망각된 이유는 무엇일까? 성령과의 합일 또는 수심정기라는 믿음 개념이 수동적이기 때문이다. 믿음 개념은 다시 창조주 개념을 불러들인다. 이 신은 처벌하고 구원하는 신이니 이를 통해 율법과 구원이라는 개념으로 되돌아갈 수밖에 없다. 더구나 기독교의 사랑이나 동학사상에서 모심은 개인적인 차원에 그치고, 사회적 실천을 결여한다. 기독교에서 사회적 차원에서 말하는 하나님의 나라라는 말은 너무나도 모호하고 비역사적이다. 동학의 후천개벽이라는 개념 역시 신비하기는 마찬가지이다.

공동체 정신을 지키기 위해서는 창조주에 의존할 것이 아니라 인간의 내면에서 능동적으로 나오는 것에 의존해야 한다. 또한 사랑의 정신으로 결합합 공동체는 막연한 이웃 사랑이 아니라 현실적인 역사 속에서 객관적으로 실현되는 역사의 이념을 실천하는 것이어야 한다. 그런 가능성은 어디서 발견할 수 있을까? 이 글이 목표로 하는 지점은 바로 이런 물음에 있다.

결론적으로 말하자면 이 글은 마르크스주의를 재해석함을 통해 그런 목표에 도달할 수 있다고 주장한다. 누구나 인정하는 것이지만, 마르크스는 역사과학을 통해 객관적인 역사의 법칙을 발견했다. 이런 역사 법칙에 기초하여 그는 새로운 역사의 이념을 발견했다. 그것은 프롤레타리아의 해방이라는 이념이다. 그러나 마르크스주의는 실천의 문제 부딪혔다. 대부분의 마르크스주의자는 인간의 욕망에 기초하여 역사의 이념을 실천하려 했다. 그것이 레닌의 전위 정당 개념이며 이 정당 개념은 부르주아 정당을 모방했다. 그러나 이런 전위 정당은 역사적 실천을 통해 드러났듯이 종파주의와 관료주의 때문에 몰락하고 말았다. 이런 종파주의와 관료주의는 아방가르드 정당이 욕망에 기초하고 유기적인 구성을 강조하는 한 불가피한 결과였다.

그렇다면 마르크스주의를 역사적으로 실천하기 위해서는 새로운 실천의 원리가 나와야 했다. 이는 과학적으로 인식된 역사의 이념을 실현하는 새로운 형태의 이념 공동체를 의미한다. 어디에서 이런 실천의 원리를 찾을 수 있을까? 기독교나 동학사상을 통해 출현한 자주적 공동체 정신 즉 사랑이나 모심의 정신이 새로운 이념 공동체의 지반이 되지 않을까? 하지만 마르크스주의에서 인간이란 기본적으로 욕망하는 존재가 아닌가? 그런 욕망이 사회적 관계에 의해 결정된다는 것이 마르크스의 가장 근본적인 주장이 아닌가? 마르크스주의의 유물론적 인간론은 자주적 공동체 정신과 충돌하는 것이 아닐까? 하나는 과학이고 하나는 종교인데, 과연 이 두 가지가 결합할 수 있는 것일까?

이런 의문에 대해서 이 글은 세 가지 차원에서 대답하려 한다. 하나는 이미 역사적인 실천을 통해 마르크스주의가 자주적 공동체 정신과 결합할 수 있다는 사실이 입증되었다는 것이다. 그것은 중국의 노농혁명군인 홍군이 만리장정에서 보여주었다. 1930년대 동만에서 전개된 항일 유격대의 투쟁 역시 이런 자주적 공동체 정신을 입증한다.

문제는 그런 자주성의 이념 공동체에 이르는 이론적인 가능성이다. 다행히 헤겔의 절대정신 개념이 이런 가능성을 밝혀 주었다. 헤겔은 주체라는 개념을 통해 개인적인 의지 속에 이미 공동체 정신이 내재한다고 보면서 이를 절대정신으로 규정한다. 이것은 기독교의 성령 개념에 해당된다. 헤겔은 절대정신이 소외되면서 신 개념이 출현한다고 했다.

세 번째는 마르크스 역시 청년기에 헤겔의 철학에 영향을 받았으니 그의 인간론 가운데서도 헤겔의 절대정신 개념을 발견할 수 있다. 그것은 마르크스의 인간론 가운데 유적 존재라는 개념으로 등장했다. 마르크스에게 두 인간론이 있다. 하나는 사회관계 속에서 욕망하는 존재이고 다른 하나는 유적 존재 즉 자주적 공동체 정신이다. 이 두 인간론은 하나로 통합된다.

이 글은 마르크스주의를 이해하는 데서 역사 인식의 측면과 역사적 실천의 측면을 구분해야 한다고 주장한다. 역사 인식의 측면에서는 인간은 욕망하는 존재이다. 역사를 만드는 다수 대중은 욕망에 따라 움직이기 때문이다. 그러나 역사의 이념을 실현하는 혁명적 실천은 이념 공동체를 이루는 사람들은 자각된 소수이며 이들은 자주적 공동체 정신을 구현할 수 있다. 이런 자주적 공동체 정신에서 나오는 이념 공동체만이 역사의 이념을 실현할 힘을 갖는다. 이런 점에서 이론적 인식에서 인간론과 실천적 차원에서 인간론을 구분할 필요가 있다. 이런 구분을 통해 욕망하는 인간이라는 개념과 자주적 공동체 정신을 지닌 인간 개념이 공존할 수 있으며, 이론적으로 인식된 역사적 이념과 실천적으로 파악된 자주적 공동체 정신이 결합될 수 있다.

이 글은 마지막으로 인간이 자주적 공동체 정신에 이르는 길은 역사적 실천을 통하는 길이라고 주장한다. 진정으로 절망한 자만이 간절하게 바란다. 이런 간절한 바람은 창조주나 메시아의 힘에 의존하게 하지 않는다. 이 간절한 바람은 오직 인민의 힘을 철저하게 믿게 한다. 인민에 대한 믿음을 통해서 사랑이라는 자주적 공동체 정신을 얻는다. 바울이 사도는 신 앞에서 무한 책임을 지는 존재라고 주장하듯 혁명가 역시 인민에 대한 무한 책임을 짊어지는 존재이다.

　마지막으로 이 책의 차례를 간단하게 언급하고 서문을 끝내도록 하자. 이 책은 1부에서 우선 자주적 의지라는 개념을 설명한다. 여기서 자주성의 정치적 의미와 윤리적 의지가 구분되며, 자주적 의지를 욕망과 대비하여 서술한다. 욕망과 자주적 의지의 대비 속에서 자유주의의 자유 개념이 비판된다. 이어서 2부에서는 자주적 의지의 다양한 역사적 형태가 다루어진다. 여기서 운명과 의무감(자율성) 개념 그리고 낭만주의적 양심(자발성) 개념이 다루어지면서 그 한계가 지적된다. 마지막으로 3부에서 공동체를 형성하는 자주적 의지로서 사랑의 정신을 살펴본다. 바울의 사상 그리고 동학의 사상이 다루어진다. 마지막으로 이런 종교적 공동체 정신을 극복하고 자주성의 공동체를 형성하는 과학적인 길, 유물론적인 길을 모색한다.

1부 자주성의 의미

민주와 자치 1

자주는 두 가지 의미를 지닌다. 자기가 원하는 것을 실현한다는 의미와 이를 스스로 실행한다는 의미이다. 전자는 자유라는 의미와 같다. 그러므로 자주는 자유를 포함하지만, 자유보다 더 큰 의미가 있다. 다만 자유와 구분하여 자주라는 말을 사용할 때는 그것은 자기실행을 의미한다. 사회정치적 차원에서 자유가 민주주의와 연결된다면 자주는 자치와 연결된다.

1) 점심

자주라는 말은 자주 사용되는 말이다. 자주독립이라는 말 또는 자주관리라는 말은 흔히 들을 수 있다. 말의 의미도 그렇게 어렵지는 않다. '자(自)'란 스스로라는 의미이며, '주(主)'는 주인, 주체라는 의미이다. 국어사전을 뒤져보면 이렇게 정의되어 있다.

"남의 보호나 간섭을 받지 아니하고 자기 일을 스스로 처리함."

아이의 엄마는 아침부터 바쁘다. 아침 식사도 차려야 하지만 출근 준비도 해야 한다. 그런데 아이도 바쁘다. 아침 먹고 학교 가야 한다. 아이가 엄마한테 묻는다.

"엄마, 나 머리 해야 해."

"그래", 엄마가 대답한다. "이리 오렴, 머리 묶어 줄게."

조금 뒤 아이가 또 묻는다. "엄마, 나 아침 먹어야 해."

"응, 잠깐만!"

"엄마, 나 숙제 챙겨야 해."

"그래, 어디 어디 놓아두었니? 찾아보렴."

"서랍에 넣어 두었는데, 없어."

"잘 찾아보렴, "

"못 찾겠어!"

엄마의 화가 머리끝까지 올랐다. "네 숙제인데, 네가 챙겨야지!"

이 아이에게 부족한 것은 무얼까? 자유? 자율성? 자발성? 다 적절하지 않은 말 같다. 이때 가장 적절한 말은 '자주성'이 아닐까? 자주성, 어렵지 않은 말이다. 그런데 철학에서는 이런 농담 아닌 진담이 통한다. 즉 가장 쉬운 말이 가장 어렵다는 주장이다. 예를 들어 '있다'는 말을 누구나 흔히 사용한다. 누가 그 의미를 물어보면 물어보는 그가 오히려 이상한 사람 같다. 하지만 곰곰이 생각해보면 이 말의 의미가 무엇인지 분명하게 대답할 수 없다.

옛날 전해 오는 이야기라 한다.[1] 덕산 스님이 금강경을 10년간 공부한 다음 남방에 선종이 유행한다는 이야기를 듣고 깨우쳐 주리라 하고 남방으로 향했다. 어느 고개를 지나갈 무렵, 점심 먹을 때가 되었다. 마

---

1 중국의 고서 『벽암록』에 나오는 일화이며 금강경의 대가로 유명했던 덕산(德山, 780-865) 스님에 관련된 이야기이다. 원래 '점심'은 "마음에 점을 찍는 듯이 간단히 먹거나", "마음을 건드려 일으켜 세우다"라는 뜻이라 한다.

침 고개 언덕 밑에 주막이 있어 들어가 보니 할머니가 있었다. 할머니에게 점심(點心: 말 그대로 하면, 마음에 점을 찍는다는 뜻이다)을 해 달라하니, 할머니가 이렇게 말했다고 한다. 금강경에는 과거심도 없고 미래심도 없고 현재심도 없다고 하는데, 어느 마음에 점을 찍어드릴까요?

할머니의 주장은 이렇다. 마음이란 게 있다면 시공간적인 장소에 있고 장소가 있다면 점을 찍을 수 있겠지만, 사실 마음이란 게 있는 것이 아니니 점을 찍을 장소도 없는 게 아니냐, 그러니 점심을 해 줄 수도 없다는 것이다. 불교의 핵심적인 사상이 마음은 없다는 주장이니 할머니의 주장은 불교의 기본에 충실한 주장이다. 스님은 할머니의 말을 듣고 문득 깨달았다는 이야기이다.

마음이란 있는 것이냐고 물어보면 사실 모호하다. 그게 있다고 말할 수도 없고, 없다고 말하기도 어렵다. 생각해보면 마음이 있는지 없는지가 문제가 아니다. 오히려 있다는 말의 의미 자체가 문제이다. 시공간적 장소에 있는 것만이 있다고 해야 할까? 시공간적 장소가 없는 마음과 같은 것도 있기는 있는 것이 아닐까? 이렇게 생각해보면 있다는 말이 얼마나 어려운 말인지 쉽게 이해할 것이다.

마찬가지이다. 자주라는 말의 의미도 너무 쉬운 말이기에 오히려 그 의미가 정확하게 무엇인가 말하기 어렵다. '자주'란 '자유'와 같은 말일까? '자주'와 '독립'이란 동어반복에 해당할까? '자주'란 '자결(自決)', '자기결정권'이라는 뜻일까? '자주'와 '자치'는 서로 어떤 연관을 지니는 말일까? '자주성', '자율성', '자발성', 이 세 가지는 다 같은 말인가? 갑자기 머리가 아프기 시작할 것이다.

2) 자주와 자유

앞에서도 말했지만, 자주란 말을 언어적으로 풀이하자면 자기(自己)가 주인(主人)이 된다는 말이다. 그럼 주인이라는 말은 무슨 뜻인가? 여기서부터 갑자기 막힌다. 주인, 주체라는 말이 어떤 의미인지 분명하지 않기 때문이다.

주체라는 말을 분석해야 하지만 주체라는 말은 의미망이 너무 복잡다단한 말이다. 그 말을 분석하다가 아마 지쳐버릴 것이다. 더구나 주체라는 말을 분석하게 되면 이번에는 다시 자주라는 말에 부딪힐 것이다. 주체와 자주라는 말은 서로 순환적으로 정의되어 있기 때문이다. 그러니 주체라는 말을 우회해서 용례를 중심으로 자주라는 말을 분석해 보자.

자주라는 말은 흔히 두 가지 의미로 사용된다. 우선 한 가지는 자기를 실현한다는 의미이다. '자주독립'이든 '자주관리'이든 항상 내가 원하는 것을 실현하고자 하지 남이 요구하는 것을 실현하는 것은 아닐 것이다. 자주라는 말은 또 다른 의미에서 사용된다. 즉 자주라는 말에는 남에게 맡기지 않고 자기가 스스로 실행한다는 의미가 들어 있다. 우리나라를 다른 나라가 대신 지켜줄 때 그게 자주적인 나라는 아닐 것이다. 우리를 먹여 살리는 공장을 다른 사람들이 관리할 때 그것이 자주관리는 아니다.

자주라는 말이 사용되는 이 두 가지 의미 즉 자기실현과 자기실행은 엄연히 다른 차원이다. 전자에서 '자기'는 목적어요 후자에서 '자기'는 주어이다. '자기'를 '자기'가 실행할 때 자주가 된다.

자기실현이라는 의미에서 본다면 자주라는 말은 자유라는 말과 뒤섞여서 사용된다. '자유' 역시 자신이 원한 것을 실현한다는 의미로 사용되기 때문이다. '자유'와 '자주'에 공통적인 의미가 있으므로 많은 사람이 자주라는 말을 사용해야 할 때, 자유라는 말을 사용한다. 우리는 '자주독립'이라 말하고, 때로는 이 나라가 '자유'를 얻었다고 말한다.

반면 '자주'를 자기실행이라는 의미에서 사용할 때 '자유'는 '자주'와 구별된다. 자유는 자기가 원하는 것을 실현하기만 하면 되지 굳이 자기가 실행하기를 요구하지 않는다. 대체로 자유는 그 실행을 전문가에게 맡긴다. 자주는 앞에서 말했듯이 자기가 실행하고자 한다.

'자주'는 이 이 두 가지 의미를 포괄하지만, 자기실현이라는 의미에서는 굳이 사용되지 않는다. 왜냐하면 이때는 자유라는 말이 더 널리 사용되기 때문이다. 굳이 자유와 구분하여 자주라는 말을 사용한다면 그때는 주로 자기실행을 강조하기 위해 사용된다.

3) 자기결정

자주나 자유, 이 두 가지 말과 뒤섞어 쓰는 말 가운데 자기결정이라는 말도 있다. '자기결정'을 줄이면 자결(自決)이라는 말이 된다. '민족자결', '성적 자기결정권' 등의 용례를 찾아볼 수 있다. 이런 자결이라는 말은 '자유'나 '자주'와 어떻게 연관될까?

예를 들어 성적 결정권 외에도 많은 것들이 이런 자기결정권의 영역에 속한다. 머리카락 모양이나 옷의 종류를 선택하는 것은 학생의 자기결정권에 속한다. 자살도 자기결정권에 속하는 것이다. 생명은 신의 것으로 믿는 기독교인이 아니라면 대체로 그렇다고 대답한다.

자기결정권이라는 말이 사용되는 용례를 짚어 보면, 선택의 차원이 강조된다는 것을 알 수 있다. 자기결정권은 주로 여러 가지 가운데 어떤 것을 선택할 때 그 선택을 남이 아니라 자기가 한다는 의미로 사용되고 있다.

우선 '자기결정'과 '자유'를 서로 비교해 본다면, 자기가 원하는 것은 자기가 선택한 것이라는 점에서 자유는 자기결정이라는 개념을 이미 포함한다고 볼 수 있다. 때로 두 가지가 분리되는 때가 있다. 즉 자기가 원하지만 자기가 선택하지 못하고 남이 대신하는 때이다. 아직도 많은 결혼은 이렇게 일어난다. 부모가 자기 자식이 원하는 배우자를 대신 선택해 준다. 마찬가지로 대학교에 입학할 때도 학생이 원하는 학과를 부모가 대신 선택해 준다. 하지만 이때 부모는 "이게 진짜 네가 원하는 거야" 하고 단호하게 말하지만, 자식이나 학생의 편에서 본다면 아무래도 그게 진짜 자기가 원하는 것으로 보기 어렵다. 자기가 선택해야 자기가 원하는 것이 되며, 자기가 원하는 것이라면 자기가 선택할 수 있어야 한다.

그냥 자유라고 말한다면 자기가 선택한다는 의미가 불분명할 수 있다. 위에서 본 예처럼 자기가 원하는 것을 타인이 결정해줄 수도 있다는 착각이 생겨날 수도 있다. 자유의 의미를 분명하게 하자면 자기가 원하는 것은 자기가 선택하고 결정해야 한다는 것을 분명하게 드러내야 한다. 이때는 자유라는 말 대신 자기결정이라는 말을 사용한다. 하지만 이미 자유라는 말에 그런 의미가 들어 있는 한 이는 강조에 불과하다.

그런데 '자기결정'과 '자주'는 어떤 관계가 있을까? 자기가 원해서 자기가 선택한 일인데, 자기가 실행하지 않는 때가 있을까?

어떤 때는 자기가 선택한 것을 자기 외에는 실행할 수 없는 때가 있다. 성관계의 예를 보자. 성관계를 남에게 대신한다면 그건 도착에 가까운 것이 될 것이다. 또 공부나 수행 과제를 남에게 맡길 때 그게 진짜 공부이거나 올바른 과제 수행으로 볼 수는 없다. 이런 때에는 자기가 결정한다는 의미 속에 이미 자기가 실행한다는 의미가 들어 있다. 하지만 이런 때는 몇 가지 안 된다.

위와 같은 예를 제외하고 대부분은 자기결정과 자기실행은 구분된다. 우선 자기가 선택했지만, 남에게 시킬 수밖에 없는 일도 있다. 아직 자기 머리카락을 자기가 깎는다는 사람을 만나 본 적은 없다. 한때 빗기만 하면 머리카락을 잘라주는 빗도 있었지만 요즈음 나오지 않는 것을 보면 머리는 누구나 남에게 맡기는 것이 틀림없다. 일의 효율성을 따지는 때 대부분 실행을 남에게 맡긴다. 어떻게 보면 사회적 활동의 대부분이 이런 종류라 볼 수 있다. 이때 대개 전문가나 관료가 그 일을 대신 맡는다. 이상 검토해 본 것처럼 자기결정과 자기실행으로서 자주 사이에는 분명한 단절이 존재한다.

전체적으로 보면 자기결정은 자유의 필수조건이다. 자주는 자유를 전제로 하고 그 위에서 또한 자기실행을 포함하니, 이 관계를 벤다이어그램으로 표시하자면 다음과 같이 그릴 수 있지 않을까 생각한다.

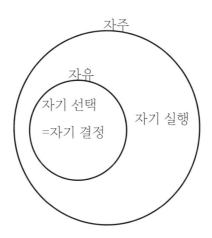

자주 즉 자기실행이라는 말은 다른 여러 가지 말로 표현할 수 있다. "자기의 힘으로 한다(자력)", "남에게 의존하지 않는다(독립)"라든가, "스스로 다스린다(자치)"라는 표현이 그런 예가 될 것이다.

이런 의미에서 자주와 관련해서 재미있는 이야기 하나 소개할까 한다. 독일에 있을 때, 유학생에게서 들었다. 그는 유학 도중 낳은 아이가 커서 독일 학교로 보냈다. 들어가기 전에 아이가 혹시 독일 아이에게 뒤지지 않을까 해서 아이에게 미리 몇 가지 선행학습을 시켰다. 입학한 뒤 얼마 되지 않아서 학교 교사가 보자고 해서 학교에 갔다. 교사는 그에게 불같이 화를 냈다.

교사의 주장에 따르면 아이가 학습에 흥미를 느끼게 하는 것 자체가 교육이라는 것이다. 무언가를 아는 것이 중요한 것이 아니라 무엇을 알아보려는 관심과 열의, 흥미, 즐거움이 더 중요하다. 만일 이런 식으로 아이의 학습에 대한 흥미를 죽여 놓는다면 머지않아 아이는 학습에 관심 자체를 상실하게 된다. 그 뒤부터는 그야말로 목에 굴레를 씌워 강제로 끌고 가야 한다. 이렇게 말한 다음 교사는 "그걸 어떻게 감당할 것이냐"고 화를 냈다. 유학생은 부끄러워 혼이 났다고 말한다. 우리에겐 익숙한 것도 자주라는 관점에서 보면 전혀 다르게 보일 수 있다는 말이다.

4) 민주와 자치

이상에서 일반적인 의미에서 자유와 자주라는 말을 비교해 보았다. 이 책의 목적은 자주라는 말을 윤리적 차원에서 분석하는 일이다. 하지만 윤리적 차원으로 나가기 전에 우선 그 말이 사회정치적 차원에서 어떻게 사용되는가를 분석해 보려 한다. 이런 말들을 가장 흔하게 사용하는 때가 사회정치적 차원이기 때문이다.

사회정치적 차원에서 자유는 대중이 원하는 것을 민주적으로 결정하는 제도로 나타난다. 왕이나 철학자가 대중이 원하는 것을 알아서 대중 대신 선택해 주는 체제를 생각해 볼 수도 있겠다. 하지만 그게 진정 자유로운 사회라 볼 수 없다. 진정 자유로운 사회가 되기 위해서는 대중이 원하는 것을 스스로 선택하고 결정해야 하니, 민주적 제도가 필수적이라 할 수 있다.[2]

반면 자기실행을 강조하는 자주는 사회정치적 차원에서는 자치에 대한 요구로 나타난다. 자치란 관료주의에 대립하는 체제이다. 사회주의의 이상 가운데 하나가 자치이다. 자본주의 체제 내에서도 자치를 도입하려는 시도가 끊이지 않는다. 교육 자치, 사법 자치, 지방 자치와 같은 말들은 이미 우리에게도 익숙한 말이다. 자치라는 주장에 공통적인 것은 구성원 자신이 원하는 것을 직접 실행한다는 것이다. 이때 구성원이 잘하나 못하나 하는 효율성의 문제는 부차적인 문제이다. 자치는 장단점이 있지만, 구성원이 스스로 실행한다는 것 자체를 의미 있고 중요하다고 볼 때 강조된다.

자주라는 말은 자기실현과 자기실행을 동시에 포함하므로, 사회정치적으로 민주와 자치 두 가지를 동시에 포함한다. 사회정치적 차원에서 민주와 자주 가운데 어느 것이 더 중요한가를 가린다면 우열을 가리기 힘들다. 만일 자기실현이 없이 자기실행만 있다고 하자. 예를 들자면 일제 강점기 자치운동이 그에 해당할 것이다. 그것은 자발적인 노예와

---

2 플라톤은 대중은 자기가 원하는 것을 알지 못하며 오직 철학자만이 선의 이데아를 알기 때문에 대중이 진정으로 원하는 것을 파악할 수 있다고 한다. 그게 철인 공화국론이다. 플라톤의 주장은 이데아와 그 현상을 철저하게 분리하는 이데아설을 전제로 한다. 이데아설이 무너진다면, 플라톤적인 철인공화국을 유지하기 힘들다.

가까운 것이다. 그런데 민주만 있고 자치가 없는 때도 있다. 예를 들어 우리가 사는 자유민주주의가 바로 그렇다. 자유민주주의에서 법을 결정하는 것은 우리이지만 그것의 실행은 관료에게 위임되어 있다.

'관료에게 영혼이 없다'는 말이 있다. 권력만 바뀌면 부화뇌동하는 관료를 비꼬는 말이지만 관료제를 정확하게 이해하는 말이다. 관료란 자기의 목적이 아니라 이미 외부에서 결정된 목적을 실행하는 조직일 뿐이다. 그 목적이 민주적으로 결정된 것인지 아니면 독재자의 강요인지, 관료는 따지지 않는다. 거꾸로 말하자면 민주주의 아래서 우리는 목적만 결정하지 그 실행을 담당할 수는 없으니, 우리는 팔다리 없는 영혼에 해당할 것이다. 민주주의 아래서 자주 팔다리인 관료가 영혼을 배반한다는 사실은 익히 알려진 사실이다.

'자치 없는 민주', '민주 없는 자치', 이렇게 따지면 어느 것이나 인정하기 힘들다. 민주나 자치 두 가지는 어느 것이나 못지않게 중요하다. 다만 우리가 사는 사회가 민주주의 사회라는 것을 전제로 한다면(사실 그조차 의심스럽기 때문에 여전히 민주가 우리의 중요한 요구이기는 하지만), 그다음에 우리가 강조해야 할 것은 자주가 아닐까 한다. 민주주의는 자유보다 더 고차적이고 포괄적인 자치제에 이르는 전 단계에 불과하다.

민주와 자치|2

앞의 절에서 '자유'와 '자주'의 일반적 의미와 정치적인 의미를 살펴보았다. 간단히 말해서 자주라는 말은 자기실현이라는 의미와 자기실행이라는 의미를 동시에 가지고 있다. 자유는 자기가 선택한 것을 실현하는 것이니 자주라는 말 속에 포함된다. 사회정치적 차원에서 보면 자본주의 사회는 자유를 강조하며 민주주의를 강조하고 사회주의 사회는 자주를 강조하면서 자치(코뮌 자치)를 추구한다. 이 가운데 먼저 자본주의 사회에서 민주주의 체제를 살펴보자. 민주주의의 특징 중의 하나가 관료제라는 것이다. 관료제는 많은 문제점을 가지고 있다.

1-2 민주주의와 관료제

1) 민주주의

자유와 자주, 이 두 말과 연관하여 자본주의 사회와 사회주의 사회를 비교해볼 필요가 있다. 우선 자유가 강조되는 자본주의 사회를 보자.

자유는 개인이 자유롭게 선택하는 것을 전제한다. 선택의 권리가 곧 결정의 권리이며, 인권이나 기본권이다. 인권을 전제로 한다면 사회는 개인의 합의를 통하여 민주적으로 구성할 수밖에 없다. 자유주의와 민주주의는 서로 쌍둥이 형제간이다. 자유주의는 개인의 일에 관해, 민주주의는 사회적인 일에 관해 적용된다는 차이밖에 없다.

역사적으로 본다면 자유주의와 민주주의가 대립하는 때도 있었다. 근대 초기, 자유주의는 주로 사회경제적인 차원에서만 인정되었고 정치적인 차원에서는 허용되지 않았다. 근대사회가 발전하면서 정치적으로 민주주의에 대한 요구가 등장했다. 그 때문에 기왕의 자유주의가 두 분파로 나뉘게 된다. 하나는 그저 경제적 차원에서 자유라도 감지덕지 만족하는 분파이며 또 하나는 정치적 차원에서까지 자유를 요구하는 급진 분파이다. 후자가 자기의 요구를 민주주의로 규정하자, 전자는 자동으로 자유주의라는 이름을 독점하게 되었다. 이렇게 해서 자유주의와 민주주의가 대립한다.

역사적으로 본다면 자유주의와 민주주의가 대립했지만 사실 민주주의도 자유주의이다. 자유주의는 불완전한 자유주의이며, 완전한 자유주의는 민주주의에서 달성된다.

2) 민주주의의 특징

자본주의 사회에서 민주주의를 흔히 '자유민주주의'라고 한다. 이 체제는 여러 특징을 가지고 있다. 그 가운데 자유와 자주의 비교라는 관점에서 본다면 특히 관료제라는 특징이 주목된다.

민주주의 사회에서 합의는 그 사회가 추구해야 하는 목적을 결정하는 일에만 한정되고 그것을 실행하는 일은 관료에게 위임된다. 국민을 대표하는 의회는 그저 법을 만들 뿐이다. 그 실행은 정부의 관료가 떠맡는다.

부분적으로(나라마다 다르지만) 민주주의 사회에서도 자치가 도입된다. 행정부의 핵심(대통령, 총리 등)은 선거로 선출하며, 지방 자치, 사법 자치, 교육 자치 등 다양한 영역에서 자치를 시행한다. 그런데도 자치는 상대적으로 제한적으로만 받아들여질 뿐이다. 민주주의 사회에서 합의된 목적의 실행은 대부분 관료에게 위임되어 있다. 자유민주주의 국가 가운데 정도의 차이는 있지만 모든 국가가 기본적으로 관료제를 시행한다.

관료제는 공적인 국가의 조직에서 가장 전형적인 형식을 취하지만, 사적인 단체에서도 일반화된 제도이다. 언뜻 보기에 이상한 관료도 존재한다. 예를 들어 노동조합이나, 농민조합조차도 목적을 실현하는 데 관료를 고용한다. 그 결과 심지어 노동조합의 직원이 파업하는 때도 있다. 보통 조합은 자치 단체라고 생각하므로 관료가 있다는 게 어색하고 이상하다. 하지만 자본주의 사회에서 노동조합, 농민조합은 엄격하게 말해서 민주 단체이지, 자치 단체는 아니니 잘못은 아니다.

관료제란 오랜 역사가 있다. 국가가 등장하면서부터 관료가 출현했으며, 관료제는 국가와 운명을 항상 같이 해왔다. 그 국가의 특성에 따라서 관료의 성격도 변화한다. 근대 이전에서는 관료는 대부분 왕의 노예나 다를 바 없었다. 관료는 왕이 사용하는 도구이며, 자율성은 인정되지 않았다. 관료는 왕의 자의적인 변덕에 무조건 복종해야 했다.[3] 거꾸로 왕을 배후에서 조종하면서 관료는 은밀하게 사적 이익을 착복했으니, 관료의 부패와 불공정과 무능은 항상 왕조를 무너뜨리는 동기가 되었다.

근대국가에 들어오면서, 민주화와 더불어 관료제도 변화했다. 관료는 여전히 국가의 도구라는 지위를 갖고 있지만, 국가의 지배방식이 과

---

3 조선 시대처럼 관료에게 자율성이 상당히 인정된 때도 있었다. 관료의 자율성 때문에 조선 시대 왕권과 신권 사이에는 늘 긴장이 흘렀다. 그것 때문에 신권이 희생당하는 사화와 왕이 제거되는 반정이 자주 발생했다. 관료의 자율성이란 근대 사회의 특징이므로, 조선 시대에 부분적으로 근대성을 인정해야 한다는 주장도 있다. 동아시아의 자율적인 관료제는 서구에서도 근대 초기에 주목받았다. 이를 주목한 대표적인 사람이 라이프니츠이다.

학적 지배방식으로 변화했으므로 관료는 과학이라는 고유한 무기를 손에 쥐었다. 관료는 과학이라는 무기를 통해 효율성과 자율성 그리고 심지어 공정성조차 획득할 수 있었다.

과학적인 관료제를 최고의 이상으로 삼는 정치체제를 '테크노크라시(technocracy)'라고 한다. 근대 자본제가 시작될 때 아직 과학적 관료제가 확립되지 않았다. 여전히 관료의 부패와 무능, 무책임이 만연하자 사회의 모든 문제의 원인을 관료에게서 찾으려는 시도가 나타났다. 사람들은 만일 과학적인 관료 즉 공정하고 효율적인 관료가 출현한다면 사회의 모든 문제가 해결되지 않을까 하고 기대했다. 그렇게 해서 나온 것이 테크노크라시 운동이었다.

이런 테크노크라시 운동의 선구자로서는 단연 프랑스 실증주의자 콩트(A. Comte)를 들 수 있다. 그는 과학적 합리성 즉 이성을 사회적으로 실현하기만 하면 모든 모순이 해결된다는 신념을 가졌다. 그 뒤로 콩트의 신념은 지식인들 사이에서 확산했고 19세기 말에는 본격적으로 테크노크라시 운동이 등장했다. 이들의 구호가 바로 "하나의 세계, 하나의 진리, 하나의 질서(One World, One Truth, One Order)"이다.

2차 세계대전 이후 복지국가가 등장하면서 국가가 민주화되고 경제를 조종하고 복지를 확대하면서 관료제는 그 전성기에 이르렀다. 관료제는 민의를 실현할 수단으로 찬양받으며 청년의 낭만이 되었다. 그러나 테크노크라시 운동이 실패로 돌아갔다는 것은 역사가 보여준다. 1960년대 벌어진 지식인 청년 저항운동의 핵심 표적이 바로 과학적 관료제였다.

3) 관료제의 문제점

관료제가 근대국가에 들어와서 발전하게 된 이유는 무엇인가? 왜 근대국가는 민주주의를 수용하면서도 관료제를 취했던가? 그것은 말할 것도 없이 근대 민주주의의 기초가 되는 자유라는 개념에서 유래한다. 즉 민주주의의 본질 자체에서 관료제가 나온다는 것이다. 왜냐하면 자유는 자기가 선택한 것을 효율적으로 실현하기를 원하기 때문이다. 민주주의 아래서 인민은 자신의 대의를 효율적인 관료제를 통해 실현하는 것을 당연한 것으로 받아들였다. 다만 관료의 무능과 불공정, 부패만이 문제가 되었으므로 민주주의는 과학적인 관료제를 확립하기 위해 노력했다.

그러나 심지어 공정하고 과학적이고 효율적인 관료제에서도 폐해는 사라지지 않는다. 오히려 공정하고 과학적이므로 그 폐해는 더 커진다고도 말할 수 있다. 이유는 무엇일까? 과학적인 관료가 의존하는 현실법칙 때문이다. 현실법칙은 인간과학이든 사회과학이든 과학적으로 발견되는 것이다. 과학적인 관료는 현실 법칙에 의존하여 주어진 목적을 실행한다. 하지만 현실법칙의 속성을 잘 살펴보자.

인간이 현실을 변화시킬 수 있는 데에는 한계가 있다. 자연법칙을 이용해서 인간이 하늘을 나르기도 하지만 자연법칙 자체를 벗어나는 것은 아닌 것과 같다. 마찬가지로 과학적 관료는 현실을 지배하는 법칙을 이용하고, 그 법칙 속에서만 변화를 시도할 뿐이다.

그런데 자연과학의 법칙이 불변의 법칙이고 가치 중립적인 법칙이라면 관료가 의존하는 법칙은 사회역사적 법칙이다. 이 법칙은 특정한 생산관계 위에서 나오는 것이므로, 이 생산관계를 지배하는 계급에 이익이 되는 법칙이다. 관료는 계급적인 현실의 한계 안에서 움직일 뿐이고 그것을 넘어서지 못한다. 어떻게 본다면 관료의 활동이란 이 법칙의 작용을 방해하는 힘을 제거하고 더욱 원활하게 작용하도록 이바지할 뿐이다. 그 결과 관료의 활동은 주어진 현실을 더욱 강화하며, 관료는 자기가 알든 모르든 간에 일정한 계급의 지배를 유지하고 강화한다.

　구체적인 예를 들어보자. 우리나라 교육부 관료를 보자. 교육의 현실은 이미 구조화되어 있다. 입시경쟁, 학원교육, 주입식 교육 등이 서로 얽혀 어느 하나를 건드리면 다른 하나에서 문제가 터진다. 이 교육의 현실을 만들고 유지하는 힘은 무엇인가? 박정희 시대 이래로 수출산업이 발전했다. 수출산업은 단순한 기술자를 양산하는 역할을 교육에 맡겼다. 그 결과 주입식 교육, 학원교육, 입시경쟁이라는 구조가 생겨난 것이다.

　그런데 학원비용 때문에 학부모가 고생하자, 정치적으로 학원비용을 줄이라는 요구가 생겨났다. 새로운 장관은 논술시험을 도입하여 학원교육을 폐지하려 했다. 갑자기 대학이 아우성이다. 논술시험으로는 공정한 경쟁을 확보할 수 없다는 것이다. 이런 항의로 새 장관은 쫓겨나고 교육 현실을 잘 아는 교육부 관료가 장관으로 임명되었다. 그는 논술도 객관적으로 채점할 수 있도록 만들라 지시했다. 그 결과 논술학원이 우후죽순 생겨났다. 다시 모든 것은 평온한 상태로 되돌아간다. 이제 시험 가운데 논술시험도 포함되니, 학부모의 부담은 오히려 더 커졌다.

　관료가 아무리 노력하더라도 교육의 기본 틀을 변화하는 것은 불가능하다. 그가 하는 것은 이 틀을 유지한 채 개선을 도모하는 일이다. 이 개선이란 조삼모사에 불과하거나 본래 틀을 더욱 강화하는 길에 불과하다.

　4) 관료제의 모순

민주주의 아래서 관료제를 움직이는 힘은 양극으로 분열된다. 민주주의 아래서 한편으로 관료제는 '민의'를 강조한다. 민의는 민주적 합의를 통해 얻어지니, 관료는 민의를 위한 수단이다. 관료는 그 목적에 종속해야 하므로 과학적 합리성을 희생할 수밖에 없다. 과학성을 희생한 관료는 충직하기는 하지만 거꾸로 비현실성, 비효율성 때문에 오히려 인민을 위해 제대로 봉사하지 못한다. 민주주의 아래 무능한 관료가 나온다. 다른 한편으로 관료의 '효율성' 때문에 과학적 수단이 강조된다. 이를 통해 관료는 자율적으로 되고, 점차 민주적으로 합의된 민의 자체를 배반한다. 왜냐하면 관료의 과학성이란 지배 계급에 유리한 현실의 법칙을 따르는 것이기 때문이다. 관료는 민주주의를 파괴하면서 지배 계급의 보이지 않는 손이 된다.

민주주의는 효율성을 위해 관료제를 택하지 않을 수 없지만, 관료제는 효율성을 주장하면서 민주주의를 배반한다. 민주주의 사회에서 충직한 관료는 무능하며 유능한 관료는 인민을 배반하는 이유가 여기서 나온다. 관료제의 두 측면 민주성과 봉건성, 비효율성과 자율성 사이의 충돌 때문에 관료제는 혼란에 빠진다.

이런 모순 속에서 과학적 관료제는 기만적인 관료제로 왜곡된다. 그 길은 관료가 지배 계급에 은밀하게 봉사하면서도 인민은 그가 자기를 위해 봉사한다고 믿도록 만드는 길이다. 이 교묘한 기술에 관해서는 철학자 미셸 푸코가 이미 분석해 주었다. 그는 이런 분석을 통해 네 가지 관료적인 권력 행사 방식을 추출했다. 그것이 곧 소국가(시민사회), 생체권력(생산적 권력), 파놉티콘(시각적 권력), 쾌락의 권력이라는 방식이다.

푸코는 근대국가가 중앙집권적인 조직이라는 것을 부정한다. 권력은 사회 곳곳에 존재한다. 가정, 기업, 교회, 언론, 학교 등, 근대사회를 이루는 소집단 속에 이미 권력이 내재한다. 가부장권, 사장의 권력, 교사의 권위 등이 그것이다. 소집단의 권력은 마치 바둑판의 바둑알처럼 형세를 이루면서 작동하며, 이것이 겉보기 중앙집권적으로 보이는 국가권력을 생성하고 재생산하는 토대가 된다.

푸코는 관료적 권력은 억압과 금기를 통해서 작동하지 않는다고 주장한다. 관료적 권력은 자신의 신체에 내재하면서(생체 권력), 자율적인 일망감시 체제를 통해(피놉티콘) 작동한다. 또한 관료적 권력은 쾌락을 통해(쾌락적 권력) 작동하며 심지어 쾌락을 생산하기도 한다. 이런 권력의 작동 방식 때문에 표면적으로는 억압이 사라지고 자유롭게 보이면서도 실제로 억압이 유지된다. 관료적 권력을 통해서 사회의 지배 계급은 민주주의라는 이름으로, 자유와 행복의 이름으로 실질적인 지배를 유지한다.

푸코의 분석은 근대 관료제의 기만을 잘 보여준다. 푸코의 분석을 통해 민주주의가 합의의 실행을 관료에게 위임하는 것이 얼마나 위험한 일인지를 잘 알 수 있다. 민주주의가 진정으로 민주주의가 되기 위해서는 즉 인민이 자유롭게 합의한 결과를 실현하기 위해서는 관료제, 그것도 과학적인 관료제 자체를 넘어서야 한다. 민주주의가 관료제를 넘어서기 위해서는 민주주의는 자기의 기초가 되는 자유와 효율성 개념을 넘어서야 한다. 역설적으로 말하자면, 민주주의는 민주주의이기만 해서는 안 된다. 민주주의는 자기를 완성해야 한다. 바로 여기서 자주적인 사회로 넘어가야 하는 역사적 요구가 출현한다.

민주와 자치|3

　앞의 글에서 자유와 자주의 정치적 의미를 살펴보던 중, 민주주의 (곧 자유주의) 체제는 관료제를 택한다고 했다. 그 이유는 목적을 효율적으로 실현하기 위해서이다. 그 대가는 관료의 배신이었다. 관료는 자신의 주인인 인민의 목적이 아니라 오히려 현실을 지배하는 자본에 자기도 모르는 사이에 복종했다. 반면 사회주의 체제는 일찍부터 관료제를 거부해왔다. 사회주의는 기본적으로 자치사회이다. 사회주의는 왜 자치를 원리로 했을까?

1) 무정부주의와 자치

사회주의 사회에서 정치의 기본단위는 코뮌이다. 코뮌은 생산과 분배를 위하여 공동으로 활동하는 공동체이다. 사회주의 사회의 정치적 기본 원리는 자치이다. 개별 코뮌은 내부적으로 자치적으로 운영된다. 사회는 코뮌의 연합체로 이루어진다. 코뮌 연합체 역시 기본적으로 자치적으로 운영되는 조직이며 그 주체는 개인이 아니라 코뮌이다. 사회주의 사회에서 자치가 일반화하면서 국가와 관료제가 소멸한다.

자치란 어떤 것을 말하는 것일까? 자치란 우선 공동의 목적을 민주적인 합의를 통해서 결정한다. 이 점에서 자치는 민주와 같다. 민주가 그 목적을 관료를 통해 실행하는 것에 반해서 자치는 그 목적을 구성원이 스스로 실행하는 것을 원칙으로 한다.

이때 모두가 참여하지만, 공동체이니만큼 그 내부에 역할을 분담하지 않을 수 없다. 역할 분담은 분업과 같이 고정되거나 또는 전문화되지 않는다. 역할은 그때그때의 결정되는 협업의 방식으로 분담되니 일정 시기 동안에만 유지되는 가변적인 것이다. 이때 대체로 담당자는 전문성을 결여한다고 하겠다. 자치의 원리는 경제적 협업의 원리가 그대로 정치적으로 적용된 것이다.

협업 또는 자치는 '고정된 중심이 없는 네트워크'라든가, 그때그때 필요한 곳에 위족(僞足: 가짜 발)이 생겨나는 아메바 체제에 비유된다. 협업 속에서 활동하는 개체를 흔히 '다양체(多樣體)'라는 개념으로 설명하기도 한다. 다양체란 이렇게도 볼 수 있고 저렇게도 볼 가능성을 지닌 물체를 말한다. 예를 들어 지구를 지도로 표시해 보면 어떤 지점은 지도 상에 두 번 나타날 수 있다. 그 중의 어느 위치가 정확한 위치라 말할 수 없다. 많은 것들이 이런 다양체에 속한다. 예를 들어 남자에게나 여자에게나 남녀 양성이 있다. 남자는 나이가 들면 점차 여성적 성징이 등장하며 반대로 여자는 나이가 들면 점차 남성적 성징이 나타난다고 한다. 본래 인간에게는 두 성징이 공존한다. 본래 양성적인 존재가 어떤 시각에는 남자나, 여자가 된다. 남녀의 성징은 상대적인 특성에 불과하므로 남녀 역시 다양체라 할 수 있다. 다양체 개념은 자치 사회에서 개인의 역할분담을 가장 잘 표현하는 개념이다.

자치의 원리는 개념상 단순하기에 실제 실천에서 별로 어려움 없이 실행된다. 대부분의 단체가 분업화되고 관료화하기 전에는 일단 자치의 단계를 거쳐 나간다.

2) 마르크스주의와 자치

사회주의 사회에서 자치라는 개념이 역사적으로 어떻게 발전했는가를 살펴보자. 사회주의 이론의 초석은 프루동이 세웠다. 그는 자본주의의 사적 소유를 부정하고 코뮌의 공동 소유를 주장했다. 이어서 바쿠닌이 코뮌의 연합체라는 개념을 통해 무정부주의의 정치적 원리를 확립했다.

마르크스는 프루동의 소유 개념을 비판했다. 마르크스는 일체의 소유제를 폐지하거나 국가적 소유를 주장했다.[4] 하지만 마르크스는 코뮌을 사회의 기본 단위로 받아들였다. 코뮌은 소유권은 없지만, 공동으로 생산하고 분배받는 단위로서 인정되었다.

정치적 차원에서 마르크스는 초기에는 루소의 일반 국가론 또는 이에 기초한 자코뱅 정치 체제를 답습한 것으로 보인다. 마르크스는 사회주의 사회의 정치 체제를 명확하게 구상하지 못했다. 그의 정치적 구상은 다만 단편적인 모색에 불과했다. 레닌은 마르크스의 단편적인 구상을 체계화하여 1917년 『국가와 혁명』이라는 책을 저술했다. 그 책에서 그는 사회주의의 정치적 원리를 확립했다. 레닌은 무정부주의의 코뮌 연합체라는 개념을 받아들였다. 레닌은 1905년 그리고 1917년 두 번에 걸친 러시아 혁명에서 자생적으로 출현한 소비에트(평의회라는 의미) 체제가 바로 코뮌 연합체라는 개념을 현실에 구현한 것으로 생각했다. 소비에트가 노동자 코뮌과 병사 코뮌을 토대로 출현했고 그 운영이 자치적이기 때문이었다.

---

4   마르크스는 프루동의 책 『빈곤의 철학』(1846)을 비판하면서 『철학의 빈곤』(1847)이라는 책을 썼다.

레닌은 코뮌 연합체의 자치를 두 가지 측면에서 제한했다. 한 가지 측면은 사회 경제적 영역 대부분을 자치 체제로 하되 사회 방어 영역에서는 관료 체제를 유지하자는 것이다. 그 결과 국방, 외교, 경찰 등에서 억압적인 관료제가 유지되었다. 또 한 가지 측면은 코뮌 연합체라는 자치 체제와 독립적인 정당의 역할을 강조한다는 것이다. 정당은 국가의 자치 체제가 빠질 수 있는 위험을 방지하려는 목적을 가진다. 정당의 역할은 생산의 무책임성이나 사회의 정체성이 발생할 위험을 방지하기 위한 것이다. 이런 목적을 위해 정당은 중앙집권적으로 구성되어야 했다. 레닌은 사회주의 국가가 코뮌 연합체라는 자치 체제와 중앙집권적인 정당이라는 두 개의 축의 상호 대립과 균형을 통해 작동하기를 기대했던 것 같다. 레닌은 비록 제한하기는 했지만, 무정부주의가 주장한 정치적 자치 체제, 코뮌 연합체를 수용했다.

역사적으로 본다면, 철저한 자치를 주장했던 무정부주의는 1936년 스페인 내전에서 패배한 이후 퇴조했다. 러시아 혁명 이후 사회주의 진영에서 실시한 당과 국가, 중앙집권적 조직과 자치 체제의 균형이라는 정치 원리는 기대한 효과를 발휘하지 못했다. 결과적으로 1990년대 현실 사회주의는 소수를 제외하고는 대부분 무너지고 말았다.

하지만 '자치'라는 개념은 여전히 매력을 지닌 개념이다. 자치라는 개념이 그 이후로도 면면히 이어져 내려와 최근 다시 등장한 것도 그런 매력 때문이 아닌가 생각된다. 대표적으로 1968혁명 시기 등장한 '자주 관리' 운동과 70년대 '아우토노미아(autonomia: 자치)' 운동을 들 수 있

다.[5]

3) 사회주의적 정치

사회주의 자치 체제의 겉모습은 민주주의 체제와 비교해 볼 때 현격한 차이를 보여준다. 민주주의 체제에서 정치는 경제적인 영역에서 독립되어 있다. 정치는 고유한 영역을 형성하면서 그에 필요한 법칙과 고유한 장치를 가지게 된다. 정당과 언론, 비평가, 정치인이 등장하며 정치란 이런 구성원들이 고유한 규칙에 따라 벌이는 게임이 된다. 정치계는 마치 연예계나 학계처럼 누구의 눈에나 분명하게 보이는 영역을 이룬다. 사람들은 연예계 가십을 즐기듯이 정치인의 일거수일투족을 구경한다. 정치가 이미지화하고 정치인이 스타화되는 것도 이 때문이다.

자본주의 사회에서 정치 즉 민주주의는 경제적 생산물을 분배하는 데 직접 개입한다. 의회란 이익을 사회적으로 재분배하는 장치이므로 시끄럽고 말도 많다. 그러니 정치는 부패를 피할 도리가 없다. 부패는 민주주의 체제를 움직이는 핏줄이므로 부패를 제거하면 민주주의도 사라진다. 부패를 통해 이익을 재분배하기 때문이다. 세계 민주주의 국가 어디에서도 정치의 부패를 제거하지 못하는 이유가 여기에 있다.

하지만 사회주의 사회에 정치계는 독립적이지 않다. 정치의 영역이 경제의 영역과 통합되어 있기 때문이다. 사회는 코뮌의 연합체로 이루어지고 정치란 코뮌의 연합체 내부에 들어가 있다. 즉 개별 코뮌에 내재

---

5 자주관리 운동이란 노동자가 경영에 직접 참여하려는 운동이며 오늘날 서구 기업에서 부분적으로 실현되었다. 아우토노미아 운동은 이탈리아에서 출발해 전 세계에 파급되었으며, 자본주의적 경쟁에 밀려 폐쇄된 공장이나 주택을 그것을 필요로 하는 사람들이 자발적으로 점거하여 자치적으로 운영하는 운동이다.

하는 자치, 코뮌 연합체가 실행하는 자치가 곧 정치이다.

정치의 영역이 경제의 영역과 통합되어 있으므로 여기서 정치에 고유한 세계는 없다. 원칙적으로 본다면(즉 이상적인 자치에서는) 정당의 경쟁도 없다. 이에 따라서 언론도 비평가도, 정치인도 없다. 정치에 고유한 세계가 없으니, 정치에 고유한 게임의 규칙도 없다. 정치적 영역은 있지만, 그것이 코뮌 내부에 내재화되어 있으므로 눈에 띠지 않는다. 정치는 마치 사라진 것처럼 보이며, 당연히 정치구경을 좋아하는 구경꾼도 있을 수 없다. 노자가 말하는 '무위자연'의 세계가 이런 세계가 아닐까? 아무것도 하지 않는다는 것이 아니라 무엇을 하든 눈에 뜨이지 않는다는 의미이다.

현실 사회주의에서는 자치가 일정한 정도 제약되어 있어서 억압적인 국가도 있고 이를 운영하는 정당도 있고 때로 이단과의 싸움도 벌어진다. 그런데도 눈에 보이는 정치계는 이익의 재분배라는 경제 영역과는 무관하다. 남아 있는 정치계가 사회를 내외적으로 방어하는 차원에 분포하므로, 국가는 겉보기에 전적으로 군사적으로나 경찰적으로만 활동하는 것으로 보인다.

4) 자치와 효율성

이상에서 자치 개념이 역사적으로 어떻게 발전했는지 살펴보았다. 100여 년 동안 사회주의 정치 운동의 기본 개념이 자치에 있었다. 짧지 않은 그 기간에 사람들이 자치를 유지하고 강화하기 위해 열광했다. 그 이유는 무엇일까? 그 열광의 이유를 효율성에서 찾는 이론도 많다. 즉 민의를 실현하는 데서 자치가 관료제보다 오히려 더 효율적이라는 것이다.

사실 민주주의처럼 목적과 실행을 분리하여 실행을 전문적 관료나 힘 있는 외부인에게 위임하는 때, 앞에서 이미 말했던 것처럼 수단이 되어야 할 자들이 나중에 가서는 목적이 되는 때가 많다. 설혹 관료나 외부인이 진정으로 도와주려고 하더라도 여전히 한계가 존재한다. 왜냐하면 이런 지원은 그 사회 구성원의 능력을 정체하게 하거나 퇴보하게 하며 결과적으로 의존성을 더욱 강화하기 때문이다. 역사는 이런 예로 풍부하다. 예를 들어 독일의 1848년 2월혁명을 보자. 이 혁명에서 유럽에서 처음으로 노동자 계급이 조직적인 차원에서 민주주의 혁명에 뛰어들었다. 이때 노동자 단체는 부르주아 공화파의 지도 아래 공화파와 연합하는 전략을 택했다. 그것은 프랑스 혁명을 주도한 부르주아 공화파와 노동자 세력의 연합을 모방한 방식이었다.

　　그러나 프랑스에서와 달리 독일에서 부르주아 공화파는 취약했다. 독일 부르주아는 프러시아 왕이나 오스트리아의 왕이 압력을 가하자 혁명의 대의를 배반했다. 그 때문에 노동자 세력은 분산되고 혁명은 실패로 돌아갔다. 마르크스는 2월혁명에 참가했다가 간신히 영국으로 도피했다. 그 이후 마르크스는 부르주아 공화파의 지배에서 벗어나는 노동계급의 독자적인 정당이 필요하다는 것을 절감했다. 노동계급의 자치적 능력이 길러지지 않고서는 혁명에 성공할 수 없다고 생각했기 때문이다.

　　풍부한 역사적 예들을 더 들어보지 않더라도, 자기의 목적을 실현할 때 남에게 의존하지 않고 자기의 힘으로 실행하는 것이 중요하다는 것을 보여준다. 자치가 흔히 비효율성이라 하지만 그래도 배신이나 무기력화까지 함께 고려한다면 자치가 오히려 더 효율적이라 볼 수 있다는 것이다.

민주와 자치|4

사회주의의 정치적 기본원리는 자치에 있다. 이 자치는 협업의 원리에 기초하는 것이다. 이런 자치가 매력적인 이유는 무엇일까? 많은 사람은 자치가 관료제보다 더 효율적인 것으로 생각한다. 타인이나 관료의 힘에 의존할 때 그들이 배신할 수도 있고 그 때문에 구성원의 능력이 오히려 퇴보한다. 자기 스스로 해보지 않는다면 그 자신의 능력을 키울 수 없기 때문이다. 배신과 무기력화까지 고려한다면 관료제보다 오히려 자치가 더 효율적이라는 것이다. 하지만 과연 효율성이 자치의 매력일까? 여기서 노동의 소외를 극복한다는 마르크스의 주장을 살펴보자.

1) 자치의 비효율성

자치가 과연 효율적인가? 배신이나 무기력화까지 고려해 보더라도 자치가 그렇게 효율적인가는 의심스럽다. 많은 역사적 사실은 자치의 원리가 상당히 비효율적이라는 점을 시사한다. 그런 사실은 거꾸로 관료제를 택하는 가장 우선적인 이유가 되었다.

이제 그 비효율성을 살펴보자. 자치에서는 무엇보다도 역할이 전문화되지 않으므로 각자는 자기 역할을 서투르게 실행할 수밖에 없다. 또는 이런저런 개인적인 이유로 역할을 게을리하거나, 무책임하게 행동하는 사람도 있을 수 있다. 컨베이어 벨트 시스템에서 한군데 탈이 나면 전체가 멈출 수밖에 없는 것처럼 한 사람이 자기 역할을 제대로 실행하지 못하면 다른 사람 모두가 자기 역할을 다할 수 없다. 장기적으로 볼 때 악화가 양화를 구축한다는 법칙에 따라 책임의식을 지닌 성실한 사람은 점차 배제되고 무책임하고 불성실한 사람만이 남게 된다. 결과적으로 자치를 원리로 하는 사회는 비효율성이 만연할 가능성이 크다.

작은 코뮌 단위에서는 자치가 실행되더라도 비효율성이 크지 않다고 말할 수 있다. 구성원이 밀접하게 연관되어 있고(다양한 의사소통을 통하여), 구성원 사이에 서로 신뢰가 있으며, 서로의 능력을 잘 알기에 적절하게 역할을 분담할 수 있기 때문이다. 하지만 한 나라와 같이 엄청난 규모를 지닌 코뮌 연합체에서는 사정이 다를 것이다. 여기서는 구성원 사이에 밀접한 의사소통도 없고 서로의 신뢰도 없으며, 서로의 능력도 잘 모르니 비효율성의 출현을 막을 도리가 없지 않을까?

사회주의 사회가 무너진 이유를 생각해보자. 많은 사람은 그 이유를 사회주의가 억압 체제라는 데서 찾기보다 오히려 사회경제적으로 정체했다는 데서 찾는다. 시간이 지나면서 각 코뮌은 구성원이 공유하는 세습적 소유물로 전락했다. 코뮌은 마치 중세 촌락처럼 외부의 누구도 간섭할 수 없는 영역이 된다. 이런 코뮌이 한두 개만 출현하면 멀지 않아 사회 전체가 폐쇄된 갈라파고스 제도처럼 된다.

이런 문제 때문에 레닌은 사회주의 사회에 정당이라는 지도 원리를 도입하려 했고, 사회주의 사회에서 정치적 억압도 이런 이유로 생겨난 것이다. 조급한 나머지 강제를 동원하여 생산의 정체성을 극복하려 했다. 100여 년의 긴 역사적 과정 전체를 놓고 본다면 정당의 역할은 사회라는 거대한 웅덩이에 한두 방울 신선한 물을 떨어뜨리는 정도에 불과했다. 결국 지도적 임무를 수행하는 정당도 정체성의 그물 속에 허우적거리게 된다.

2) 노동의 소외

이런 비효율성을 사회주의의 선구자들이 예측하지 못했을 리 없다. 너무 뻔히 보이는 현실이기 때문이다. 충분히 예견됨에도 사회주의 선구자들이 자치를 정치적 원리로 삼은 이유는 무엇인가? 사회주의 사회에서 자치를 강조한 이유는 체제의 효율성에 있다기보다는 오히려 다른 데 있었던 것이 아닐까?

마르크스 자신이 그 이유를 누구보다도 분명하게 말해 준다. 마르크스는 초기 저서인 『경제철학 수고』(1844)에서 인간 소외의 문제를 제기했다. 그가 제시한 네 가지 소외 개념 가운데 우리의 문제와 연관하여 가장 중요한 개념은 두 번째 '노동의 소외'라는 개념이다.

자본주의는 노동자가 생산한 잉여가치를 착취한다. 이것이 '생산물에서의 소외'이다. 그 결과 노동자는 생산수단을 축적할 수 없으니, 생존을 위해 자기의 노동력을 계속해서 판매할 수밖에 없다. 이런 노동을 임금 노동이라 한다. 임금 노동은 노동자 자신이 선택한 목적을 실현하는 것이 아니다. 그의 노동은 자본가의 요구를 실현하는 부자유한, 강제 노동이다.

임금 노동의 강제성은 노동이 실행하는 목적에만 관련되지 않는다. 노동의 강제성은 노동을 실행하는 방식에도 적용된다. 임금 노동은 자본가의(또는 이를 대행하는 경영자의) 명령에 따라 경영자의 감독 아래에서 이루어진다. 팔 하나, 다리 하나 노동자가 마음대로 들거나 옮길 수 없다. 더욱이 1950년대 공장 내 컨베이어 벨트 시스템과 기업 내 테일러 시스템이 확산하면서 노동자의 노동은 기계적으로 조절되기에 이르렀다. 그 결과 노동자는 기계의 일부가 되었다. 임금 노동, 기계적 노동으로 자기실행이라는 노동의 자주성이 사라졌다.

노동이 자주적이라면 즉 스스로 목적을 선택하고 스스로 실행하는 행동이라 한다면 노동자는 이런 노동을 통해 즐거움을 얻는다. 노동은 그 자체가 유희가 된다. 노동자는 자주적 노동을 통해 세계에 관한 인식을 획득할 수 있으며, 또한 이를 통해 자신의 자연적 감각을 미적으로 훈련하게 된다. 이런 즐거움, 지적 인식이나 미적 감각은 자주적인 농민의 노동이나, 예술가의 자주적 활동에서 쉽게 발견할 수 있는 모습이다.

노동의 자주성이 사라지자 노동은 고역이 되며, 노동자는 지적으로 단순해지며 감각은 조야하게 변화된다. 이것을 마르크스는 '노동에서의 소외'라고 말한다. 이는 요즈음 노동자가 밀집한 지역에서 나타나는 삶의 형태나 문화를 통해서 확인할 수 있다. 그런 문화 형태는 대개 물질적 감각을 자극하는 선정적이거나 감상적인 문화이다. 노동자는 노동 자체를 고역으로 생각하기에 노동에서 해방이 되는 '불금'이 되면 이런 감상적 선정적 문화에 빠져든다. 노동하는 낮과 쾌락을 즐기는 밤, 노동의 장소인 공장과 쾌락의 장소인 도심이 자본주의 사회에서는 분명하게 구분된다.

마르크스는 노동의 소외를 극복하려면 노동자가 잉여생산물을 착취당하는 것에서 벗어나는 데 그쳐서는 안 된다고 한다. 그것은 출발점에 불과하다. 마르크스는 이런 것을 넘어서서 노동이 자주적으로 되어야 한다고 한다. 즉 노동자가 마치 농부나 예술가처럼 자기의 노동을 자유롭게 선택하며 스스로 실행할 수 있어야 한다는 것이다. 마르크스는 그런 자주적 노동을 통해 노동이 유희가 되고 지적인 인식이 되고 미적 감각이 되기를 기대했다.

마르크스의 소외 개념에서부터 사회주의가 왜 경제적으로 자주관리를 강조하고, 정치적으로 자치를 강조했는지 알 수 있다. 그는 자주성을 통해서 노동에서의 소외를 극복하고자 했다. 자주성은 구체적으로 자기관리, 자기계획, 자기운영, 자기실행을 포괄하는 개념이다. 그는 이런 모든 것을 통해서 노동의 즐거움과 지적인 인식과 감각의 아름다움을 원했다.

3) 68혁명의 정신

1968년 서구사회에서 학생 지식인, 청년을 중심으로 대대적인 혁명운동이 발생했다. 이를 소위 68혁명이라 하지만, 이 혁명운동이 추구했던 것은 무엇일까? 그 이전 다른 사회주의 혁명은 먼저 억압과 궁핍을 해결하려고 시도했다. 하지만 68혁명은 무엇보다도 자본주의 사회에서 만연된 인간의 소외를 극복하려 했다. 68혁명의 이런 목표는 68혁명을 정신적으로 지도한 철학자 마르쿠제의 주장에서도 확인할 수 있다. 마르쿠제는 노동이 즐거운 유희가 되고, 인간의 상호관계가 에로틱한 관계가 될 가능성이 실현되기를 기대했다.

마르쿠제의 주장에 따르면, 원래 인간의 온몸에는 성적 리비도가 흐르고 있었다. 원래 온몸을 흐르는 성적 리비도는 어른의 성기를 통한 섹스에서 느껴지는 성애와 구분된다. 그것은 화가 이중섭의 그린 해변의 아이들처럼, 온몸의 약동에서 느끼는 즐거움을 의미하는 것이다. 하지만 역사 이래로 자본주의적인 총체적 관리체제에 이르기까지 국가의 훈육을 통해 온몸의 리비도는 성기로 국한되었다. 그 결과 성기를 통한 성관계를 통해서만 리비도가 발휘되었다. 노동은 성관계와 마찬가지의 활동이지만 리비도가 억제되면서 고역이 되었고, 대부분의 인간 상호관계는 성애와는 무관한 적대적인 관계로 변했다. 여기서 마르쿠제는 이렇게 기대했다. 사회 혁명을 통해 총체적 관리체제와 훈육의 체제를 파괴하면, 다시 온몸에 흐르는 성적 리비도가 회복될 것이고, 노동과 성애가 통합되고, 인간의 모든 관계가 에로스의 관계가 되는 행복한 사회가 출현할 것이라 했다.

마르쿠제의 주장은 자본주의 사회에서 노동이 소외된 현실에 대한 반발로 이해된다. 68혁명 당시 청년들이 마르쿠제의 주장에 적극적으로 동조했던 이유도 청년들이 그만큼 강하게 노동의 소외를 느끼고 이를 극복할 가능성을 염원했기 때문이다. 노동과 성애 그리고 인간관계가 하나로 통합된 사회를 바라는 청년의 염원을 통해 거꾸로 현실 속에서 노동의 소외가 얼마나 처절한가를 이해할 수 있을 것이다.

현실 속의 노동 소외를 극복하는 길은 무엇인가? 그것은 노동의 자주성을 회복하는 길이 아닐까? 노동이 자기가 세운 목적을 위해 자기의 계획과 자기의 관리와 자기의 운영을 통해 이루어져야 한다는 것이다. 사회주의적 자치의 이유는 효율성에서 있지 않고 오히려 소외를 극복하려는 인간의 염원에 있다.

4) 윤리적 차원으로 이행

결론적으로 두 개의 사회가 대비된다. 문제는 있지만, 효율성 때문에 관료제를 취하는 민주주의 체제와 효율성은 부족하더라도 소외를 극복하기 위해 자주, 자치를 강조하는 사회주의 사회가 그것이다. 두 개의 사회를 대비하면서 우리는 자연히 이렇게 묻게 된다. 우리의 삶에서 효율성이 중요한 것인가 아니면 소외를 극복하고 자주적으로 살아가는 것이 더 중요한 것인가?

이런 물음을 던지면 당연히 이런 대답이 돌아올 것이다. "두 가지가 동시에 있을 수는 없나요?" 사실 철학적으로 극단화시켜서 물어보니까 그렇지 현실적으로는 이 두 가지 체제는 상당히 많이 뒤섞여 있다. 자본주의 사회와 사회주의 사회, 민주주의 사회와 자치 사회, 그리고 효율성과 자주성은 곳곳에서 다양한 혼합적 형태를 만들어 내고 있다.

예를 들어 자본주의 사회에서도 요즈음 자유로운 노동이 발전한다. 재택근무, 노동시간의 자율적 선택, 기획 연구 분야의 성장, 문화적인 노동환경 그리고 독립적인 자유직(각종 프리랜서), 자주적인 협동조합, 노동자의 경영참가 등이 발전한다. 자유로운 노동은 특히 인문학과 관련된 문화적 산업의 영역에서 활발하게 전개된다. 자유로운 노동이 발전하면서 노동의 자주성 즉 일하는 즐거움이 증가했다고 볼 수 있다.

거꾸로 사회주의 사회도 전적으로 노동의 자주성에 맡겨두지 않았다. 아무런 성과도 없는 노동을 하염없이 계속할 수는 없을 것이다. 사회주의 노동도 최종적인 성과의 측면에 일정한 정도 속박된 것은 사실이다. 그 때문에 사회주의 사회에서도 소위 개혁개방이라는 명분으로 생산의 효율성을 증대하기 위해 자본주의적인 노동 원리 즉 분업과 시장 경쟁을 끌어들였다. 그 결과 오늘날 대부분의 사회주의 사회는 시장 경제로 전환했다.

정치적 원리에서도 이런 혼합이 일어나기는 마찬가지이다. 민주주의 사회에서도 자치의 영역을 확대하기 위해 노력한다. 교육의 자치, 사법 자치, 지방 자치, 경찰과 검찰의 자치 등이 도입되며 또한 주민이나 각 분야 시민이 행정에 직접 참여하는 것을 제도적으로 보장하기 위해 노력한다.

사회주의 사회에서도 레닌이 구상했던 소비에트 체제 즉 코뮌 연합체 개념은 일찍부터 비판받았다. 사회주의 사회는 이것으로 부족하다

판단했다. 코뮌을 단위로 하는 소비에트 민주주의에서 지역을 단위로 하는 서구식 민주주의를 끌어들였다. 이게 소위 '인민민주주의'나 '진보적 민주주의'라고 불린 것이다. 이런 체제 아래서는 정치적으로 다당제가 등장하고 정당 간 연합을 위한 정치협상이 등장하기도 한다.

그런데도 자본주의 사회 대다수 노동은 여전히 컨베이어 벨트 시스템과 테일러 시스템의 테두리를 벗어나지 못했다. 민주주의는 여전히 관료제를 수단으로 움직이고 있다. 반대로 사회주의 사회는 많은 개선에도 근본적으로 본다면 성과보다는 노동의 자주성을 강조하고 정치적으로도 자치의 원리를 근간으로 한다.

만일 철학적으로 이 두 가지를 극단화시켜서 둘 중의 어느 하나를 선택해야 한다면 다시 말해서 효율성이 중요한지 자주와 자치가 중요한지를 선택해야 한다면, 불가피하게 우리는 사회정치적 물음에서 윤리적 물음으로 넘어가게 된다.

욕망과 자주성1

　지금까지 자유와 자주의 정치적 의미를 살펴보았다. 민주주의는
자유를 원리로 하며, 합의의 결과는 관료를 통해 실행한다. 그 이유는
효율성 때문이다. 사회주의는 스스로 실행하는 자치를 기본으로 한다.
사회주의가 자치를 강조하는 이유는 노동의 소외를 극복하고 노동을
유희와 합일하려는 문제의식과 연관된다. 여기서 효율적 실현이냐 노
동의 즐거움이냐 하는 선택의 문제가 발생한다. 이런 선택의 문제는
윤리적 차원의 문제가 된다. 이제 자주성의 윤리적 의미에 관한 물음
으로 이행하여 보자.

1) 윤리학의 두 영역

여기서 잠깐 윤리학(ethics)의 학문적 성격을 살펴볼 필요가 있다. 그 학문적 성격은 이 논의가 어떤 차원에 위치해야 할지를 밝혀줄 것이다. 철학에서는 논의의 차원을 오해함으로써 혼란이 벌어지는 경우가 많기 때문이다. 윤리학은 크게 두 분야로 나누어진다. 하나의 분야는 어떤 것이 가치(Value) 있는가를 따지는 가치론이다. 가치 가운데 경제적 기치도 있고, 미적인 가치도 있지만, 이 논의는 다만 윤리적 가치를 다룬다는 것은 굳이 확인할 필요도 없으리라.

윤리적 가치는 곧 인간이 실현하기를 바라는 것(목적, 선)이나 인간이 행위에서 지켜야 하는 것(법칙, 정의)을 다룬다. 가치론은 이런 선이나 정의의 기본 원리를 규정하려고 노력한다. 이런 노력은 이성을 통한 숙고를 통해 이루어지므로 가치론은 이론적인 학문에 속한다.

윤리학의 영역에는 또 하나의 분야가 있다. 사람은 가치 있다고 다 실행하지 않는다. 가치를 실행하는 것은 인간의 의지이다. 이 의지를 다루는 윤리학의 영역이 도덕론(道德論)이다. 가치를 실행하는 의지가 확실하게 지속적이면 가치가 몸에 익었다거나 가치를 습득했다고 말한다. 이렇게 가치를 몸으로 습득한 상태가 덕(Virtue)이다. '덕(德)'이란 '얻을 득(得)'과 서로 통하는 말이다. 도덕론은 행위의 의지와 관련되므로 실천적 학문에 속한다.[6]

일반적으로 윤리학적 논의는 가치론에 집중하고 도덕론에 대해서는 소홀하게 다룬다. 왜냐하면 인간은 선이나 정의를 알게 된다면 이를 저절로 실행하려 한다고 생각해왔기 때문이다. 만일 누가 선과 정의를 실행하지 않는다면 그것은 그가 선과 정의가 무엇인지를 알지 못하기 때문이다. 이런 주장을 철학에서는 계몽주의라고 부른다. 이 계몽주의의 원류는 지행합일설(知行合一說) 또는 지덕일체론(知德一體論)을 주장한 소크라테스이다. 계몽주의는 서양의 윤리학의 기본적인(또는 대체적인) 전제이다. 그 결과 서양 윤리학은 가치를 따지는 이론적 학문이 발달했지만, 가치를 몸에 익히는 도덕론에 관해서는 관심을 기울이지

---

6 이 분야를 때로 심성론(心性論)이라고 말하는 사람도 많다. 엄밀하게 말하자면 심성론과 도덕론은 구분된다. 심성론은 인간의 심적인 구조에 관한 과학적인 이론이다. 반면 도덕론은 사실적인 심적 구조를 전제로 하고, 가치를 실행하고 몸에 익히기 위해 어떻게 하면 되는가 하는 실천적 문제를 다룬다. 하지만 자주 두 말은 뒤섞여 쓴다. 왜냐하면 도덕론의 궁극적 기초는 심성론이고 거꾸로 심성론은 도덕론을 전제로 하기 때문이다. 심성의 구조는 도덕론을 전제로 소급하여 규정하는 때가 많다.

않았다.

계몽주의는 사회주의 사상에까지 계속 이어져 내려왔다. 마르크스나 레닌은 노동자 계급이 추구해야 하는 선은 곧 계급이해에 있다고 보았다. 그들은 계급이해를 다양한 계몽적 수단을 통하여 노동자가 알게 되면 노동자는 혁명적 실천에 뛰어들 것으로 기대했다. 브나로드 운동 즉 인민 속으로 들어가자는 운동은 인민에게 그 자신의 진정한 이익, 선과 정의, 계급이해를 계몽하려는 운동이다.

2) 햄릿의 분열

일찍부터 이론과 실천 즉 가치와 의지 사이에 분열이 존재한다는 것이 알려져 왔다. 가치와 의지가 분열되어 있다는 사실은 일상적으로 경험되는 일이니, 지행합일을 주장하는 계몽주의가 틀린 것이 아닐까? 하지만 이런 경험이 계몽주의를 즉각 반박할 수 있는 것은 아니다. 인간은 일상적으로 많은 악행을 저지른다. 예를 들어 장사꾼의 기만을 생각해보고, 술이나 마약 등을 즐기는 청년을 생각해보자. 이때 그는 자기의 행위가 악행에 속한다는 것을 알고도 이런 행위를 한 것으로 생각해 볼 수 있다. 그러나 생각해 보면 그의 행위가 악행인지 그가 알고 있는지는 분명하지 않다. 청년은 마약의 덕분에 몸이 얼마나 망가지는지를 정확히 모른다. 그는 "까짓것 뭐, 상하면 얼마나 상하겠어"하고 생각하지 않을까? 장사꾼조차 자기의 기만이 타인에게 얼마나 고통을 가하는지 알지 못한다. 왜냐하면 그는 자기가 기만한 사람이 고통당하는 것을 직접 보지 못하기 때문이다. 청년이나 장사꾼이 자기가 저지르는 악이 자기가 얻는 즐거움과 비교할 수 없을 정도로 크다는 것을 안다면 그런 악행을 저지르지 못할 것이다.

이런 식으로 따져보면 계몽주의가 주장하는 대로 모르기 때문에 악행을 저지르고, 알면 곧바로 실행한다고 보아야 할 것 같다. 그러나 이런 반론은 좀 억지 같고 그 외에 그런 항변으로 해결되지 않는 예도 많다. 이런 예 가운데 한 가지 흥미로운 예는 셰익스피어의 작품에 나오는 햄릿이라는 인물이다.

햄릿이 왕과 왕비 앞에서 연극을 공연하는 장면 다음에 이어지는 장면을 보자. 왕은 연극 도중 죄의식 때문에 자리를 떠난다. 왕은 자기의 침실로 들어가서 자기의 죄를 후회하는 기도를 드린다. 이때 햄릿이 어머니의 부름을 받아 어머니의 침실로 가던 중 기도하는 왕을 발견한다. 햄릿은 연극 공연 중 왕이 흔들리는 것을 보고 왕이 아버지의 원수가 맞는다는 확신을 얻었다. 햄릿은 더는 주저할 필요가 없었다. 그 순간은 원수를 갚을 절호의 기회가 아닐 수 없다. 이때 햄릿에게 이상한 변명이 떠오른다. 그는 왕을 참회의 기도 중에 살해한다면 왕이 천국에 오르게 된다고 생각한다.

그래, 지금이다. 어서 나와 네 마지막 솜씨를 발휘해라 (칼을 뽑는다) 놈은 죽고, 나는 복수를! 아니, 그게 아니다. 아버지는 잠든 사이 살해돼 회개도 못 했다. 아버지의 영혼이 어떤 심판을 받았을지 누가 알겠는가, 신만이 아시리라. 그런데도 지금 놈을 죽인다? 한창 자신의 영혼의 때를 벗겨내며 천국 갈 길을 닦고 있는데? 이것은 은총이지, 복수가 아니다! 안되지, 네 집으로 돌아가라. (칼집에 칼을 넣는다)[7]

7 Shakespeare, Hamlet Prince of Denmark The Complete Works, (The World Syndicate Publishing Co.), 1930, p, 966; 셰익스피어, 「덴마크 왕자 햄릿의 비극의 역사(햄릿 Q1 1603)」, 오영숙 역, 『셰익스피어 비극선』, (일송북, 2008), 109쪽(번역은 이현우 역 참조)

마음속에 떠오른 이런 변명 때문에 햄릿은 왕을 살해할 기회를 버리고 만다. 이런 변명은 원수를 갚겠다는 맹세를 실행하지 않는 구실에 불과하다. 햄릿이 이 순간 이렇게 주저하고 마는 원인은 무엇인가? 복수를 결단하지 못한 것은 무엇 때문일까?

이 장면에서 햄릿을 어떻게 해석하는가는 항상 논란이 되어 왔다. 무의식적 욕망과의 갈등으로 해석하는 해석가도 있지만, 햄릿을 가치와 의지 사이에 분열된 인간으로 단순하게 설명할 수도 있다. 햄릿의 소망은 아버지의 원수를 갚는 것이다. 그 소망은 햄릿에게 어떤 것보다 가치 있다. 그러나 그에게는 실천하는 단호한 의지가 없다. 그는 행위를 할 순간이 되면 변명을 생각해 내면서 주저한다. 그는 그에게 의지가 없다는 사실을 다른 합리적 이유를 내세워서 은폐한다.

위와 같은 해석이 햄릿에 관한 논의에서 옳은가는 문제가 아니다. 햄릿이라는 예를 통하여 가치와 의지가 서로 구분된다는 것을 이해하면 충분하다. 계몽주의의 항변에도 불구하고 가치와 의지가 구별된다고 보는 것이 더 일반적이라 할 수 있다. 그러므로 가치를 다루는 가치론과 달리 의지를 다루는 도덕론이 따로 연구되어야 한다.

3) 가치의 원천

그러면 가치와 의지 가운데, 가치의 문제부터 살펴보자. 선과 정의가 무엇인가, 그것을 어떻게 규정할 수 있는가? 이런 문제를 다루는 가치론은 윤리학의 전쟁터이다. 이 책의 논점은 가치론이 아니라 도덕론에 있으니 이 치열한 전쟁터에 들어가고 싶지는 않지만, 필요 상 약간의 논의는 피할 수 없다.

가치는 객관적 사실이 아니다. 객관적 사실이 존재하듯이 가치라는 것도 객관적으로 존재하는 것은 아니다. 가치가 객관적이라면 그것이 사물, 사태의 어떤 술어처럼 존재한다는 말이 되는데, 어떤 책이 좋은 책이라 할 때 그 책을 아무리 조사하더라도 그런 좋음이라는 술어를 발견하기는 어렵다. '좋다'라는 가치 술어는 '빨갛다'와 같은 사실적인 술어와는 다르다.

그러므로 가치는 일반적으로 비교를 통해 나온다. 이런 비교하는 주체는 개인의 주관이다. 비교의 대상은 대체로 욕망이며 이 욕망은 자연적으로 존재하는 사실이다. 어떤 욕망이 있는가는 과학적으로 발견되는 사실이다. 그런데 어떤 욕망이 더 좋은가는 주관의 판단이다.

욕망의 비교는 개인적인 주관이 개입하는 일이지만 욕망의 비교 기준은 반드시 주관적인 것만은 아니다. 욕망의 비교와 관련해 여러 이론이 등장했다. 근대사회에서 지배적인 윤리학 이론인 쾌락주의나 공리주의는 욕망의 만족이 주는 쾌락을 비교하여 가치를 결정한다. 쾌락의 양이든 질이든, 개인의 쾌락이든 다수의 쾌락이든, 쾌락은 주관의 느낌에 속하는 것이므로 쾌락의 비교를 통해 욕망을 비교한다면 평가 기준자체가 주관적인 기준이 된다.

그런데 객관적 평가 기준도 있다. 플라톤이나 아리스토텔레스와 같은 이론가들은 욕망을 출발점으로 삼더라도 쾌락을 기준으로 삼지 않고 욕망의 기능을 평가의 기준으로 삼는다. 즉 인간의 본질적인 기능(현실에 적합한 합리적 행위)을 가장 잘 충족하게 하는 욕망(예를 들어 아리스토텔레스의 지적인 욕망)이 최고로 가치 있는 욕망이 된다.[8] 욕망

---

8 고통스럽더라도 기능상 욕망을 충족시켜야 할 때도 있다.

을 이렇게 평가하는 경우 그 기준은 객관적이다. 이런 기준에서 본다면 욕망의 비교는 객관적으로 판단되는 것이고 이로부터 이성적인 가치가 나온다. 이때 문제가 되는 인간은 사회와 무관하게 고립적으로 존재하는 개인으로 파악된다. 욕망은 고립된 개인의 기능을 기준으로 평가된다. 기능은 개인의 기능이지만 이 기능 자체는 객관적으로 존재하는 기준이다.

마르크스주의는 욕망이 주는 쾌락보다는 욕망이 수행하는 기능을 판단 기준으로 본다는 점에서는 플라톤, 아리스토텔레스처럼 가치에 관해 객관적 기준을 인정한다. 하지만 마르크스주의에서는 평가의 기준을 개인의 기능에 두지 않는다. 인간은 사회적인 존재이기 때문이다. 인간은 항상 타인과 일정한 관계를 맺고 있고 그 관계는 특정한 사회를 지배하는 생산관계를 통해서 결정된다. 개인이 사회적 관계 속에서 살아가므로, 한 개인이 지닌 욕망은 이런 사회적 관계와 관련해서 평가된다. 자기의 사회적 기능을 잘 충족하는 욕망이 곧 사회적 계급적 욕망이며 이것이 인간에게 가장 가치 있는 욕망이 된다.

예를 들어 자본가는 사회 속에서 자본이 증식되는 것을 욕망한다. 이는 사회의 기본적인 생산관계가 유지되어야 가능한 것이다. 생산관계를 유지하고 자본이 증식하는 데 이바지하는 욕망이 자본가에게 가치 있는 것이다. 반면 노동자는 현재의 생산관계를 통해 착취당하고 고통당한다. 이런 생산관계 자체를 폐지하고 새로운 생산관계를 수립하는 데 이바지하는 욕망이 노동자에게 가치 있는 것이 된다. 이렇게 본다면 가치의 평가 기준은 개인의 기능이 아니라 사회적인 기능이다. 그리고 기능은 객관적으로 이성적인 숙고를 통해서 평가될 수 있다.

사회적 가치는 역사성을 띤다. 역사적으로 출현하는 어떤 생산관계는 그 내부에서 이미 새로운 생산관계를 발전한다. 이 새로운 생산관계는 이전의 생산관계 내부에서 싹이 트고 자라나다가 이윽고 이전의 생산관계를 파괴하면서 자기를 실현한다. 그게 역사의 운동이다. 이런 역사적 운동에 비추어 본다면 자본가는 과거의 가치를 고집하고 노동자는 미래의 가치를 기대한다.

여기서 미리 밝히지만, 가치에 관한 마르크스의 이론이 플라톤, 아리스토텔레스에 이어서 바로 나온 것은 아니다. 이에 이르기 위해서는 여러 역사적 과정이 매개되어야 했다. 근대 자유주의는 합의라는 방식으로 공통적인 가치를 발견하려 했고 이어 칸트가 자기모순이라는 형식적 기준을 통해서 도덕법칙을 발견하려 했다. 사회 역사의 발전이라는 기준에 따라서 욕망이 비교될 수 있다는 생각은 낭만주의자를 통해 처음 제시되었다. 하지만 이들은 이런 객관적 가치를 직관할 수 있다고 보았을 뿐이며, 역사의 발전과정을 과학적으로 이해할 수는 없었다. 마르크스에 이르러 역사가 과학적으로 파악되면서 역사의 발전이라는 관점에서 욕망을 비교하는 객관적 기준을 세울 수 있었다. 이에 따라 비로소 객관적인 가치라는 개념이 출현할 수 있었다. 가치에 관해서는 나는 마르크스의 이론이 다른 이론들보다 합리적으로 믿는다.

나는 가치는 객관적이며 사회 역사적이라 생각한다. 물론 이때 가치가 사물의 객관적 술어라는 의미가 아니라 가치를 선택하는 기준이 객관적이고 사회역사적이라는 의미이다. 하지만 여기서 가치론에 관한 논의는 이 정도로 그치도록 하자. 왜냐하면 자주성에 관한 논의는 가치론의 영역과 독립적이기 때문이다. 자주적 의지에 관한 논의는 도덕론의 영역에서 일어난다.

욕망과 자주성2

윤리학은 두 측면으로 이루어져 있다고 했다. 곧 이론적 학문인 가치론과 실천적 학문인 도덕론이다. 계몽주의는 알면 행할 수 있다는 지행합일설을 주장한다. 이때 도덕론은 별로 주목받지 못한다. 하지만 가치와 의지는 분리될 수 있다. 대표적인 예가 햄릿이다. 이때 도덕론이 중요한 문제가 된다. 도덕론을 전개하기 위해서는 우선 인간의 의지가 지닌 객관적인 사실을 살펴보아야 한다. 심성론은 의지에 관한 사실을 파악하려는 시도이다.

2-2 의지의 두 형태

1) 사유와 의지

의지의 영역을 다룰 때가 되었다. 앞에서 말했듯이 선이든, 정의이든 가치는 이성의 숙고를 통해 발견된다. 이성을 통해 발견된 가치를 나의 가치로 선택하고 이를 실행하는 것은 의지이다. 가치와 의지는 다른 것이다. 때로 의지 대신 의욕(意慾)[9]이라는 말을 사용하기도 하지만 이 글에서는 의지로 통일하겠다. 이런 실행에는 물리적인 힘이 필요하다. 신체가 움직여주어야 하기 때문이다.

9   의욕이라 한다면 의사와 욕망이다. 의사는 여기서 가치를 주관이 선택한다는 의미이고 욕망은 그것을 실행한다는 의미이다. 하지만 욕망만이 실행하는 것은 아니므로, 또 단순한 의사만을 실행이라 보기 어려우므로 차라리 의지라는 말이 좋겠다.

흔히 실천적 행위를 이끄는 능력인 의지에는 욕망만 존재한다고 본다. 하지만 욕망은 다양한 형태의 의지 중의 하나일 뿐이다. 자의(恣意)[10]나, 자유의지라든가 아니면 심지어 믿음이나 사랑, 슬픔이나 열정과 같은 정념도 일종의 의지로 간주한다.[11] 의지는 크게 욕망과 자주적 의지라는 두 가지 의지로 구분된다. 자의나 정념은 양자 사이에 있는 중간 상태이다.

2) 욕망의 개념

우선 욕망이라는 의지의 형태부터 살펴보기로 하자. 욕망은 자연 발생적인 의지이다. 인간에게 욕망이 존재한다는 것은 경험적 사실이다. 인간에게는 다양한 형태의 욕망이 존재한다. 욕망에는 물질적 욕망도 있고 정신적(문화적) 욕망도 있다. 욕망에는 개인의 이익도 들어가고 집단 또는 계급의 이익도 들어간다.

최근 정신분석학은 욕망의 모습에 대해 새로운 주장을 많이 내놓았다. 가장 핵심적인 주장은 욕망(desire)이 생물학적 기능에 속하는 욕구(need)와 구분된다는 주장이다.[12] 정신분석학은 심리적인 욕망은 생물학적 욕구가 리비도화 되면서 생겨난다고 주장한다. 다른 동물과 달리 인

---

10 흥미롭게도 영어에는 이를 의미하는 고유어가 없다. one's own will을 사용한다. 독일어에는 존재한다 즉 die WillKür이다.

11 헤겔은 의지를 포괄적인 개념으로 보고, 욕망 외에 다양한 실천능력을 이 의지 속에 집어넣었다. 헤겔은 의지도 자각능력을 갖는 것으로 보면서 의지를 자기의식의 정도에 따라서 체계화했다.

12 헤겔도 두 가지를 구분한다. 욕구는 동물적 본능과 같이 의식되지 않은 것이지만 인간의 욕망은 의식되는 것이라는 점에서 근본적 차이가 있다고 한다.

간에게서 리비도화되지 않은 순수 욕구는 없다. 욕망과 욕구를 어떤 식으로 구분하든지 욕구가 아니라 욕망이 인간에서 의지의 출발점이라는 점은 분명하다.[13] 인간에게 어떤 욕망이 존재하는가는 과학적으로 발견될 수 있다. 이 논의에서는 어떤 욕망이 존재하는가 하는 문제보다 욕망이 의지를 지배하는 방식이 더 중요하다. 이 방식은 욕망을 실현하는 방식과 밀접하게 연관되어 있다.

욕망은 물질적인 힘의 방식으로 의지를 지배한다. 원래 자연의 물질적 힘은 기계적인 인과 관계를 통해 작용한다. 오늘날에는 생명현상과 같은 목적론적 힘도 인정되고 있다. 이 목적론적 힘은 상황의 변화에도 불구하고 같은 결과에 도달하도록 하는 힘을 말한다. 목적론적 힘은 여러 기계적인 인과 관계(신경 과정)가 유기적으로 구성되면서 순환을 형성할 때(순환적 복합체) 생겨나는 것이며 궁극적으로 기계적인 인과 관계로 환원할 수 있다. 마치 화학적 과정이 역학적 과정으로 환원되고, 생명 현상이 화학적 과정으로 환원되는 것과 같다.

욕망은 물질적인 힘 가운데 목적론적 힘이라는 방식으로 의지를 지배한다. 즉 욕망은 목적 지향적이며, 상황의 변화에도 같은 목적을 지향한다. 현재까지는 목적 지향적인 욕망이 어떤 인과적 순환 과정으로 구

---

13 이런 리비도화가 왜 일어나는가가 문제이다. 프로이트는 자기보존의 욕구(식욕 등)와 성욕을 구분하면서 전자는 생물학적 기능이며 반면 후자 즉 성욕은 리비도화된 욕망으로만 존재한다고 본다. 프로이트에게서 성욕의 리비도화는 자연적으로 생겨난 것이니, 본능적인 것이다. 반면 라캉은 리비도화가 가족 관계에서 형성되는 심리적 요인에 의존한다고 본다. 인간은 이런 관계 속에 태어나므로 인간의 모든 욕구는 처음부터 리비도화된 욕망으로 존재한다. 처음에 식욕도 리비도화된 상태로 출현하며 점차 상징의 세계 속으로 들어가면서 탈리비도화된다. 성욕은 사춘기 이후 상징계 속으로 들어오더라도 리비도화된 상태를 완전하게 벗어나지는 못한다.

성되는 것인지가 밝혀지지는 않았다. 그래도 욕망의 목적 지향성이 물질적인 힘이라는 점만은 분명하다.

욕망이 만족을 얻기 위한 목적론적 운동에도 두 가지 방식이 구분된다. 하나는 현실을 고려함이 없이 무조건 만족을 지향하는 충동이다. 다른 하나는 현실을 고려하면서 합리적인 방식으로 만족을 얻으려는 욕망(좁은 의미에서)이다. 비합리적 충동은 자주 환상을 통해 만족을 얻기도 한다. 반면 합리적 충동은 현실적 대상을 통해 만족을 얻는다. 욕망과 충동 사이에서 합리성과 비합리성의 구분은 절대적인 구분이 아니라 상대적인 구분에 불과하다. 둘 다 가능한 한 최대한 빠르게 만족을 얻으려 한다는 점에서는 같다. 대체로 본다면 욕망은 충동성이 강하다.

욕망의 모습을 살펴볼 때 또 한 가지 중요한 것은 욕망을 통한 행위는 매우 산만하다는 것이다. 즉 욕망이 자신의 목표를 중도에서 포기하거나 단념하는 때가 비일비재하다는 것이다. 욕망은 자연 발생적이다. 언제 어떻게 욕망이 바뀌게 될지 알지 못한다. 일단 욕망이 발생하면 그 욕망은 결과를 향해 충동적으로 달려가지만 그런 중에서도 외적 자극이나 내적인 자극을 우연히 만나게 되면 새로운 욕망으로 바뀌면서 이 새로운 욕망을 위해 또 달려간다. 욕망의 산만한 모습은 자주 아이들의 놀이에서 나타난다. 아이들은 어떤 장난감을 갖고 놀다가는 우연히 다른 장난감을 보면 들고 있던 장난감은 팽개치고 남의 장난감을 뺏으러 달려간다. 한편으로는 결과를 향하여 곧바로 충동적으로 달려가면서도 또 다른 한편 산만성을 지닌다는 것이 역설적으로 보이기도 하지만 이런 이중성은 욕망의 모습 속에서 자주 발견된다.

최근 정신분석학은 욕망이 산만하게 바뀌지만, 그 속에는 일정한 규칙이 있다고 주장한다. 프로이트는 그 규칙을 꿈의 작업 속에서 발견했다. 그 규칙은 소위 은유와 환유의 법칙이며 또는 압축과 전위의 방식이다. 이런 규칙이 있다고 하더라도, 그 규칙 자체가 비논리적인 것(즉 유사성이나 인접성에 따른 것)이고 그 맥락이 사적인 맥락 즉 개인의 체험에 따른 것이니 일반화할 수 없다. 욕망이 이런 규칙에 따라 변화한다고 하더라도, 외부나 내부의 자극에 따라서 시시각각 변화한다는 성격 자체를 바꾸지는 못하니, 이 사실이 욕망의 산만성을 부정하는 근거가 되지는 못한다.

3) 자주적 의지

욕망에 대립하는 자주적 의지는 자신이 선택한 가치를 실행하려는 의지이다. 숙고나 이성적인 판단을 통해 가치를 규정할 때 이 가치 판단은 일단 판단, 사유 속에 머무르는 것이다. 사유 속에서 결정된 가치를 마음[14]이 선택하고 또 이를 신체로 실행하려 할 때 자주적 의지가 출현한다. 자주적 의지란 간단히 말하자면 도덕적 행위의 능력이다.

가치가 의지를 지배하는 데에 두 단계가 있다. 첫 번째 단계는 우선 이성적으로 판단된 가치를 자신이 실행하는 목적으로 선택하는 과정이다. 흔히 이를 자유로운 선택으로서의 자유의지라 한다. 이어지는 단계는 자유의지를 통해 선택한 가치를 행위로 실행하는 단계이다. 자유의지가 이 단계에 이르면 자주적 의지가 된다. 자주적 의지는 선택과 실행을 포괄하는 개념이다. 자주적 의지는 현실 속에서 실제로 실현되는 행위의 결과와 구분된다. 실현을 위해서는 현실적으로 여러 가지 조건이

---

14 마음이라는 개념은 사유를 의미할 때도 있지만 주로 심리적인 현상을 지칭한다. 그러므로 의지나 욕망, 감정 등이 마음의 본래 영역이다.

갖추어져야 한다. 자주적 의지는 실현되기 전 실행의 단계까지만 말할 뿐이다.

욕망이 결과를 지향한다고 할 때 이때 결과란 단순한 실행이 아니라 실제 실현을 의미한다. 욕망은 선택의 단계나 실행의 단계에 관해 고민할 이유가 없다. 욕망은 자연 발생적으로 존재하는 힘이기 때문이다. 가치가 의지를 지배하는 자주적 의지에서는 선택의 단계, 실행의 단계가 구분되면서 이 사이의 균열, 갈등이 논의의 핵심적인 문제가 된다.

그렇다면 자주적 의지는 구체적으로 어떤 모습을 갖고 있는가? 욕망이 충동적이며 산만한 모습을 갖는다면 자주적 의지도 마찬가지인가? 자주적 의지의 가능성을 논리적으로 살펴보기 전에(이는 다음 장으로 미루자) 우선 경험적인 관찰을 통해서 자주적 의지의 모습을 살펴보자. 자주적 의지의 모습은 욕망의 모습과는 분명하게 구분된다.

4) 행위의 즐거움

의지가 가치에 충실하게 되면서 즉 가치를 따라 행위가 일어나게 되면 사람은 즐거움을 느끼게 된다. 이 즐거움은 쾌락의 감정과 구분된다. 쾌락은 욕망을 만족하면서 얻어진다. 반면 행위가 일어나면서 느껴지는 즐거움은 행위 자체를 통해 그 결과의 성공이나 실패와 무관하게 얻어지는 즐거움이다. 그것은 마치 운동선수가 회심의 멋진 슛을 했을 때 그 동작으로 즉 골이 들어가는지 않는지와 상관없이 그 행위 자체로 온몸에 짜릿한 전율을 느끼는 것과 같다.

이 즐거움은 자기가 실행한다는 것을 우선적인 조건으로 한다. 즉 자기가 계획하고 관리하고 실행해야만 얻어진다. 농민이나 예술가의 노동이 즐거운 것은 자기의 목적을 위한 것이기도 하지만 무엇보다도 자기가 실행하는 노동이기 때문이다. 자기 실행이란 계획하고 관리하는 것을 포함하는 고도로 의식적인 행위이다. 반면 자본주의 사회에서 노동자의 노동이 고역인 것은 그 노동은 타인의 목적을 위한 노동일 뿐만 아니라 기계가 명령하는 대로 팔과 다리를 드는 대리 노동에 지나지 않기 때문이다. 의식 없이 기계적으로 행동할 때는 그 외에도 많다. 예를 들어 엄마가 하나하나 이렇게 하고 저렇게 하라고 하는 대로 아이가 기계적으로 행동할 때도 그렇다. 이때 행위의 결과를 통해 욕망을 만족함으로써 쾌락은 얻을 수 있고, 자기 행동의 결과로 나타나는 것에 대해 신기함이나 놀라움을 느낄 수는 있지만, 행위의 즐거움을 느낄 수는 없을 것이다.

사람은 주로 자기 자신의 행위에서 즐거움을 느끼지만 어떤 때 예외적으로 다른 사람의 행위를 보고서 그런 즐거움을 얻기도 한다. 예를 들어 공연을 보러 갈 때를 생각해 보자. 음악, 연극, 연예 공연, 어느 것이든 상관없다. 그 가운데 비평적인 관점에서 공연을 보는 사람도 있다. 이 사람은 공연을 보면서 이런 공연은 이렇게 해야 한다고 미리 생각한다. 그는 그 자신의 기대에 따라서 공연을 평가한다. 만일 공연자의 공연이 정확하게 자기의 기대와 일치하면 회심의 미소를 짓는다. 만일 공연자가 자기의 기대와 달리 다른 방식으로 공연하면 그는 충격을 받는다. 그러면 그는 기대와 실제의 차이를 비교해 보고 공연자의 공연을 그자신이 기대했던 것 이상으로 탁월하다고 생각하며 놀라기도 한다. 반대로 공연자의 공연이 수준 이하라고 생각되면 그는 그 공연자를 비난한다. 이 사람은 공연자의 공연에 몸을 맡기는 구경꾼이 아니라 공연을 평가하려는 전문가이다. 이런 전문가는 비록 자기가 행위하는 것은 아니지만 자기가 행위하는 것을 마음속으로 그려놓고 그것에 비추어보는 것이니 행위를 하는 것과 마찬가지이다. 그는 구경에 만족하는 구경꾼이 아니라 자주적 의지를 가진 관객이다.

욕망이 아니라 자주적 의지 때문에 일어나는 모든 행위는 가치를 가지고 있다. 부도덕한 행위라고 한다면 그 행위가 수행하는 가치가 사회 역사적으로 결정되는 객관적인 가치와 대립하는 행위이다. 하지만 부도덕한 행위도 가치를 가지고 있는 것은 틀림없다. 그는 다만 주관적으로 생각하는 가치를 자신의 가치로 삼고 있다. 반면 도덕적 영웅의 행위는 사회 역사적으로 객관적인 가치를 실행한다. 가치는 다르지만 둘 다 가치에 따라 행위가 일어나므로 둘 다 자주적인 의지이다. 이런 부도덕한 행위와 정신분열증자나 아이의 행위는 다르다. 이들은 가치에 따라 행위를 하지 못한다. 이들은 욕망의 변덕스러운 힘에 따라 행위를 할 뿐이다. 대부분 사람도 상당 부분 욕망의 변덕스러운 힘에 종속한다. 이때는 의지가 가치를 따르지 않으므로 무도덕적이다.

부도덕하면서도 자주적인 인간과 욕망의 변덕스러운 힘에 종속된 인간은 행위의 결과만 보면 유사하게 보인다. 하지만 결정적으로 차이가 있다. 예를 들어 도박에 빠진 도박꾼과 도박을 통해 돈을 벌려는 타짜를 비교해 보자. 전자는 자신의 변덕스러운 욕망에 사로잡혀 있으니 자신의 행동에 대해 후회하고 절대로 다시 도박하지 않겠다고 맹세하지만 결국 다시 도박에 빠지고 만다. 욕망이 어떻게 바뀔지 그 자신도 모르기 때문이다. 후자는 냉혹한 자이다. 그는 자기와 함께 노름판을 벌인 도박꾼을 경멸하지만, 결코 그런 마음을 얼굴에 드러내지 않고 이 도박꾼을 상대로 해서 어떻게 그의 돈을 갈취할까를 고민한다. 그는 만일 도박으로 돈을 벌 수 없다고 생각하면 언제라도 도박을 중단할 의지를 갖고 있다.

5) 자주적 의지의 지속성

　자주적 의지를 통해 일어나는 도덕적 행위는 지속적이다. 욕망이란 원래 변덕스러운 것이다. 자연이란 것 자체가 날씨처럼 변덕스러운 것이기 때문이다. 천년만년이나 갈 것 같던 여름도 바람이 한번 바뀌면 어느새 가을이 된다. 그처럼 미칠 것 같이 애를 끓이던 욕망도 어느 날 아침 갑자기 사라져 버린다. 많은 사람은 사랑의 열병이 어느 날 아침 씻은 듯 사라지고 만 것을 보고 스스로 놀란다. 반면 가치라는 것은 본래 사회적이고 역사적이므로 그렇게 쉽게 바뀌지는 않는다. 가치도 불변하는 것은 아니지만, 시대나 사회가 변화하지 않는 한 거의 바뀌지 않는다. 그러니 가치를 따르는 자주적 의지는 세월이 흘러도 한결같고 목숨이 위태로워도 변함이 없다.

　가치란 욕망 중에 비교를 통해 나온 것이므로, 그 자체가 가치이기도 하고 욕망이기도 하다. 어떤 행위가 욕망에 원인을 둔 행위인지 아니면 가치에 따른 자주적 행위인지 모호할 때가 있다. 예를 들어 육체적으로 섹슈얼한 여인이 있다 하자. 나는 육체적 섹슈얼리티를 최고의 가치로 판단한다고 하자. 내가 그 여인을 사랑한다면 나의 사랑은 나의 가치를 실행하는 자주적 행위인가 아니면 그 여인의 육체에 대한 욕망 때문일까? 자주적 의지인가 욕망인가? 이때 정말 쉽게 판단하기 힘들다. 어떻게 생각해보면 육체적 유혹이 지배한 것 같고 어떻게 생각해보면 나의 가치를 실행하는 것 같다. 이때 스스로 마음에 물어서 확인하기는 어렵다. 욕망은 무의식적으로 작용하므로 의식의 눈에 감추어져 있다. 가치는 마음속으로 의식되지만, 자기를 합리화하는 것에 불과할 때가 많다. 그러니 마음에 물어서는 알 길이 없다.

위의 물음을 판단하기 위해 택할 수 있는 다른 기준은 없을까? 이때 지표가 도움된다. 지표는 진짜 근거는 아니지만, 간접적으로는 그것을 확인시켜 주는 기준을 말한다. 욕망이냐 자주적 의지냐 하는 판단의 지표로서 행위의 지속성이 사용될 수 있을 것이다. 자주적 의지를 통해 자기의 가치를 실행한 것이라면 그 사랑은 변함이 없이 지속할 것이다. 이 사람은 만일 다른 사람을 사랑하게 되더라도 유사한 가치를 지닌 사람을 사랑하게 될 것이다. 반면 욕망 때문에 사랑했다면 욕망의 변덕에 따라 그 사랑은 곧 사라지고 말 것이다. 욕망의 변덕은 종잡을 수 없다. 언제는 살찐 여인이 섹슈얼하게 느껴지지만 다른 때는 마른 여인이 유혹적으로 느껴진다. 언제는 육체적 섹슈얼리티에 욕망을 느끼지만 언제는 육체의 정숙함 때문에 욕망을 느낀다.

하지만 이건 추후 판단이다. 당장은 가치 때문인지 욕망 때문인지 판가름하기 힘들다. 이 때문에 굳이 고민할 것은 없다. 곧 판가름날 것이니 말이다.

6) 도덕적 강제

가치가 의지를 규정하는 관계는 자주 도덕적 강제라고 언급되기도 한다. 오히려 욕망이 해방적인 것으로 말해진다. 이런 오해를 불식하여야만 자주적 의지의 모습이 올바르게 이해될 것이다. 예를 들어 보자. 로미오와 줄리엣이나 춘향과 이 도령은 남녀 사이의 사랑을 위해 그 시대 도덕적 가치 즉 가문이나 신분의 가치와 투쟁했다. 그들은 도덕적 억압과 투쟁한 영웅이다. 이런 예를 보면 가치가 억압적이고 욕망이 해방적이라는 말이 올바른 말로 보인다.

그러나 여기서 전제를 잘 보자. 이들은 억압된 사회에서 살았다. 억압된 사회에서 지배자는 신분이나 가문의 가치를 자신의 가치로 삼는다. 지배자는 이를 인민에게 강요한다. 이는 억압적인 가치가 된다. 반면 역사적으로 근대사회가 발전하면서 인민은 자기 원하는 것 즉 자기의 가치를 실현하기를 바란다. 남녀 사이 사랑은 물질적 욕망에 속하지만 이제 그것은 가치 있는 욕망으로 인정되었다. 남녀 사이의 사랑을 추구하는 것은 아름답고 고귀한 것이다. 이렇게 생각해보면 여기서 문제가 되는 것은 가치와 욕망이 대립하는 것이 아니라, 지배자의 가치와 인민의 가치가 대립하는 것이다. 이들은 새로운 가치를 선택하고 실행한 것이지 자신의 욕망이 명령하는 대로 변덕스럽게 움직인 것은 아니다. 만일 이들이 욕망의 변덕에 몸을 맡겼다면 사랑 때문에 죽거나 감옥에 갇히지는 않을 것이다.

결국 욕망은 해방적이고 가치가 억압적이라고 말하는 주장은 잘못이다. 어떤 욕망 가운데 자기가 가치 있다고 판단하는 것을 실행한다면 강제가 아니다. 반면 타인에게 가치 있다고 하더라도 자기에게 가치 있는 것이 아니라면 이는 강제이다.

욕망은 의지를 강제하는 것이다. 자주적 의지를 도덕적 강제라고 하는 것은 자주적 의지를 마치 욕망과 유사한 것으로 오해하는 데서 기인한다. 욕망이 의지를 인과적으로 지배하듯이 가치도 의지를 인과적으로 지배한다고 보았기 때문이다. 하지만 가치는 의지를 물질적 방식으로 지배하는 것은 아니다. 가치는 고유한 방식으로 즉 정신적인 방식으로 의지를 지배한다.

욕망과 자주성3

앞의 글에서 윤리학에는 가치와 의지의 영역이 구분된다고 했다. 인간의 의지에는 다시 욕망이 의지를 지배하는 때와 가치가 의지를 규정하는 때가 있다. 욕망은 물질적인 인과의 방식으로 의지를 규정한다. 욕망은 결과를 얻으면서 만족하며, 우연에 따라 변덕스럽게 변화한다. 반면 가치가 의지를 지배하는 것이 자주적 의지이다. 자주적 의지는 행위가 가치에 얼마나 충실한가로 평가하며 지속성을 지닌다. 그런데 자주적 의지가 가능한 것일까? 가치가 의지를 지배한다는 것은 관념이 물질을 지배한다는 것만큼이나 이해하기 힘든 것이 아닐까?

1) 욕망과 자주적 의지의 차이

욕망이 의지를 지배하는 때와 가치가 의지를 지배하는 때, 각기 그 지배 방식이 다르다. 욕망이 의지를 지배하는 방식은 앞에서 말했듯이 물질적 힘의 방식이다. 자주적 의지에서 가치가 의지를 지배하는 방식은 정신적인 힘의 방식이다.

여기서 정말 어려운 철학적 문제가 등장한다. 가치가 의지를 지배하면서 자주적 의지가 된다고 했다. 의지가 행위를 일으키니 물질적 힘임이 틀림없다. 사유에 속하는 가치가 물질적 힘을 가진 의지를 지배한다는 것이니 관념이 물질을 지배하는 것과 같다. 그것은 마치 유리 겔라가 염력을 갖고 숟가락을 휘게 하는 것과 같이 신비한 일이 아닌가?

흔히 철학에서는 이 문제를 자유의지(우리의 표현으로는 자주적 의지)의 문제라 한다. 자유의지의 문제는 더 근본적으로 관념과 물질의 관계를 전제로 한다. 지각을 통해 물질은 관념으로 변화되며, 의지를 통해 관념은 행위로 출현한다. 전자의 측면은 인식의 문제와 관련된다. 후자의 측면이 자유의지의 문제와 관련된다. 관념이 행위를 일으킨다는 자유의지도 문제이지만 물질이 관념으로 변화한다는 것도 이상하기는 마찬가지이다. 하지만 이 글은 물질에서 관념으로의 변화를 다루지 않는다. 다만 관념이 행위를 일으키는 자주적 의지를 문제 삼는다.

2) 욕망의 순환적인 복합체

그러면 자주적 의지의 가능성 즉 가치가 의지를 지배하는 가능성이라는 철학적 난제를 살펴보기로 하자. 우선 자주적 의지가 어떤 것인가 이해하기 위해 인간의 행위를 생각해 보자. 무엇보다도 중요한 것은 인간의 행위는 단순한 원인에 따라 일어나는 법은 거의 없고 대부분 복합적인 원인에 따라 일어난다는 사실이다. 행위를 일으키는 힘이 욕망이라면 복합적 행위에는 복합적 원인 즉 다양한 욕망이 동시에 작용한다.

예를 들어 김재규가 박정희를 저격한 행위를 보자. 짐작하건대 그는 박정희의 총애를 받는 차지철을 질투해 그를 제거하고자 했다. 당시 미국은 핵무기를 개발하려는 박정희를 제거할 기회를 노렸고 김재규에게 미국의 의도에 관해 은밀하게 암시했다. 그는 재야의 지도자 김영삼, 김대중에 대해 약간의 친근감을 느끼고 있었다. 그는 부마 항쟁을 통해 민중의 민주화에 대한 열망을 몸으로 느낄 수 있었고 민중의 힘을 두려워했다. 박정희를 암살하지 않고서는 그 열망이 충족될 수 없으리라는 절망감도 있었다. 그에게는 욱하는 성질이나 영웅주의적인 태도가 있었다. 반대의 욕망도 있었다. 그는 박정희에 대한 개인의 충성심이 강했다. 그는 자신의 거사가 잘못된다면 멸족의 화를 입을 가능성을 두려워했다. 현실적으로 거사가 성공해서 정권이 자기에게 돌아올지 불안한 마음도 있었다.

아마도 김재규가 박정희를 저격했을 때 그의 수많은 욕망이 소용돌이쳤을 것이다. 어떤 욕망은 다른 욕망과 친화성이 있어서 응집했다. 차지철에 대한 질투는 김영삼, 김대중에 대한 친근감을 강화했다. 이런 친근감은 민주화에 대한 민중의 열망을 더욱 강하게 느끼게 했다. 어떤 욕망은 이런 욕망과 대립했다. 그는 박정희에 대한 충성심 때문에, 또는 멸족의 화에 대한 두려움 때문에 참고 또 참았다. 이렇게 욕망이 서로 응집하고 서로 대립하면서 마치 바다 위에 뜬 거대한 빙하 조각처럼 파도를 타고 웅얼거리고 있었다. 그리고 어떤 조건, 기회를 틈타서 이 빙하 조각이 다시 부딪혔다. 소용돌이치는 욕망 가운데 하나의 중심이 생기면서 순환적인 구조를 가지게 되었다. 모든 욕망은 민주화라는 가치를 중심으로 순환적으로 구성되었다.

아직 그 순환적 구조는 단단하지 못했다. 아직은 빙하 조각처럼 바람에 따라 이리저리 흔들리고 있었다. 최후의 기회가 필요했다. 그 기회는 궁정동에서 차지철이 제공했다. 그는 차지철이 탱크를 동원해서 몇 백만을 죽여도 문제없다는 발언에 흥분했다. 이때 민주화라는 가치를 중심으로 순환적으로 구성된 그의 욕망 복합체는 금강석처럼 단단해졌다. 그는 이 욕망 복합체에 따라 행위를 하기 시작했다. 그는 자기 방에 숨겨놓은 권총을 들고 밀실로 달려갔다. 그의 총은 차지철을 향했다. "이 버러지 같은 놈" 탕탕...그는 다시 총을 젊은 여자를 농락하는 박정희를 겨누었다. 그는 외쳤다. "각하 똑바로 하십시오!" 탕탕, 탕탕탕.

위의 예는 실제라기보다 그럴듯한 이야기에 불과하다. 아직 김재규의 거사에 대한 구체적 분석조차 없다. 나는 이 이야기를 사실로 주장하지 않는다. 내가 이 이야기에서 말하고 싶은 것은 욕망의 순환적인 복합체라는 개념이다. 말하자면, 한 개인에게는 다양한 욕망이 있다. 욕망은 서로 친하기도 하고 서로 대립하기도 하며, 욕망 중에는 아주 강한 것도 있고 미약한 것도 있다. 강약, 친화성, 대립 등을 통해 욕망이 소용돌이치는 가운데 어떤 중심이 생겨난다. 여기서 소용돌이친다는 표현은 대립하는 요소가 서로 마주보고 있을 때 나타나는 현상을 말한다.[15]

이런 중심을 차지하는 것이 가치이다. 욕망을 구성하는 요소가 같다고 하더라도 그 강약이나 힘의 친화성, 힘의 대립 관계가 달라지면 욕망의 중심은 달라진다. 이때 욕망은 다른 가치를 중심으로 삼는다. 반면 구성 원소인 욕망의 종류가 달라지고 강약이나 나머지 모든 것도 바뀔수도 있다. 그런데도 그 중심을 이루는 가치는 같을 수 있다. 예를 들어 김재규의 거사나 김영삼의 단식과 김대중의 투쟁도 모두 민주화라는 가치를 중심에 둔 행위였다.

욕망의 순환적인 복합체라는 개념을 이용한다면 인간과 동물의 차이, 행위와 행동의 차이를 이해할 수 있다. 인간과 동물은 욕망의 종류를 놓고 본다면 거의 비슷한 욕망을 갖는다. 그러나 동물에서 개별 욕구는 고립적으로 존재하며 욕구와 행동은 일대일로 대응한다. 동물의 행동은 단순하고 고정되어 있다. 이 대응 관계를 본능이라 하며 동물은 다

---

15 예를 들어 냉장고 온도를 자동으로 조절하는 바이메탈을 보자. 서로 신축하는 정도가 대립하는 두 금속이 마주 보고 결합되어 있다. 그에 따라 냉장고 온도가 오르면 이 바이메탈이 휘면서 전원이 연결되고 다시 온도가 내리면 펼쳐지면서 전원이 끊어진다. 이런 식으로 냉장고는 일정한 온도를 유지한다.

양한 본능적 행동의 복합체에 불과하다. 그러나 인간의 욕망은 순환적으로 구성되어 있다. 순환적으로 구성된 욕망이 전체적으로 하나의 행위를 끌어낸다. 욕망이 순환적 복합체이므로 인간의 욕망은 상황에 따라 달라질 수 있고, 사람마다 천차만별로 달라질 수 있다. 다양한 욕망이 순환적으로 구성되면서 무척이나 미묘하고 아주 섬세한 욕망 복합체가 출현한다. 예를 들어 사람의 식욕을 보라. 얼마나 다양하고 미묘한가?

　동물과 인간의 이런 차이는 동물과 인간의 언어의 차이에 비교할 수 있다. 동물도 언어를 가지고 있지만, 그 언어는 신호의 수준에 머물러 있다. 그러므로 표현에 한계가 있다. 하지만 인간은 기본적인 단어를 조합하는 능력을 가지고 있으므로 엄청나게 다양한 언어를 구성할 수 있다. 동물의 본능(욕구)과 인간의 욕망, 동물의 행동과 인간의 행위의 차이도 꼭 이와 마찬가지이다.

욕망과 자주성4

　앞의 글에서 자주적 의지가 어떻게 가능한지 살펴보았다. 자주적 의지는 욕망의 순환적인 복합체이다. 여기서 순환이라면 대립적인 요소들이 서로 마주보고 있을 때 출현한다. 순환적 복합체는 욕망에서 자주적 의지로 발전한다. 그러나 의지의 순환적 복합체가 이런 최종 결과에 이르는 중간 과정에서는 불완전한 결합체가 출현한다. 이때 의지는 정념의 수준에 머무른다. 정념도 이미 상당한 능동성을 지닌 복합체이지만 아직 불완전하여 수동성을 간직한다.

1) 정념의 행동

　이상 설명한 욕망의 순환적 복합체라는 개념을 기초로 하면 정념이라는 문제에 접근하는 가능성이 주어진다. 정념(Passion)은 단순한 욕망 이상의 힘을 가지고 있다. 사람들은 이 힘은 수동적이며 마치 욕망과 같이 충동적인 방식으로 작용한다고 간주한다. 정념은 자각되지 않으며 대개 감정의 수준에 머무른다. 정념은 대개 인간을 파괴하는 부정적인 것으로 간주한다. 정념으로부터 해방되는 아파테이아(apatheia: 무정념) 것이 철학자의 꿈이기도 하다.

　정념을 수동적으로 이해한 대표적인 철학자는 스피노자이다. 그는 세상은 필연적인 질서에 의해 지배되고 있다고 말한다. 이 필연성은 이성에 의해서만 인식될 수 있다. 이성적으로 필연성을 인식한다면 그 사람에게서 세상은 자유로운 것이다. 일어날 것이 마땅히 일어나기 때문이다. 하지만 인간은 이런 필연성을 인식하지 못한다. 주로 감각적으로 인식하기 때문이다. 그 결과 인간은 세상에서 항상 예상하지 못한 힘으로 얻어맞고 당하는 것처럼 생각한다. 그 결과 정념에 빠진다. 스피노자는 정념을 부정적으로 보는 대표적인 철학자이다. 스피노자는 정념으로부터 해방하기를 바란다.

하지만 정념과 단순한 욕망은 무언가 다른 것 같다. 자주 정념 속에 능동성의 요소가 있다고 주장된다. 사랑을 보자. 사랑은 마치 꿈이나 잠처럼 전적으로 수동적으로 밀려올 뿐인가? 내가 어떤 사람에게 사랑을 느낀다고 할 때 나의 능동성은 전혀 없다고 말하면 나는 필시 뺨을 맞고 말 것이다. 그러니 사랑의 느낌에 상당한 능동성을 인정해야 한다.

만일 정념에 능동성을 인정하지 않는다면 윤리적 딜레마에 빠진다. 대표적인 예가 도박꾼이나 상습적인 마약 투약자, 습관적인 난봉꾼, 질투와 증오에서 나오는 범죄에 대한 도덕적 책임의 문제이다. 이런 행위가 수동적인 정념이 명령한 것이라고 단정하면 도덕적 책임을 물을 수 없으니 사회는 혼란에 빠진다. 더구나 정념에 도덕적 책임을 묻는다 하더라도 수동적 감정이라면 교정할 수 없으니 책임을 묻는 시도 자체가 무의미하게 된다. 하지만 수동적으로 보이는 정념에도 어느 정도 능동성이 들어 있지 않을까? 자주적 의지만큼은 아니더라도 상당한 정도 그 책임을 물을 수 있지 않을까?

사르트르는 모든 정념이 능동적이라고 본다. 즉 정념도 지향적인(합목적적인) 작용 중의 하나라는 것이다. 사르트르는 모든 정념은 의지의 결단이라 주장한다. 이런 정념에는 명백히 어떤 목적, 추구하는 가치가 존재한다. 그런데도 정념이 수동적으로 느껴지는 것은 자기기만 때문이다. 즉 자신이 저지른 일의 책임을 은폐하기 위해 마치 자기의 행위는 외적이거나 내적인 힘에 유혹된 결과처럼 말한다. 자기는 이 정념에 빠져서 행동했을 뿐이라고 주장한다면 책임이 사라지기 때문이다. 사르트르는 자주 도박꾼을 예로 든다. 도박꾼은 도박벽 때문에 도박을 저질렀다고 말한다. 도박꾼은 가슴을 치며 자신이 유혹에 빠진 것을 후회하지만, 사르트르는 이를 믿을 수 없다고 말한다. 후회라는 정념은 유혹에 빠진 것에 대한 후회이지만, 사실은 스스로 선택한 행위라는 것을 은폐하는 것에 불과하다는 것이다. 사르트르는 도박꾼의 이런 주장을 불성실 즉 자기기만으로 규정한다.

하지만 사르트르 주장대로 정념을 전적으로 능동적으로 보는 것에는 문제가 있다. 사랑하는 마음도 전적으로 능동적으로 생겨난다면 얼마나 좋을까? 사랑은 자기도 모르는 사이에 마치 잠이나 꿈처럼 밀려들어 온다. 사랑에 능동성이 없다고 말하면 뺨을 맞듯이 자기도 모르는 사이 사랑에 빠졌다고 또는 한 눈에 반했다고 말하지 않으면 또 뺨을 맞을 것이다. 결국 정념이 수동적이라는 일반적인 생각을 전적으로 무시할 수는 없다. 적어도 정념에 상당한 수동성을 인정해야 한다.

정념은 수동적이며 능동적이라는 이중성을 인정하지 않을 수 없다. 정념은 한편으로 몽롱한 인식에 기초하지만 다른 한편으로는 명백히 어떤 가치에 대한 인식을 전제로 한다. 문제는 이중성을 인정하면서 동시에 이를 설명하는 일이다.

2) 정념의 이해

앞에서 욕망의 순환적인 복합체라는 개념에서부터 자주적 의지 개념에 이르렀으니, 이로부터 정념의 문제도 접근할 수 있는 것이 아닐까?[16] 여기서 정념의 이중성을 설명할 가능성이 생겨나지 않을까? 이에 기초해서 정념을 설명하는 가설을 하나 세워보자.

앞에서 말했듯이 인간의 욕망은 동물처럼 고립적인 욕구가 아니라 여러 욕망이 순환적으로 구성된 복합적 욕망이다. 이때 구성 요소가 되는 각 욕망에는 이미 결합하는 힘이 나타난다. 이 결합하는 힘은 내재하는 힘이다. 이 내재하는 힘이 중심을 향한 힘으로 발전한다면 욕망의 순환적 복합체가 된다. 자주적 의지의 단계에서 욕망의 구성은 이미 수동적인 구성의 단계를 넘어선다. 자주적 의지는 욕망을 능동적으로 구성한다. 이와 더불어 자주적 의지는 자각적으로 의식된다.

반면 순환적 복합체가 아직 불완전한 때도 가능하다. 이 불완전한 순환적 복합체는 비유하자면 마치 거대한 빙하 조각 몇 점이 바다 위에서 표류하면서 이리저리 부딪히는 것과 같다. 이 빙하 조각들은 이리저리 흔들리지만 이미 어떤 틀에 갇힌 것처럼 그 틀을 벗어나지 않는다. 그런데도 그 내부에 틈이 있어서 빙하의 조각과 조각 사이에는 이리저리 충돌이 일어나고 있고 때로는 조금씩 빙하의 한 부분이 그 틀을 벗어난다. 그 모습은 빙하조각이 바닷물 위에서 웅얼거리는 것처럼 보인

---

16   이런 관점이 라캉의 정신분석학에서 힌트를 얻었다는 점을 고백하지 않을 수 없다. 라캉은 욕망의 리비도화와 관련해서 프로이트의 이론을 더욱 풍부하게 발전시킨다. 라캉은 리비도화된 욕망의 충족방식을 세 가지 방식(상상계, 상징계, 실재계)으로 구분했다. 이 세 가지 방식은 기본적으로 개인의 욕망(생물학적 기능)과 대타적인 욕망(사회 심리적 기능)이라는 두 가지 욕망이 서로 어떤 방식으로 결합하는가에 달려 있다. 또한 그에 따르면 리비도적 욕망에는 긍정과 부정, 사랑과 증오라는 대립하면서도 공존하는 두 힘이 존재한다. 여기서 라캉의 이론을 상세하게 설명할 필요는 없겠지만, 그는 적어도 자주적 의지와 정념을 이해하는 기초를 놓았다는 것은 분명하다. 그 기초란 곧 복합적인 욕망에 속한다는 사실이다.

다. 빙하 조각은 어떤 중심을 지향하지만 아직 상당한 분산성이 남아 있어서 그 결과 일정한 틀 안에서 이리저리 흔들리는 것으로 생각할 수 있다. 마찬가지로 복합적 욕망은 여러 조각의 욕망 덩어리로 이루어진다. 각 욕망 조각에는 이미 내재하는 힘이 있어 어떤 중심을 지향하만, 아직 그 결합의 중심은 확고하지 않다. 그 때문에 욕망 조각은 분산성을 유지한다. 조각난 욕망 덩어리는 큰 틀을 벗어나지 않지만 욕망의 조각과 조각은 여전히 이리저리 흔들리면서 서로 충돌한다. 일시 순환적 복합체가 생겨나더라도 불완전하고 일시적인 것에 불과하다.

이런 우연성과 수동성이 남아 있는 욕망의 복합체가 수동적 의지 즉 정념에 해당하지 않을까? 정념을 이루고 있는 욕망 조각에는 이미 내재하는 힘이 있으니 그 때문에 정념 속에 자유로운 느낌이 들어 있다. 이런 점에서 정념은 자주적 의지에 가깝다. 그런데도 정념에서 이리저리 부딪히는 우연성이 남아 있어서 수동적이라는 느낌을 일으킨다. 이 수동성 때문에 정념은 욕망처럼 물질적 기계적으로 작용하는 것으로 보인다. 정념의 복잡 미묘한 성격이 이렇게 해서 발생한다.

3) 정념의 다양성

욕정, 질투, 증오, 의심, 애정, 사랑, 희망, 열망 등 수많은 인간의 정념은 이런 우연적인 순환적 복합체에 속한다. 다양한 정념 가운데서도 수동성과 능동성 사이에 차이가 있을 수 있다. 예를 들어 증오와 질투의 정념과 사랑과 희망의 정념을 비교해 보면 후자가 전자보다 더 능동적이라는 점은 분명하다. 특히 사랑과 같은 정념은 정념이라기보다 오히려 자주적 의지라고 해도 과언은 아니다. 반면 증오는 거의 욕망처럼 충동적으로 작용한다.

정념에도 자주적 의지와 마찬가지로 사유에 속하는 가치가 들어 있다. 다만 정념은 수동적이므로 가치가 정확히 중심을 이루지는 못한다. 자주 정념은 가치의 주변을 부유할 뿐이다. 그런데도 사유에 속하는 가치가 정념에 들어 있다는 사실은 중요하다. 예를 들어 보자. 난봉꾼을 사랑하는 사람도 있다. 강도나 테러범의 인질이 되었다가 강도나 테러범을 사랑하게 된 사람도 있다. 비록 이런 사랑이 병적인 것은 아니더라도 정념적이라는 점은 사실이다. 하지만 이때조차도 가치 판단이 들어가 있다. 그가 난봉꾼이나 강도나 테러범에게 어떤 가치를 발견하지 못하면 그런 정념이 발생하지도 않는다. 정념에 가치가 개입하고 있다는 사실은 정념이 자주적 의지와 마찬가지로 일종의 순환적 복합체라는 점을 보여준다. 다만 이 순환적 복합체는 아직 불완전한 것에 불과하기에 정념으로 출현한 것이다.

정념의 수동성을 인정하지 않는 주장이든, 정념을 전적으로 수동적으로 보는 주장이든 인간이 욕망에서 자주적 의지로 발전하는 과정에서 나타나는 다양한 중간 단계를 간과한다. 두 주장은 의지의 발전을 너무 단순화한 추상적인 주장이 아닐 수 없다. 정념과 자주적 의지 사이에 상대성을 인정한 것은 헤겔의 업적이다.

헤겔은 감정도 의지의 일종이라 해서 욕망과 함께 의지의 영역에 집어넣었다. 의지는 욕망에서 정념으로, 정념에서 다시 자주적 의지로 발전한다. 그는 인식을 의식적인 것과 자각적(자기 의식적)인 것으로 나눌 수 있듯이 의지도 의식적인 것과 자각적인 것으로 나눌 수 있다고 본다. 인식에서 의식과 자기의식의 구분은 관념화의 수준에 따라 구분되지만, 의지에서 의식과 자기의식의 구분은 의지가 얼마나 자유로운가에 따른다. 의지가 수동적이라면 의식적인 수준의 의지라 하고 의지가 능동적이라면 자기의식적 수준의 의지라 한다. 욕망은 전적으로 의식적 수준에 머무르는 의지에 해당한다. 자유의지는 완전히 자기의식의 수준에 이른 의지라 한다. 욕망과 자유의지 사이에 있는 것이 정념이다. 이 정념은 수동적이지만 그 속에 이미 상당한 능동성이 들어 있다. 바로 이런 중간 상태에 있으므로 정념은 자기의식적이지만 직접적인 단계에 머무른다. 바로 이런 직접적인 자기의식이 감정의 상태이다. 정념은 수동적이라는 의미에서 붙여진 이름이다. 반면 헤겔은 직접적인 자기의식이라는 점에서 감정이라는 말을 더 선호한다. 감정이라는 말에는 어떤 인식이 들어 있다는 의미가 포함되어 있기 때문이다.

4) 변증법적 유물론

이상에서 자주적 의지는 욕망이 순환적인 방식으로 결합한 복합체라는 주장을 제시했다. 이런 주장은 유물론적인 세계 설명을 전제로 한다. 유물론적 설명에 따르면 사물의 원소가 유기적으로 연결되면서 새로운 성질이 발생하고, 이런 복합체가 순환적으로 구성되면서 물질에 새로운 단계가 출현한다. 단순한 물체에서 유기체가 나오고, 이로부터 마침내 생명까지 출현한다. 생명 위에는 신경망이 출현하기까지 자연의 역사는 이런 순환적인 복합체의 개념을 통해 설명된다.

나아가서 욕망도 이런 방식으로 설명할 수 있다. 인간이나 동물의 욕망도 복집한 신경 연결이 더욱 발전해서 순환적인 방식으로 구성되면서 생긴 것이 아닐까? 오늘날 두뇌 과학의 연구는 욕망이 이런 순환적 복합체라는 사실을 인전하는 것으로 보인다. 욕망이 기계적이지 않고 목적 지향적인 사실은 이런 방식으로 설명된다. 그렇다면 자주적 의지나 정념은 다시 이런 욕망을 기초로 하여 이 욕망이 순환적인 방식으로 복합된 것으로 설명할 수 있다. 즉 자연 진화의 최후에 인간의 인식과 자주적 의지가 출현한다.

진화론적 설명은 과학적으로는 다윈의 진화론이 잘 보여주고 있으며 철학적 원리는 변증법적 유물론을 통해 설명됐다. 일반화하자면 진화의 과정은 단순한 복합체에서 순환적 복합체로 발전하며, 이런 발전은 층차적으로 일어나서 저차적인 과정에서 고차적인 과정으로 발전한다. 진화가 발전함에 따라서 그 구성의 우연성은 필연성으로, 수동성은 능동성으로 고양한다. 심지어 진화의 속도도 빨라진다. 그 결과 자주적 의지에 이르면 능동적으로 세계를 구성하는 것이 가능해진다. 이때 능동성이 불완전하면 욕망은 자주적 의지에 이르지 못하고 정념에 머무를 뿐이다.

욕망과 자주성5

앞에서 가치가 의지를 지배하는 자주적 의지가 실제로 가능한가를 살펴보았다. 순환적 복합체에 관한 유추를 통해 자주적 의지의 가능성을 이해할 수 있었다. 자주적 의지란 욕망을 단위로 하는 순환적 복합체이다. 이 순환적 복합체의 중심에 가치가 존재한다. 정념도 단순히 수동적인 것만은 아니며 이미 그 속에 상당한 능동성을 포함하니, 정념은 욕망에서 자주적 의지로 가는 중간 디딤돌이다.

욕망과 자주적 의지, 두 가지 의지의 형태에 따라서 두 가지 도덕론이 제시된다. 도덕적 결과주의와 도덕적 행위주의이다. 이제 심성론에서 도덕론으로 넘어가 보자.

1) 도덕적 결과주의

가치의 영역과 구분되는 의지의 영역 즉 심성에는 두 가지 의지가 있다. 욕망과 자주적 의지이다. 이런 심성의 사실을 기초로 도덕론이 성립한다. 의지의 완전성을 덕이라 말한다. 즉 욕망이든 자주적 의지이든 낮은 단계의 완전성과 높은 단계의 완전성 즉 덕이 가능하다.[17] 의지는 완전한 덕에 이르면 스스로 행복감을 느낀다. 이 행복감은 의지를 수행하면서 얻어지는 즐거움(예를 들어 욕망에서의 쾌락과 행위의 즐거움)

---

17 욕망에 덕이 있다는 말은 듣기가 이상하다. 하지만 이때 덕은 완전성을 의미할 뿐이다. 마치 도박꾼의 덕이라고 말할 때와 유사하다.

과 구분되는 도덕적 차원에서의 행복감을 말한다. 그런데 무엇을 의지의 완성 즉 덕으로 보는가가 문제이다. 이것을 따지는 게 도덕론의 주요 과제이다. 욕망과 자주적 의지는 그 완전성이나 도덕적 행복감과 관련하여 서로 다른 기준을 가진다.

우선 욕망을 보자. 욕망은 물질적인 힘을 통해 의지를 규정한다. 욕망이 목적으로서 작용하므로, 행위는 욕망에 대해 목적과 수단의 관계를 맺는다. 중요한 것은 욕망에 따른 의지는 항상 최종적인 결과 즉 욕망의 만족을 추구한다는 것이다. 욕망이 결과를 얻으면 쾌락이 얻어진다. 여기서 쾌락을 얻는 것이 행위의 목적으로 주장하는 쾌락주의자가 나오고, 그게 아니라 쾌락은 부수적일 뿐이며 행위는 어디까지나 욕망의 기능을 수행하는 데 있다고 주장하는 기능론자가 나온다. 기능론자든 쾌락론자이든 도덕론의 입장에서는 큰 차이는 없다. 중요한 것은 행위가 그 결과 즉 욕망의 만족에 도달해야 한다는 것이다.

2) 최단 최선의 길

욕망이 결과 즉 욕망의 만족에 도달하는 과정을 보자. 욕망은 가능하면 현실 속에서 최선의 길, 최단의 길을 택해서 만족에 이른다. 최선 최단의 길이 가장 효율적인 길이며, 가장 합리적인 방식이다. 때로 비합리적인 욕망도 있다. 이것은 욕망이 최종적인 결과에 집착해서 현실의 가능성을 무시하는 때다. 이때 욕망은 만족을 위해 유아기에 사용했던 퇴행적인 수단(예를 들어 손가락 빨기 등)을 쓰거나 과거 기억 속의 쾌락에 탐닉하기도 한다. 이런 길도 어떻게 보면 욕망의 만족에 이르기 위한 길이고 넓게 본다면(수단이 없는 현실을 고려하면) 나름대로 효율적인 길이라 하겠다.

최종 결과에 이르려 하지 않는 욕망도 있을까? 정신분석학은 자주 대상에 도달하지 못하고 대상을 순환하는 충동이라는 개념을 제시한다. 예를 들어 스토커가 대상을 따라가기만 하고 결코 대상과 마주치려 하지는 않는 때이다. 하지만 이때 대상에의 접근을 방해하는 다른 충동이 개입해서 두 가지 충동(예를 들어 죽음의 본능과 에로스 본능)이 충돌하기 때문이지, 각각의 충동이 고유의 대상을 향해 달려간다는 것에는 변함이 없다.

효율성이 행위의 지침 또는 원리가 될 때, 이런 입장을 도덕에서 결과주의라고 부른다. 가장 효율적인 길을 택하는 사람이 욕망의 완전성과 도덕적 행복감을 얻는다. 욕망은 항상 도덕적으로 결과주의라는 입장을 택한다.

도덕적 결과주의는 개개의 행위를 그 자체로 평가하지 않고 최종적인 목적에 얼마나 이바지했는지를 통해 평가한다. 각 행위는 개별적 행위로서는 의미가 없고 다른 행위와 연관 속에서만 의미를 지닌다. 전혀 무관한 행위라도 다른 행위와 연결이 되어 결과에 이바지하게 된다면, 의미를 지니게 된다. 단적인 예를 들자면 유다의 배반을 들 수 있다. 그 자체로는 예수가 실현하는 구원의 역사에 이바지할 것 같지 않다. 그러나 유다의 배반으로 예수가 처형되었다. 예수의 죽음이 구원의 역사에서 핵심적인 사건이므로 유다의 배반도 의미를 지니게 된다. 유다는 구원의 역사를 위해 불가결한 존재로 자리 잡게 된다.

욕망의 원리는 효율성이다. 효율성 때문에 자주 그 자체로서는 악한 수단이 동원되기도 한다. 또는 목적의 실현에 조급한 나머지 과도한 수단을 선택하는 때도 있다. 예를 들어 혁명을 위해 폭력이 필요할 때도 있다. 이런 폭력을 혁명적 폭력이라 말한다. 이런 폭력이 불가피한 때도 있다. 그러나 성급하게 이런 수단을 선택했을 때 폭력적 행위는 원래의 목적을 벗어난다. 폭력은 폭력을 낳고 눈덩이처럼 굴러가면서 불필요한 폭력과 잔인한 폭력이 출현한다. 이제 폭력은 사악한 것이 되고 심지어 목적을 대체해 버리고 만다. 처음에 수단으로 규정되던 폭력이 그 자체로 찬양된다. 이런 전복이 일어나는 이유는 무엇인가? 이는 결과에 집착하기 때문이다. 이런 전복은 도덕적 결과주의의 불가피한 결론이다.

욕망의 효율성이라는 원리는 그런 전복을 이미 내포한다고 볼 수 있다. 그것은 마치 자본주의 사회에서 정치인의 타락과 마찬가지이다. 정치인이 하는 일은 사회의 부를 재분배하는 일이다. 돈을 만지는 손에 떡고물이 묻게 마련이다. 정치인이 부패하는 것은 정치의 본질에 속하는 것은 아니지만, 정치인에게는 이미 함축된 일이다. 욕망도 효율성을 강조하므로 불가피하게 사악함을 수반한다.

3) 자주적 의지의 덕

앞에서 욕망은 도덕적 결과주의를 택한다고 말했다. 그렇다면 자주적 의지는 어떤가? 자주적 의지는 어떤 기준을 통해서 의지가 완전성에 이르렀다고 보는가? 자주적 의지는 어디에서 도덕적 행복감을 얻는가?

현실에서 나의 행위가 결과에 도달할 수도 있고 그렇지 않을 수도 있다. 욕망이라면 결과에 도달하지 못할 때 좌절하면서 자기에게 도덕적인 불만을 품을 것이다. 그러나 자주적 의지에는 그런 좌절은 부차적인 것이 된다. 그에게 중요한 것은 자신이 온몸으로 그런 가치를 실현하기 위해 노력했다는 것이다. 자주적 의지는 그 과정에서 고난을 겪고 장애를 극복하면서 땀 흘린 것 자체로 충분하다고 느낄 것이다. 배가 고파 굶으면서도 자신이 가치 있는 일을 했을 때 자주적 의지는 행위의 즐거움과 더불어 도덕적 행복감을 느낄 수 있다. 반면 그의 행위는 겉으로 보기에 자주적으로 행위하지만 욕망을 합리화하는 것에 지나지 않을 수도 있다. 이때 그는 자신의 교활한 성취에 뿌듯해 하겠지만 행위의 즐거움은 없으니 도덕적 행복감을 느끼지 못할 것이다.

욕망하는 자는 결과의 획득 즉 성공이 기준이다. 무슨 수단을 쓰든지, 자기 힘이 아니라 남의 힘을 빌리든지 상관없다. 중요한 것은 성공이다. 그러나 자주적 의지는 설혹 성공하더라도 그것이 행운에 따른 것이거나 아니면 남이 몰래 도와준 것이라면 아무런 도덕적 행복감을 느끼지 못한다. 그것은 꼭 수학 문제를 해답을 보고 푸는 것 같은 느낌을 준다.

욕망에서는 개별 행위는 최종 목적에 종속되며, 개개의 행위는 항상 다른 행위와의 연관 속에서만 의미를 지닌다. 그 결과 유다의 배신도 의미가 생겨나고, 거꾸로 수단이 목적을 지배하는 때도 생겨났다. 반면 자주적 의지에서는 개별적 행위가 그 자체로서 고유한 의미를 지니게 된다. 즉 그 행위가 그 순간, 그 장소에서 최선이었는가, 아니었는가가 평가의 대상이 된다. 그 개별 행위가 최종적인 결과에 어느 만큼 이바지했는가가 평가 대상이 아니다. 오히려 그것과 상관없이 개별 행위 자체에서 그가 자신의 가치 실현에 최선을 다한 것인가가 문제가 된다.

이 점과 연관하여 백범 김구 선생의 말이 생각난다. 그는 해방되자, 그것이 남의 손으로 이루어진 것 때문에 실망했다고 한다. 김구 선생은 미소 강대국의 덕분에 해방되니 나라를 세우는 데도 강대국이 직간접적으로 간섭할 것이라는 점을 우려했을 것이다. 하지만 그는 이 민족이 그 자신의 힘으로 해방을 이루지 못한 것에 대해서 자책감에 빠진 것이 아닐까? 김구 선생은 해방을 위해 자신이 최선을 다하지 못한 것 때문에 괴로웠을 것이다.

4) 도덕적 행위주의

자주적 의지의 완전성은 행위의 충실성에 있으므로 여기서 도덕적 행위주의가 출현한다. 욕망은 유기적으로 구성되어 있고 그 가운데 욕망의 중심이 존재한다. 욕망의 구성방식에 따라서 그 중심의 위치가 달라진다. 바로 선택한 가치에 이 중심이 가까이 있는가 멀리 있는가? 그 중심의 위치가 어디에 있는가에 따라서 행위가 추구하는 가치가 무엇인가가 결정된다. 선택한 가치에 이 중심이 가장 근접한 때가 도덕적으로 가장 완전한 때이다. 이때가 도덕적 완전성이며 덕의 탁월성이고 도덕적 행복감이 출현한다.

여기서 도덕적 행위가 정념을 통해 일어나는 때와 자각적인 방식으로 일어나는 때가 구분된다. 정념에서처럼 욕망이 수동적이라면 욕망의 중심이 형성이 불완전하므로 욕망은 중심의 주변을 부유하기 마련이다. 정념이 어떤 가치를 수행했다고 하더라도 이는 확고한 행위가 아니다. 정념은 후회를 낳기도 하고 변심을 일으키기도 한다. 그러나 자각적인 자주적 의지에 이르면 욕망의 중심이 확고하게 생겨난다. 행위는 지속적이며 그 결과가 고통스럽더라도 후회가 없다. 이런 차이는 물론 상대적이며 정념에 의한 행위도 가치에 충실할 수 있다는 것은 많은 낭만주의적 행동이 입증해 준다.[18] 거꾸로 자주적 의지도 때로 외적인 자극에 따라서 흔들린다. 완벽한 자주적 의지는 그만큼 어렵기 때문이다.

도덕적 행위주의는 문학적 행동주의와 비교될 수 있다. 흔히 도스토옙스키, 생텍쥐페리, 앙드레 말로, 박경리 등과 같은 작가를 문학적 행동주의자라 부른다. 그들의 주인공이 정념에 따라 행동하는 인물이기 때문이다. 그들의 주인공의 행동은 현실을 고려하지 않는 무모한 행동이며 기존 도덕적 질서를 파괴하는 위험한 행동이다. 주인공은 행동하는 가운데 말할 수 없는 전율을 느낀다. 주인공은 마치 행동하기 위해 살아가는 것처럼 보인다. 대표적인 예가 도스토옙스키의 작품 『죄와 벌』의 주인공 라스콜니코프와 소냐일 것이다. 라스콜니코프는 인류의

---

18   도덕적 결과주의와 도덕적 행위주의라는 구분은 칸트가 『실천이성비판』에서 사용했던 구분을 상기한다. 칸트는 도덕에서 결과주의와 동기주의를 구분했다. 도덕적 결과주의는 행위가 도덕법칙에 적합하기만 하면(Legalität) 된다고 주장한다. 이때 결과란 행위를 말하는 것이지 현실적 결과를 말하는 것이 아니다. 반면 행위의 동기가 도덕적이어야 한다고 즉 가치 법칙에 일치해야 한다(Moralität)고 주장하면 동기주의가 된다. 이 동기는 마음속에서 자유롭게 선택한 것을 의미하며 아직 실행된 것은 아니다.

그런데 칸트의 구분은 문제가 있다. 오직 하나의 동기에서만 나오는 행위가 있을 수 있는가? 모든 행위는 유기적으로 구성된 욕망에 따라 생겨난다. 따라서 칸트식 구분은 불가능하다. 또 마음속의 동기는 자주 자기를 속이거나 합리화하니 그런 구분은 무의미하다. 그런 구분은 때로 오해를 자아낼 수도 있다. 도덕적 동기주의는 행위가 없이 마음속으로 도덕적 가치를 지향하기만 하면 도덕적으로 완전하다고 보는 것으로 오해된다. 기독교가 그런 입장이다. 기독교는 동기가 선하면 행위의 잘못을 용서한다.

그러므로 행위(실행)와 그 현실적 결과(실현)를 구분하면서 행위를 기준으로 판단하는가 아니면 결과를 기준으로 판단하는가로 구분해야 한다. 전자가 도덕적 행위주의이며 후자가 도덕적 결과주의이다. 자주적 의지가 도덕적 행위주의의 입장을 택한다면 욕망은 도덕적 결과주의라는 입장을 택한다.

선을 위해 살인을 저지르며, 소녀는 타인(가족)을 위해 자신의 몸을 팔기도 한다.

도덕적 행위주의 역시 행위를 강조한다. 자기가 가치 있다고 판단하는 것을 실행하는 것이 도덕적 완성, 덕, 도덕적 행복이라고 주장한다. 마음속에 있는 것을 실행으로 옮기려 할 때 가치와 의지의 괴리가 존재한다. 자주적 의지라고 하더라도 상황에서 주어지는 자극을 완벽하게 통제한다는 것을 불가능하며 때로 상황의 유혹에 몸을 맡기고 그 결과를 알 수 없는 모험을 감행할 수 있다. 도덕적 행위주의는 실행을 강조하므로 불가피하게 이런 모험을 인정할 수밖에 없으며 그런 점에서 도덕적 행위는 자주 수동적인 정념의 특징을 상당히 지닐 수밖에 없다. 그러므로 도덕적 행위주의는 문학적 행동주의와 닮은 점이 있다. 다만 문학적 행동주의에서는 주인공이 정념에 끌려 행동하는 수동적인 존재라는 측면이 더 강조되며, 도덕적 행위주의는 도덕적 가치를 자각적으로 실현하는 자주적 의지를 강조한다는 점에서 상대적인 차이가 존재한다.

5) 자유로움과 아름다움

욕망은 그 스스로 의식되지 않는다. 욕망이 만족하거나 만족하지 않을 때 출현하는 쾌락 또는 고통이 의식되므로, 쾌락과 고통이 곧 욕망을 발견하는 징표가 된다. 쾌락과 고통은 질적인 차이 또 양적인 차이를 갖고 있다. 예를 들어 배고픔과 갈증은 질적으로 구분되고 배고픔도 지독한 게 있고 참을 만한 게 있다.

자주적 의지는 어떤가? 이때에도 욕망과 마찬가지로 어떤 느낌을 발견할 수 있다. 이 느낌은 자주적 의지의 상태를 알려주는 느낌이다.

일반적으로 이 느낌은 행위의 즐거움이라 말하지만 실제로 매우 다양한 느낌을 포괄한다. 자주 행위를 하면 약동감을 느낀다고 한다. 청춘남녀의 애정표현 속에는 한없는 즐거움이 들어 있다. 소녀들이 함께 떠드는 소리에는 발랄함이 있다. 또 오랫동안 계획했던 여행을 떠날 때 온몸에 짜릿하게 다가오는 자유로움이 느껴진다. 이런 활기나 즐거움, 자유로움은 욕망의 만족에서 얻어지는 쾌락과는 근본적으로 차이가 있다. 고통 속에서도 자유로움을 느끼는 것을 본다면 쾌락과 고통이라는 범주와 활기, 즐거움, 자유로움의 범주는 범주적 차이가 있는 게 분명하다.

이런 느낌 가운데 가장 대표적인 것이라면 역시 자유로움이라는 느낌일 것이다. 이 자유로움이라는 느낌이 어떤 때 얻어지는가를 보자. 마음속으로는 무엇이나 선택할 수 있다. 이처럼 마음으로 상상하는 가운데 자유로움을 느낄 수 있을까? 그건 아닌 것 같다. 그렇다면 죄수가 자유를 원할 까닭이 없다. 내가 원하는 어떤 것을 최종적으로 얻을 때 그런 자유로움의 느낌이 출현하는 것일까? 그것도 아닐 것이다. 행위를 하다가 결과를 얻지 못해 고통을 겪더라도 자유롭다는 느낌이 드는 것을 보라. 자유롭다는 느낌은 역시 내가 원하는 것을 스스로 실행하는 가운데서 얻어진다.

실행하더라도 타인의 요구를 자기가 실행하는 때라면 자유로움이 느껴지지 않는다. 자본주의 사회에서 노동자의 노동이 자유롭지 않고 고역으로 느껴지는 이유가 여기에 있다. 설혹 자기의 요구를 실현하더라도 타인이 하게 하는 대로 한다면(학습의 목적이 아니라면) 자유를 느끼는 것은 불가능한 일이다. 자유로움은 자기 스스로 계획하고 관리하고 실행하는 가운데서 느껴지는 것이다. 그러므로 욕망의 단서가 쾌락이라면 자주적 의지인가 아닌가를 발견할 수 있는 단서는 자유로움이라는 느낌일 것이다.

자주적인 의지가 자기를 실행하는 가운데서 활기와 즐거움, 자유로움이라는 느낌이 든다는 사실은 여러 가지 예를 통해 쉽게 이해할 수 있다. 경기 중에 온몸에서 뿜어나오는 운동선수의 활기를 본 적이 있을 것이다. 창작 과정에서 느끼는 한없는 자유로움의 느낌이 없다면 어느 예술가도 가난을 견디며 예술을 추구하지 않을 것이다.

자주적 의지는 개별적 행위 자체에서 즐거움을 느낀다. 만일 최종 결과만 본다면 운동경기를 굳이 볼 필요가 있을까? 뉴스 시간에 전해주는 골 넣는 장면만 보면 충분할 것이다. 하지만 축구를 좋아하는 사람은 얼핏 지루하게 보이는 경기 도중의 일진일퇴 과정을 눈이 빠지라고 지켜보고 있다. 그는 비싼 돈과 수고를 들여 경기장에 나가 개개의 행위 자체에 탐닉한다. 이는 경기 과정 중에서 개개의 행위에서 즐거움을 얻기 때문일 것이다.

그것은 예술작품에서도 마찬가지이다. 아무도 심포니의 화려한 최종 악장만을 듣지 않는다. 지루하더라도 중간을 빼먹지 않으며 아무도 그림이 무엇을 그린 것인가만 보지 않는다. 가까이 다가가서 화가가 붓을 어떻게 쳤는지, 색깔이 어떻게 빛을 발하는지를 자세히 살펴본다. 이렇게 예술에서 항상 세부적인 것이 중요한 것은 바로 이 세부적인 하나하나가 즐거움을 주기 때문일 것이다.

자주적 의지는 아름다움이라는 개념과 더 가까운 것이 아닐까? 아름다움은 그야말로 세부적인 것, 진행 과정이 중요하다. 최종 결과와 전체가 아니라 하나하나의 행위, 부분 부분이 그마다 아름답다는 감정을 불러일으킨다. 그렇기에 예술이 아닌 운동경기조차도 세부적으로 뜯어

보면 아름다움을 느낄 수 있다. 땀 흘리는 사람들을 보고 아름답다고 말하는 것도 그런 이유일 것이다.

과정 중의 즐거움과 아름다움은 수학 문제를 풀어보면 쉽게 이해할 것이다. 해답만 본다면 수학의 즐거움을 모른다. 선생이 가르쳐 주는 대로만 푼다면 정답을 효율적으로 얻기는 하지만 수학의 아름다움은 모른다. 그 스스로 문제를 풀어보고 길을 찾으며 때로는 머리에 쥐어뜯기도 해야 수학의 즐거움과 아름다움을 느낄 수 있다.

욕망과 자주성6

욕망은 도덕적 결과주의를 택한다. 욕망은 항상 만족을 향하여 달려나가며, 최단의 길을 통해 이에 도달하려 한다. 즉 효율적인 만족이 욕망의 원리이다. 따라서 욕망은 도덕적 완전성을 효율성에서 찾는다. 욕망은 이때 도덕적 행복감을 얻는다.

반면 가치가 의지를 지배하는 자주적 의지는 결과에 도달하는 것이 아니라 가치에 충실한 행위를 목적으로 한다. 이렇게 충실하게 행위를 하는 가운데 행위는 고유한 즐거움을 지니며, 개별 행위 그 자체로 평가된다. 자주의 의지는 도덕론에서 행위주의에 속한다. 행위의 충실성을 통해 자주적 의지는 도덕적 행복감을 얻는다.

두 가지 입장은 이론적인 분석을 위해 극단화한 것에 불과하며 그 중간에는 다양한 혼합적인 개념이 있다. 그런 개념 가운데 근대에서 포스트모던 시대까지 지배적 이데올로기인 형식적 자유의지라는 개념도 있다.

1) 자유로운 선택

근대 사회에 들어와서 자유주의가 출현했다. 그 자유주의가 오늘날까지 서구 사상의 기본이 되었다. 이 자유주의의 기본 개념은 자유로운 선택의 능력 곧 자유의지라는 개념이다. 자유로운 선택이란 자기가 원하는 것 즉 가치 있는 것이라면 무엇이든 선택할 수 있다고 한다. 이런 선택은 아직 마음속에서 신택일 뿐이시 물실적 행위로 나타나는 것은 아니다. 자유의지는 마음속의 선택만을 중요하게 여기며 이를 실행하는 자주적 의지에 관해서는 무관심하다. 이를 행위로 실행하는 데 아무런 문제가 없다고 믿기 때문이다. 다만 현실적으로 의지를 실현하는데 제약이 있을 수 있다. 현실적 제약만 사라지만 자유의지는 마음먹은 대로 실행할 수 있다고 보았다. 예를 들어 여행을 떠나고 싶다고 생각하면 여행을 가자고 결단을 내릴 수 있다. 하지만 현실적으로 돈이 없고, 시간이 없다. 그래서 실행하지는 못하지만 만일 돈도 있고 시간도 있다면 마음속으로 내린 결단을 실행하지 못할 이유는 없다.

그러므로 근대 자유주의는 자유의지를 현실적으로 어떻게 실현하는가에 대해 주로 고민했다. 근대 초 인권, 시장 생산, 자유 경쟁, 선거, 민주주의 등에 대한 요구가 제기되었다. 이 모두는 자유로운 선택을 실현하기 위한 사회적인 제도이다. 후기 근대[19]에 이르면 자유주의는 유효 수요, 사회 보장, 생존권 등을 통해 실질적으로 자유를 보장하기 위해 노력했다.

근대 자유주의는 중세의 도덕에 비해 긍정적인 측면을 지닌다. 중세는 지배계급이 자기의 가치를 인민에게 강요했다. 인민은 이를 이데올로기적으로 내면화했다. 중세 이데올로기의 강제에 대립해서 근대 자유주의는 자유로운 선택의 권리로서 자유의지를 보장했다. 중세적인 강제가 제거되고 자유를 실현할 권리를 주자, 인간은 자신이 원하는 것을 선택할 수 있게 되었다.

인간에게는 여러 욕망이 있으니 각자 자신이 원하는 욕망을 선택하면 될 것이다. 근대 자유주의는 곧 욕망의 해방을 의미한다. 중세 기독교 아래서 욕망은 자연적인 것이 아니다. 그것은 사탄의 유혹이며 인간을 타락하게 하는 것이다. 중세는 모든 욕망을 죄로 간주하고 금지했다. 근대는 욕망을 자연적인 것으로 간주했다. 욕망은 인간의 신체를 자연

---

19 1950-1980년 사이의 시대를 이렇게 후기 근대라 부른다. 80년대 이후 시대를 포스트모던 시대라고 부르는 것과 구별된다. 영어로는 모두 postmodern이니 잘 구별되지 않는다.

스럽게 조절하는 장치가 된다. 먹고 싶은 것이 몸이 바라는 것이라는 속담과 같다. 미각은 몸이 필요한 것을 스스로 알아서 조절하는 장치가 있으니 골라 먹지 않고 몸이 요구하는 대로 먹으면 건강해진다. 만일 욕망을 억압하면 신체의 조절장치가 파괴되는 것이니 오히려 위험하다.

2) 자유의지의 역설

선택의 능력는 실질적으로 자유롭게 선택하는 것일까? 자유의지는 정말 자유로운가? 자유의지의 실상을 조금만 살펴보면 이는 사실과 다르다는 것을 알게 된다. 자유주의는 욕망 가운데 선택하는 것은 자기라는 것을 강조했다. 하지만 욕망이 그를 선택한다는 사실은 간과되었다. 처음에는 그가 욕망을 해방했지만 나중에는 욕망이 자기를 해방했다. 왜 이렇게 되었는가?

사유와 의지, 선택된 가치와 행위의 실행이 분리된다는 것을 다시 한번 생각해 보자. 여행하고 싶다고 결단을 내렸지만 아무리 돈도 많고 시간도 많더라도, 몸이 따르지 않는 때도 있다. 내가 선택했는데 내 몸이 움직이지 않는다. 이건 너무나 흔한 일이라서 굳이 예를 들 필요도 없을 것이다. 마음속의 선택을 실행할 의지가 없으면 실제 행위를 움직이는 것은 욕망이다. 가치가 의지를 지배하지 않으면 의지는 텅 비어 있는 것이 아니라 욕망이 점령하기 때문이다. 의지가 없으면 자유의지는 욕망의 변덕스러운 지배 아래 들어간나. 예를 들어 보자. 자유연애의 시대에 자기가 사랑하는 사람을 따라 모험을 감행할 사람이 얼마나 많을까? 사실 대부분은 모험을 강행할 의지가 없다. 그런 사람은 머지않아 사랑을 포기한다. 그 결과 그는 집안에서 원하는 사람과 결혼할 것이다. 말은 "어쩔 수 없었어요, 아버지가 어떻게나 반대하는지.."하고 말끝을

흐리지만 실제로 그는 사랑의 모험을 강행할 의지가 없었던 것이다. 그는 부모 핑계를 댈 뿐이다. 이 시대, 자유연애 시대 실제 결혼은 짝짓기를 벗어나지 못한다. 과거 신분과 가문에 따라 짝짓기가 일어났다면 자유연애 시대는 돈을 통한 찍짓기이다.

그러면 자유의지는 비록 실행하지 못하더라도 자유롭게 선택하는 데에는 문제가 없을까? 그런 선택은 사유 속에서 일어나는 일이고 사유를 제약하는 힘은 아무것도 없는 것처럼 보이기 때문이다. 내가 마음속으로 선택하는 데 무슨 제약이 있을까? 과연 그런가? 사실 실행의 의지가 없으면 이런 자유로운 선택조차 의문스럽다.

미래에 내가 무엇을 할 것인가를 생각해보면 나는 전적으로 자유로운 것처럼 보인다. 나는 지금 당장 컴퓨터를 떠나서 여행을 떠나기로 선택할 수 있다. 그런 선택을 막을 것은 아무것도 없는 것 같다. 물론 현실적으로 돈이 없으니 여행을 가기 힘들고, 여러 가지 걸린 일이 있으니 정리하는 데 시간이 든다. 내가 현실을 고려하지 않고 결정한다면 적어도 마음속으로는 내가 여행을 선택하는 데 막을 것은 아무것도 없는 것처럼 보인다.

하지만 이제 뒤를 돌아보기로 하자. 내가 지금까지 살아온 길을, 이미 실행한 행위를 되돌아보면 그게 비록 당시는 자유롭게 선택한 행위처럼 보였지만 지금 생각해보면 전혀 그런 것이 아니다. 나를 지배했던 어떤 힘이 있었다. 모든 것은 자연 발생적인 욕망의 힘으로 어쩔 수 없이 행위를 한 것이었다. 모든 행위는 우연에 따른 것이고 우연은 욕망을 변덕스럽게 변화하게 하니 자유로운 행위는 없었던 것 같다.

앞으로 보면 즉 아직 행위를 실행하지 않았을 때, 나는 전적으로 자유롭게 선택하는 것으로 보인다. 뒤를 돌아보면 즉 이미 실행된 행위를 살펴보면, 나는 전적으로 어떤 물질적 힘에 종속되었던 것으로 보인다. 그러니 미래의 일도 정말 자유로운 선택일까? 의심스럽다.

자살을 생각해보자. 자살은 자유롭게 선택한 행위일 수밖에 없는 것 같다. 자살을 통해 어떤 이익이나 쾌락을 얻을 가능성 자체가 없어지는 것이니, 자살만은 욕망의 지배를 완전히 벗어난 완전히 자유로운 선택이 아닐까? 도스토옙스키의 소설 『악령』에는 스메르자코프라는 허무주의자가 나온다. 그는 자신이 전적으로 자유롭다는 것을 입증하기 위해 자살을 택한다.

하지만 내가 이렇게 자살하고 난 후, 다른 사람은 나의 자살을 보고 다른 식으로 판단할 것이다. 그는 나를 두고 이렇게 말한다. "그는 최근 극도로 우울했다. 가정적인 문제도 있었고 경제적으로도 형편없었다. 심리적으로 패배의식과 열등감에 시달려 왔다." 아무도 내가 자살을 자유롭게 선택했다고 또는 스메르자코프처럼 자유를 입증하기 위해 자살했다고 믿지는 않을 것이다. 역설적이다. 누구나 자기 자신을 생각하면 전적으로 자유롭게 선택했다고 한다. 그러나 타인의 행동에 대해서는 항상 어떤 강박에 종속된 것으로 판단한다. 그러니 내 자신의 자유란 것도 기만이 아닐까 두렵다.

생각해보면 자유로운 선택이 적용되는 때는 대체로 인간의 삶에서 아주 사소한 일에 한정된다. 내가 아메리카노를 마실까 아니면 다방 커피를 마실까, 그것은 자유롭게 신택할 수 있다. 내가 영화를 보러 갈지 아니면 연극을 보러 갈지는 조금 망설여지는 점이 있기는 하지만, 역시 마음대로 선택할 수 있다. 이때 자기의 선택을 행위로 표현하고 심지어 현실적으로 실현하는 데 어려움이 없다.

그러나 선택은 부딪히는 문제가 크면 클수록 더욱 어려워진다. 예를 들어 내가 어느 학교에 가고, 내가 누구와 결혼할까 하는 문제에 이르게 되면 쉽게 선택하지 못한다. 이렇게 할 수도 있을 것 같고 저렇게 할 수도 있을 것 같은데, 나는 내 마음을 모른다. 나는 주저주저하면서 어떤 결단도 내리지 못한다. 이때 대부분은 우연 또는 행운에 맡기고 만다. 아메리카노를 마시든 다방 커피를 마시든 별로 중요하지 않다. 반면 누구와 결혼할까는 엄청 큰 문제이다. 그러니 자유가 별로 필요 없을 때는 자유로운데, 자유가 정말 필요할 때에는 자유가 없다는 이상한 역설이 생긴다.

3) 자유의지의 전도

자유의지를 부정하는 주장이 의지결정론이다. 이런 식으로 자유의 지론자와 의지결정론자가 철학적으로 싸운다. 이런 논쟁이 생기는 이유를 생각해 보자. 앞에서도 말했지만, 자유의지는 마음속에서 자유롭게 가치를 선택하는 것을 의미한다. 이를 실행할 의지가 없으면 그 결과 실제로 욕망이 의지를 지배하고 행위는 욕망의 힘에 좌우된다. 여기서 한 발자국 더 나가보자. 자신의 의지를 변덕스러운 욕망의 힘에 맡겨 둘 때, 거꾸로 사유 속에서는 자유로운 선택조차도 불가능하게 된다. 왜냐하면 욕망은 자기를 합리화하기 때문이다. 사실은 욕망의 자연적 힘에 지배되는 것임에도 그의 마음속에는 그것이 오히려 자기가 자유롭게 선택한 것처럼 보인다. 많은 결혼은 물질적으로 계산된 결혼이다. 그런데도 당사자는 자유롭게 선택한 결혼으로 믿는다. 이걸 합리화라 한다.

욕망의 강제를 자유로운 선택으로 주장하는 합리화는 마치 노예가 스스로 자기 주인을 선택했다고 주장하는 것과 같다. 노예가 "나는 저런 주인을 선택할 수도 있었지만 내가 원하는 대로 이런 주인을 선택했어"

라고 자랑스럽게 말한다면 얼마나 우스운 일인가? 노신의 소설 『아큐정전』의 주인공 아큐가 그런 사람이다. 그는 정신적으로 승리하는 법을 배웠다. 그 방법은 그에게 강제된 일체를 그 자신이 원한 것으로 생각하는 것이다. 예를 들어 그가 여자에게 바람맞았다면 그는 자기가 그 여성을 발로 찼다고 생각하거나 아니면 자기는 바람맞기를 원했다고 생각한다.

이런 아큐야 소설이 창조한 인물이지만 실제 우리 주변에서도 이런 일은 부지기수이다. 이것과 관련해서 재미있는 심리학 실험이 있다. 심리학 교과서에 나오는 이야기이지만, 교수가 학생에게 일을 시킬 때는 절대 보수를 주지 말라고 한다. 만일 보수를 주면 학생은 자기 일이 그 쥐꼬리만 한 보수에 해당하는 하찮은 일로 생각하고 이 따위 일을 자기에게 시켰다고 불만을 지니게 된다. 아예 대가를 주지 않으면 학생은 스스로 자기 일을 합리화한다. 그는 그 일은 교수가 시킨 일이고 무척이나 중요한 일이니, 그런 일을 자기가 한 것에 대해 뿌듯하며 나중에는 교수가 그런 일을 시켜주기를 원한다.

아주 웃기는 예를 하나 들자면 언젠가 한국의 장군들이 미국에서 작전권 반환을 연기했다고 해서 잔치를 벌인 적이 있다. 자기 것을 자기가 돌려받는 게 마땅한 데 돌려주지 않았다고 잔치를 벌이는 예는 세계 역사상 유례없는 일일 것이다. 이런 작전권 반환 연기는 사실 미국이 정한 것이다. 그런데 이들은 미국의 결정을 스스로 원한 것으로 바꾸어 놓고는 잔치를 벌였으니, 한국의 장군들이야말로 세계 최고의 아큐주의자이다.

4) 자유의 표상

위와 같은 예를 생각해보면 자유의지가 지닌 한계가 분명하게 드러난다. 자유의지는 사실은 욕망의 힘에 종속하면서도 마치 자기가 자유롭게 선택하는 것처럼 주장한다. 설혹 사유 속에서 자유롭게 선택하더라도 자신이 선택한 것을 실행할 능력은 없다. 또는 기껏해야 아주 사소한 일에서나 자기가 마음먹은 대로 실행한다. 전체적으로 본다면 자유의지는 욕망의 힘에 지배당하는 것에 지나지 않으니, 그의 자유의지는 다만 마음속의 자유의지, 상상 속의 자유의지일 뿐이다. 이런 자유의지는 무기력한 자유의지에 지나지 않는다. 자유의지란 무늬만의 자유의지(형식적 자유의지)이며 사이비 자유의지이다. 자유의지가 이처럼 전락하게 된 것은 근본적으로 실행의 문제를 고민하지 않기 때문이다. 실행은 가치를 따르는 자주적 의지를 필요로 한다. 자유의지란 자주적 의지가 없거나 아주 미약해서 실행하지 못하거나 사소한 가치만을 실행할 뿐이다. 이렇게 실행하는 의지가 없거나 부족하니 마음속으로 무엇을 선택하든 결국 욕망이 지배하고 심지어 이 욕망이 마음조차 기만한다.

앞에서 심성론을 다룰 때 인간의 의지는 크게 욕망과 자주적 의지로 나누어진다고 말했다. 욕망에서 자주적 의지로 나가는 가운데 자유의지가 있다. 욕망이 자연 발생적 힘에 종속하는 것이라 한다면, 자주적 의지는 자기가 선택한 것을 실행하는 힘을 갖고 있다. 욕망과 자주적 의지와 비교해 본다면 자유의지는 중도반단(中道半斷)의 의지에 불과하다.

자주 하늘을 나는 새를 자유의 표상으로 간주했다. 사람들은 이리저리 바람이 부는 대로 바람을 타는 새의 모습이 자유를 상징한다고 생각한다. 그것은 꼭 우리 사유가 마음 내키는 대로 상상하는 것을 닮았다.

생각은 우주를 넘치며 상상은 시간을 벗어난다고 하지 않는가? 그러나 과연 새의 나는 모습이 정말 자유로운 모습일까? 새가 하늘을 이리저리 날아다닐 때 그것은 그저 자연의 변덕스러운 바람의 힘에 따른 것이니 어떻게 보면 자연에 종속된 가련한 모습이 아닐까?

새가 자유롭다고 한다면 그것은 새가 자신의 날개를 마음대로 조절하면서 공기의 저항을 극복하여 자기가 원하는 것을 찾아가는 모습이 아닐까? 하늘 꼭대기에 유유히 떠 있다가 한순간 수직으로 내리꽂아서 물고기를 낚아채는 독수리가 차라리 자유의 표상이 되어야 하지 않을까? 이때 결과를 얻었기 때문이 아니라 목표를 향해 힘차게 날아가는 그 모습 자체가 자유로운 것이 아닐까?

자유의 진정한 표상이라면 차라리 배를 곯아 가며 밤을 새워 작품을 제작하는 화가의 모습이나, 상대방의 방어를 뚫고 공을 몰아 돌진하는 축구 선수의 모습이 아닐까? 그들에게 가치 있는 것은 각기 다르다. 또 그 가치가 모든 인간에게 일반적인 가치라고 볼 수도 없다. 그 가치가 주관적으로 선택한 가치라고 하더라도 그 가치를 위해 행위를 하는 모습, 온 힘을 다해 행위를 하는 그 모습이 자유롭게 보인다. 시인 김수영이 말했듯이 자유에 피가 묻어 있다면 그 피는 공기의 저항을 뚫기 위해 그가 흘린 피이다.

이 두 가지 자유의 표상은 자유의지와 자주적 의지에 각각 대응한다. 전자는 단지 사유 속에서의 자유로운 선택으로서 자유의지를 표상한다. 후자는 행위를 통해서 선택된 가치를 실행하는 자주적 의지를 표상한다. 위의 표상을 통해 이미 암시했듯이 두 가지 자유 가운데 진정으로 자유로운 것은 자주적 의지이다. 근대적 자유의지는 자주적 의지를 향하여 나가는 사유의 운동이 중간 단계에 머무른 것에 불과하다.

욕망과 자주성 7

　근대 자유주의가 내세우는 자유의지란 욕망과 자주적 의지 중간에 머무르는 것으로 보인다. 즉 마음속으로는 자기가 원하는 것을 선택하지만 이를 실행할 자주적 의지는 없다. 의지가 모자라면 마음속의 선택조차 불가능해진다. 결국 자유의지를 지배하는 것은 욕망이다. 욕망은 외적인 자극이나 내적인 변화에 따라서 변덕스럽게 변화할 뿐이니 자유의지란 실상 욕망에 따라 변덕스럽게 변화할 뿐이다. 이런 자유의지에서 포스트모던 자유주의의 함정이 출현한다.

1) 포스트모던 자유주의

근대 자유주의가 전제로 했던 자유의지 개념은 봉건적인 억압에 시달리는 중세의 농민이나 도시 부르주아에게는 엄청난 복음이었다. 자유는 근대의 이념이 되었고 마침내 봉건 체제를 타파하는 혁명의 불꽃이 되었다. 근대 자유주의는 먼저 경제적 영역에서 확산했으며 사적 소유의 자유, 시장의 자유로 제도화했다. 이어서 정치적 영역에도 합의에 기초한 민주주의 체제가 발전했다.

근대 자유주의에서 자유로운 선택은 현실적인 한계 내에만 허용된다. 마음으로는 무엇이나 가능하지만, 실제 현실적으로 실현될 수 있는 자유에 한계가 있다는 말이다. 한 사회에서는 경제적으로나 정치적으로 일정한 법칙이 존재한다. 경제에 한해 말하자면 그것은 자본주의 시장을 지배하는 시장 법칙이다. 이 법칙은 중력 법칙처럼 인간이 어길 수 없는 법칙이며, 자연법이라는 이름으로 통용되었다. 정치적 차원에서 민주주의라고 해도 모든 것을 합의에 맡기는 것은 아니다. 근대 자유주의를 기초 지은 존 로크는 개인의 인격과 신체 그리고 사유재산에 관해서는 신성불가침을 선언했다.

20세기 후반에 이르면 자유주의는 포스트모던 자유주의로 발전하게 된다. 근대 자유주의와 달리 포스트모던 자유주의는 자유에 어떤 한계도 설정하지 않는다. 자유에 가해진 제한은 모두 사회적인 억압에서 나오는 것이지, 자연적으로 주어지는 제한은 없다는 것이다. 모든 제한은 폐지되어야 마땅하다. 왜냐하면 자유로운 선택은 인간의 일반적 권리이기 때문이다. 포스트모던 자유주의는 이런 차별성에도 불구하고 그 기초가 되는 자유의지 개념에서는 근대 자유주의와 같았다. 자유는 여전히 사유 속에서 선택하는 자유이며, 무늬만의 자유이며 상상 속에서의 자유였다.

2) 신자유주의라는 토대

포스트모던 사회라고 해도 자본주의적 질서를 벗어나는 것은 아니다. 그 밑에는 여전히 자본의 법칙이 지배한다. 그런데도 포스트모던 자유주의가 이렇게 제한 없는 선택의 가능성을 인정하는 이유는 무엇일까?

여기에 철학적 근거와 사회적 근거, 두 가지 근거를 찾아볼 수 있다. 철학적 근거라면 포스트모던 자유주의에 들어와서 진리와 가치라는 개념이 사라졌다는 것을 들 수 있다. 포스트모던 자유주의는 진리나 가치조차도 합의에 따라 발생한다고 본다. 진리나 가치가 미리 전제되기 때문에 합의가 일어나는 것이 아니다. 합의를 통해서 비로소 진리나 가치라는 것이 생겨난다. 철학자 하버마스나 존 롤스는 합의주의를 기초로 하는 진리론과 가치(정의)론을 주장한다. 그 뒤를 이어서 푸코, 데리다 등 후기 구조주의자도 이런 입장에 선다.

사회적으로 본다면 그 근거는 신자유주의 체제와 밀접하게 연관되어 있다. 신자유주의의 가장 중요한 특징 중의 하나인 사회의 파편화를 생각해 보자. 포스트모던 사회는 생산과 소비, 자본재 생산과 소비재 생산, 금융자본과 산업자본, 대기업과 중소기업, 정규직 노동자와 비정규직 노동자, 심지어 시민 사회와 정치 국가 등등으로 분열되었다. 더는 그들 사이에 공통의 이해라는 기반이 존재하지 않게 되었다. 파편화는 세계체제 속에서, 중심국이든 주변국이든 가리지 않고 어디서나 일어난다.

신자유주의 사회의 파편화 때문에 포스트모던 시대 자유를 제약하는 질서나 법칙이 존재하지 않는다는 환상이 생겨난다. 세계체제 전체를 통해 본다면 신자유주의 사회에서도 여전히 자본주의의 법칙이 관철되고 있다. 전 세계는 유기적인 관련 속에 존재한다. 하지만 세계체제의 일부를 이루는 한 사회만 본다면 사회의 파편화 때문에 자본주의 법칙이 더는 작동하지 않는 것처럼 보인다. 사회적 파편화는 전체가 아닌 부분을 통해서 사회를 보기 때문에 생겨난 오인이며 이데올로기적인 환상이다. 그런데도 현실이 파편화되니 눈으로 보면 아무 법칙도 제약도 없다.

3) 자유주의와 세계 시민

포스트모던 자유주의에 들어오면서 제한 없는 자유라는 개념을 중심으로 다양한 개념이 응집했다. 포스트모던 자유주의는 다양한 개념의 복합체 전체를 지시한다. 자유, 공정, 상대성, 상호존중, 평화, 참여, 합의, 민주, 인권, 세계시민 등등.

중요한 것은 포스트모던 자유주의와 더불어 국가의 초월성에 관한 환상이 다시 등장했다는 것이다. 근대 국가는 자본의 지배 도구에 불과하다는 비판을 받았다. 민주주의 국가라고 하더라도 그 바탕이 되는 선거가 제한된 선거였기 때문이었다. 이차세계 대전 이후 보통 민주주의가 회복되었다고 하더라도, 국가는 현실적으로 자본이 지배하기 위한 도구에서 벗어나지 못했다. 전후 보통 민주주의 국가가 여전히 자본의 도구가 되는 이유는 무엇인가? 포스트모던 자유주의자는 그 까닭을 민주주의적인 질서가 이데올로기적인 개입으로 왜곡되었다는 데서 찾는다. 공정하고 자유로운 합의가 회복된다면 국가는 자본의 지배를 극복할 수 있으며 일반적이고 초월적인 국가가 될 수 있다고 보았다. 문제는 이데올로기적인 왜곡을 제거하는 것이었다. 포스트모던 자유주의는 이런 왜곡을 제거하기 위해 다양한 노력을 기울였다. 독일의 자유주의자 하버마스는 의사소통이론을 개척하기도 하고, 미국의 정의론자 존 롤스는 무지(無知)의 베일이라는 합의 절차를 제시하기도 했다. 최근 간접 민주주의가 문제라고 해서 참여를 강조하는 참여 민주주의 이론이 등장하기도 했다.

포스트모던 자유주의가 등장하면서 이제 인권, 자기 결정권 개념이 주목받았다. 인권, 자기결정권을 지닌 존재로서 시민은 세계 어디서나 같다는 주장이 등장했다. 이에 따라 지금까지 사회 분석의 유용한 도구로 사용되던 민족, 노동자, 민중과 같은 사회과학적 개념은 사라지고 만다. 그런 개념은 객관적 사회질서를 전제로 하는 개념인데, 진리도 가치도 없는 마당에 더는 성립할 수 없는 허구적 개념으로 보았다. 포스트모던 자유주의는 문화적 상대성을 존중하기도 한다. 누구든 자기 삶의 양식 곧 문화를 자유롭게 선택할 권리를 지닌다. 각각의 문화는 그것을 선택한 사람에게만 의미 있다. 모든 문화는 상대적이고 문화는 서로 존중되어야 한다.

4) 자유주의의 한계

포스트모던 자유주의이든 근대 자유주의이든, 자유의 개념은 같다. 그 자유의 개념은 곧 자유의지이며, 마음속에서 자유로운 선택이며, 무늬만의 자유이며 결국 욕망의 변덕스러운 힘에 굴복하는 자유이다. 그 결과 자유를 제한했던 근대 자유주의에서보다 제한 없는 자유를 인정한 포스트모던 자유주의에 이르러 자유 개념의 한계가 노골적으로 드러난다. 포스트모던 자유주의에 이르러 자유의 한계는 단순한 한계가 아니라 자기 자신조차 파괴하는 치명적인 한계가 된다.

가장 대표적인 예를 보자. 앞에서 제국주의 본국의 시민과 식민지 시민이 모두 동등하다는 세계시민에 대해 말했다. 본국의 시민은 착취할 자유가 있고 식민지 시민은 착취 받을 자유가 있지만, 그 차이는 그저 내용상 차이에 불과하다. 그런 차이는 중요하지 않다. 중요한 것은 형식상 본국의 시민이든 식민지 시민이든 똑같은 자유로운 선택의 권리 즉 인권을 가진다는 것이다. 비슷한 예지만 기독교와 여타 종교도 마찬가지이다. 둘 다 동등한 종교이다. 형식상 둘 다 이성이 아니라 믿음에 기초한 것이기 때문이다. 그러나 내용상 차이는 있다. 기독교는 일반적 종교이며 진정한 믿음이다. 여타 종교는 가짜 믿음이며 전통문화에 불과하다.

이런 식으로 억압적인 차이는 내용적인 차이이고 이 차이는 상대적이라고 인정된다. 본질적인 것은 형식이고 이 형식에서는 모두가 동등하다. 이렇게 말하면서 포스트모던 자유주의자는 은근한 미소를 지으면서 이렇게 덧붙인다. "내용상 차이가 뭐 중요하겠는가? 형식상 동등한 것이면 되지 않는가?" 하지만 차별당하는 사람으로 보면 내용상 차이든 형식상 차이든 똑같은 차이다.

또한 포스트모던 자유주의는 합의를 금과옥조로 삼지만, 포스트모던 자유주의 시대 가장 만연한 것이 폭력이다. 이런 역설은 어떻게 해서 나오는지 살펴보자. 그 논리는 간단하다. 즉 자유주의적인 합의는 상호 욕망을 전제하고 서로 공통된 이익이 되는 것에 대하여 합의한다. 만일 공통의 이익이 없다면 합의는 이루어지지 않을 것이다. 설혹 합의했다고 하더라도, 생각이 바뀌어(또는 사정이 바뀌어) 합의된 것이 자신에게 손해가 될 일로 판단하면 합의는 쉽게 깨어지고 만다. 합의가 없더라도 어떤 일을 공동으로 수행하지 않으면 안 된다. 그러면 합의되지 않는 사람은 배제하고 합의가 이루어지게 된다. 이렇게 배제된 사람이 호락호락 자기가 배제된 결과를 수용하지 않으면 그 사람은 점차 인간으로 인정받지 못한다. 인간이 아니니 시민권이 박탈된다. 그 사람은 법 밖에 존재하게 되며 그때부터 이 사람에게 누가 폭력을 가하더라도 상관없게 된다. 그가 바로 아감벤이 말하는 벌거벗은 인간, 호모 사케르(Homo Sacere)이다. 즉 법의 보호 밖에 배제된 인간이다. 이런 호모 사케르에 대한 폭력이 가까에서는 왕따 문화이며, 종북몰이이며, 멀리 미국에서는 무차별 총기난사이고, 경찰의 흑인 살해이다.

이런 논리가 국제적 차원에서 전개되면 그것이 보편적 인권론이 된다. 포스트모던 자유주의에서 가장 일반화된 주장이 보편적 인권론이다. 그 결과가 보편적 인권의 이름으로 폭력이 행사된다. 포스트모던 자유주의가 전 유럽을 지배할 때 보스니아 내전이 일어났으며 기독교인이 상대적으로 유연해졌을 때 이라크전을 비롯하여 이슬람에 대한 대대적인 침략이 자행되었다. 보편적 인권이 어째서 폭력의 근거가 되는가? 앞에서 언급했던 논리가 그대로 국가 사이의 관계에서도 적용된다. 그 결과 다수 국가를 거느린 중심 국가의 마음에 들지 않는 나라는 독재국가로 지정되고 그 국가는 더는 국가로 인정받을 수 없으므로 침략이 자행된다. 이때 아감벤의 호모 사케르라는 개념 대신 나온 것이 소위 불량국가, 악의 축이다.

이런 식으로 포스트모던 자유주의 아래 오히려 실질적인 차별이 강화되고, 사회 속에서나 국가 사이에서 더욱 폭력이 난무한다. 이게 포스트모던 자유주의가 기묘하게 근본주의라는 이데올로기와 공모하는 이유이다. 이런 사회적, 세계적인 위기의 증상의 근본 원인은 무엇인가? 자유라는 개념이 사유 속에서의 자유로운 선택에 그치고 실제로는 욕망의 변덕스러운 힘이 지배하기 때문이 아닌가? 그러므로 무늬만의 자유가 아니라 진정한 자유의 가능성을 즉 자주적 의지의 가능성을 다시금 제기하지 않을 수 없다.

지금까지 자주성의 의미를 중점적으로 분석했다. 먼저 자주성의 정치적 의미를 살펴보고 이어서 자주성의 윤리적 의미를 분석하는 데로 나갔다. 여기서 의지에 두 가지가 있다고 보았다. 즉 욕망과 자주적 의지이며, 이에 따라 두 가지 도덕론, 도덕적 결과주의와 도덕적 행위주의가 나온다. 욕망에서 자주적 의지로 건너가는 중간에 자유의지가 존재한다. 그것은 사유 속에서의 자유로운 선택에 머무르며 실질적으로는 욕망에 종속하는 것이었다. 앞으로 자주적 의지가 역사적으로 발전하는 형태를 살펴보려한다. 우선 개인의 자주적 의지를 살펴본다. 3장은 의무 개념을 중심으로 할 것이다.

2부

자주성의 역사적 형태

운명과 의무1

　포스트모던 자유주의는 보편적 인권, 세계시민, 문화적 상대주의 등의 개념들과 결합하여 복합체를 이루고 있다. 그러나 그 토대가 되는 자유의지가 사유 속에서의 자유에 그치고 실제는 욕망을 따르기 때문에 포스트모던 자유주의의 역설이 생긴다. 이 역설이란 곧 가장 자유로운 시대에 가장 폭력이 난무한다는 세계적 현상이다. 문제는 자유의지가 사유 속에서의 자유에 그치는 데 있다. 그러므로 자유의지는 의지를 통해서 가치를 실행하는 자주적 의지로 발전할 필요가 있다. 여기서 자주적 의지를 기르는 심성 함양의 문제가 발생한다.

1) 훈육의 방법

욕망과 자주적 의지, 수동적 정념과 능동적 자주성, 자유의지와 자주적 의지의 관계의 문제는 결국 하나의 문제로 귀결된다. 곧 심성함양의 문제이다. 앞에서 다층적인 순환적 복합체이라는 개념을 통해 자주적 의지가 가능하다는 사실은 밝혔다. 하지만 이 가능성을 실제로 현실화하는 문제는 또 다른 문제라 히겠다. 가능성의 문제는 철학의 이론적 문제에 지나지 않는다. 실천상의 문제는 오히려 현실화, 구현의 문제이다. 어떻게 하면 가치를 능동적으로 실행하는 자주적 의지가 구현되는가 하는 방법의 문제이다. 이제부터 본격적으로 그런 방법의 문제로 들어가 보자. 이런 문제는 실천적 교육론에 속하는 문제이다. 지금까지 자주적 의지에 도달하는 방법으로 다양한 심성의 교육론이 실천적으로 제시되었다.

태어나면서부터 아예 마음의 기운이나 두뇌의 기질이 다르다는 주장도 있었다. 흔히 맑은 인간이라니 탁한 인간이니, 성인의 관상이니 범죄자의 두골이니 하는 말이 그런 주장이다. 마치 예술적 재능처럼 심성에도 태생의 차이가 있을 수 있겠다. 하지만 태생의 차이를 인정하더라도 그게 그리 큰 것은 아니며 오히려 교육을 통해서 갈고 닦을 수 있는 부분이 더 크다고 보는 것이 일반적이다. 예술적 재능도 갈고닦아야만 빛을 본다고 하지 않는가?

그럼 어떤 방법이 있을까? 그 방법으로 자주 훈육의 방법이 거론되기도 한다. 스파르타적 교육에서 처벌이나 요즈음 미국식 실용교육이 사용하는 보상이 모두 그런 훈육의 방법에 속한다. 훈육의 방법으로서 과거 처벌의 방법보다 오늘날 보상의 방법이 더 발전된 것처럼 선전되기도 한다. 하지만 스파르타적 처벌이나 미국식 보상이나 다 같은 방법이다. 왜냐하면 보상이 욕망을 만족하게 하는 것이라면 처벌이란 욕망의 만족을 억제하는 것이니 기본적으로는 욕망의 만족을 전제로 하는 것이기 때문이다. 인간은 처벌은 싫어하지만, 보상은 좋아하니, 처벌을 보상으로 바꾼 것이 진보라 하지만, 사실 그게 그것일 것이다. 보상은 되는데 처벌은 안 된다는 말은 더 웃긴다. 둘 다 욕망을 주고 뺏고 하는 똑같은 방법이니 말이다.

처벌이나 보상을 사용하는 훈육의 방법이 의지의 자주성을 강화할 수 있을까? 이것은 모순을 포함한다. 왜냐하면 훈육은 욕망의 힘에 더욱 의존하게 하는 것이기 때문이다. 이런 방법은 욕망의 힘을 강화하니 의지의 자주성이 욕망의 힘과 대립한다는 것을 생각해보면, 이는 의지의 자주성을 기르지 못하고 오히려 의지의 자주성을 해치는 방법일 것이다.

그렇다면 종교적인 방식으로 의지를 자주적으로 만들 수 있을까? 사실 종교는 대부분 천국이나 지옥을 갖고 있다. 불교에서 윤회라는 개념도 인과응보라는 개념 때문에 나온 것이다. 즉 지상에서 처벌이나 보상이 주어지지 않는다면 저 세상에 가서라도 아니면 다음 세상에 가서라도 주어진다는 말이다. 결국 도덕적인 훈련을 위해 종교가 사용하는 것은 훈육과 크게 다를 바가 없다. 그 역시 처벌이나 보상이라는 방법을 사용한다.

바울이 「로마서」에서 율법을 부정한 것도 나는 그렇게 이해한다. 율법이란 그 내용이 무엇이든 간에 처벌이나 보상, 그것도 지상이 아니라 내생에서의 처벌이나 보상에 의존하는 것이니, 이런 방법으로는 욕망을 자극할 뿐 결코 욕망을 넘어서지 못한다. 이런 방법으로 어떻게 하나님의 법을 받아들이는 의로운 인간을 만들 수 있겠는가? 바울의 율법 비판은 결국 훈육에 대한 비판과 통하는 것이라 볼 수 있다.

2) 정신의 역사

이런 고민 속에서 헤겔에게 관심을 두게 된다. 헤겔은 『정신현상학』이란 책에서 인간의 정신적인 발전이 역사 속에서 어떻게 일어나는가를 분석했다. 그에 따르면 우선 정신(Geist)은 크게 보아 인식(사언에 관한 인식과 가치에 관한 인식)과 의지라는 두 가지 차원으로 구성된 포괄적인 개념이다. 흔히 마음은 지,정,의라고 해서 세 부분으로 이루어진다고 말하지만, 헤겔은 감정의 문제를 의지 속에 집어넣어 다루었으므로 이렇게 정신을 이분법적으로 구분했다. 사상의 역사나 철학의 역사를 다룬 책은 많지만 대개 지적인 인식의 발전을 다룬다. 『정신현상학』은 지적인 인식과 의지의 발전까지 포괄적으로 다룬 책이니 유례없는 책이다.

헤겔은 정신이 역사 속에서 변증법적으로 발전한다고 보았다. 변증법적 발전이란 역사적 현실과 인간의 정신 사이의 상호작용을 통해 일어난다. 정신은 실천을 통해 자기를 역사적으로 실현하려고 한다. 이런 실천 과정에서 정신은 현실에 부딪혀서 자기모순에 빠지고 정신은 자기모순을 극복하는 가운데 새로운 정신으로 발전한다. 이 과정에는 인간의 역사적 실천과 정신의 자기반성 또는 자기극복 능력이 전제되어 있다.

정신의 반성이 일어나는 매개가 곧 자기모순이라는 개념이다. 정신의 각 단계에서 출현하는 모순은 그 정신이 갖는 고유한 형식 때문에 생긴 모순이다. 새로운 정신이 출현하게 되면 과거 정신의 형식에서 나오는 과거의 모순은 사라지고 만다. 물론 새로운 정신의 형식이 역사적으로 실천되는 가운데 이에 고유한 새로운 모순이 출현하게 될 것이다.[20]

이것이 정신의 변증법적 발전 과정이다. 정신의 발전과정 중에는 우선 인식이 어떻게 변화하는가를 보자. 인간의 인식에서 그 형식에 따라

---

20 이런 역사적 발전은 자주 일직선 상의 전진으로 오해된다. 하지만 여기서 간과하는 게 있다. 역사는 시간이라는 잣대로 측정한다. 이 시간이라는 잣대는 일반적이고 불변하며 균일한 것은 아니다. 이 시간이라는 잣대 역시 각 단계 정신의 형식에 따라 규정된다. 쉽게 말해서 각 시대 정신은 고유한 시간 규정을 갖는다는 말이다. 이렇게 시간이라는 잣대 자체가 역사적으로 변화하므로, 각 시대는 자기 나름대로 고유한 역사적 시간을 갖는다. 기독교 이전 시간은 순환했다. 기독교는 종말론적 시간관을 갖고 있다. 각 시대는 각각의 달력을 갖고 새롭게 역사를 구성한다. 그러므로 역사의 시간은 일직선으로 움직이는 것이 아니라 가속적으로 움직이며 그 때문에 마치 중력장처럼 굽어 있다.

서 눈에 보이는 세계가 각기 다르게 보인다. 인식의 형식이 세상을 다르게 보게 한다는 사실은 칸트가 이미 주장했다. 이를 선험적 인식론이라 한다. 칸트는 여기서 멈추었지만 헤겔은 이런 인식이 현실과 모순되는 지점이 나타난다고 한다. 그러면 변증법적으로 과거 인식 형식은 무너지고 새로운 인식 형식이 출현한다.

헤겔은 여기서 한 걸음 더 나아가서 의지의 형식도 세상을 다르게 보도록 만든다고 말한다. 의지의 형식이 다르면 마찬가지로 세계에 관한 인간의 체험도 달라진다. 예를 들어 욕망의 눈으로 보는 세상과 자주적 의지의 눈으로 보는 세상은 서로 다르다. 인식의 변증법적 운동과 마찬가지로 변증법적 발전이 일어난다. 의지의 형식은 현실적인 실천 속에서 현실과 모순된다는 사실이 밝혀진다. 이를 통해 과거의 형식은 무너지고 새로운 의지의 형식이 발전한다.

인식이나 의지의 변증법적 발전은 자기모순을 통해 매개되지만 이런 모순을 출현하게 하는 것은 결국 기존의 인식의 형식과 의지의 형식을 통한 역사적 실천이다. 이 역사적 실천은 한 개인의 실천이 아니다. 모든 개인이 함께 실천하는 것이며, 이들의 실천이 상호 교차하면서 개인의 실천 이상의 집단적 실천이 이루어진다. 그게 바로 역사이다. 인식과 의지의 발전은 일조일석에 이루어지는 것이 아니라 거시적인 역사의 과정을 통해 이루어진다. 인식과 의지의 역사적 발전이 정신사이다. 각 시대에는 고유한 정신이 있으니 이걸 시대정신이라 칭한다.

3) 근대정신의 발전

헤겔은 『정신현상학』 전체에 걸쳐 다양한 인식의 형식 외에도 역사적으로 출현한 다양한 의지의 형식을 그려놓는다. 그런 가운데 헤겔은 자주적 의지의 여러 형태도 다루고 있다. 이 자주적 의지의 여러 형태는 특히 근대정신(「자기소외의 정신」 장) 그 가운데서도 마지막 부분에서 다루어진다. 그 과정을 간단하게 기술해 보자.

헤겔은 이미 근대에 들어오게 되면 과학적 인식과 그에 기초한 객관적 가치에 관한 인식이 완성되는 것으로 본다. 문제는 이론적으로 인식된 가치를 인간의 의지가 어떻게 충실하게 실행하는가이다. 곧 자주적 의지의 발전 문제이다. 근대정신의 장에서 전개되는 정신의 발전은 주로 이런 자주적 의지의 형태가 발전하는 과정이다. 우선 등장하는 것이 중도반단의 자주적 의지 즉 근대적 자유의지의 개념이다. 헤겔은 계몽주의와 그 끝에 출현하는 루소의 인민의지를 근대 자유주의의 역사적 발전으로 파악한다. 이런 자유의지의 모순은 프랑스 혁명 중 출현한 공포정치에서 폭발한다.

공포정치의 모순을 극복하면서 루소의 인민의지를 넘어서 진정한 자유의지 즉 자주적 의지를 향한 정신의 발전이 일어난다. 칸트는 순수의지라는 개념을 통하여 자주적 의지의 기초 개념을 확립했다. 그 개념이 곧 의무라는 개념이다. 칸트 이후 의무 개념의 한계를 넘어서 낭만주의의 양심 개념이 출현한다. 의무가 자율성이라 한다면 양심은 곧 자발성의 개념이다. 셸링은 이런 양심의 개념을 생명의 미분적인 힘 즉 생명력을 통해 설명한다. 자율적 의무나 자발적 생명력은 모두 개인의 차원에 머무르는 개인의 자주적 의지이다.

헤겔은 낭만주의의 양심 개념을 넘어서 절대정신이 출현하는 것으로 본다. 이 절대정신은 프로테스탄티즘의 정신 곧 사랑의 정신을 의미한다. 헤겔은 사랑의 정신을 자주적 의지 가운데 가장 완전한 형태로 간주한다. 동시에 이 사랑의 정신은 개인의 의지를 넘어서서 공동체를 형성하는 정신이다. 헤겔은 이를 절대정신이라 한다. 헤겔에게서 공동체가 바로 신 즉 절대자이기 때문이다.

『정신현상학』에서 그려진 이런 자주적 의지의 발전을 키르케고르가 재발견했다. 그의 주저 『이것이냐 저것이냐』는 헤겔의 절대정신에서 힌트를 얻은 책이다. 키르케고르 역시 자주적 의지를 윤리적 정신과 감각적 에로스의 정신(낭만적 정신) 그리고 종교적 정신으로 구별했다. 그것은 각각 헤겔이 의무, 양심, 절대정신이라 말했던 것과 정확하게 일치한다. 다만 순서상 헤겔은 역사적 순서에 충실하게 양심을 의무감 뒤에 놓았지만, 키르케고르는 논리적 순서에 따라서 감각적인 에로스 정신 다음에 일반적인 윤리적 정신을 배치한다. 헤겔이나 키르케고르나 마지막은 절대정신 또는 종교이다. 이제 헤겔의 글과 키르케고르의 글을 참조하면서 자주적 의지가 발전하는 형태를 서술해 보기로 하자. 이 책 역시 의지의 발전에 관한 한 헤겔의 변증법적인 발전이라는 개념을 따른다는 것은 두말할 여지가 없다.

운명과 의무2

  자주적 의지의 최초 형태는 의무감이다. 칸트는 의무감을 규정하면서 그것은 오직 도덕 법칙이 올바르므로 그것을 따르는 의지라고 한다. 이런 의지가 곧 순수의지이다. 의무감은 어떤 전제나 조건에 구속되지 않고 무조건 실천하므로 언제 어디서나 실천되는 일반성을 지닌다. 이런 의무감은 결코 도덕적 강제라고 말할 수 없다. 가치가 의지를 지배하는 방식은 정신적 힘을 통한 것이며 이는 자유롭고 자주적인 관계이기 때문이다.

1) 의무의 개념

자주적 의지가 역사 속에서 등장한 첫 번째 형태는 의무감이다. 칸트는 『실천이성비판』에서 의무감의 개념을 철저하게 분석했다. 칸트의 사유를 출발점으로 삼아 의무감의 개념을 간단하게 정리해 보기로 하자.

대개 어떤 윤리적 가치를 행위로 실천할 때, 거기에는 조건이나 이유가 달려 있다. 그런 조건이나 이유는 항상 결과적으로 얻어지는 욕망의 만족을 전제한다. 반면 의무감은 어떤 윤리적 가치를, 그것이 무엇이든, 순수하게 행위를 통해 실천하는 의지이다. 여기서 의지가 순수하다는 것은 그런 윤리적 가치를 실행할 때 어떤 이유나 조건을 전제로 하지 않는다는 의미이다. 다시 말해 순수의지는 자기가 선택한 가치를 욕망의 만족과 무관하게 실행하는 의지이다.

도덕적 차원에서 의무감은 법이나 종교의 차원에서 의무의 개념과 구분된다. 법을 지킬 의무가 있다고 할 때, 그것은 대부분 의무를 다하지 않았을 때 주어질 처벌을 전제로 한다. 형벌이 아니면 사회적인 비난이라도 있어야 사람들은 법을 지킬 것이다. 종교적 의무에서라면 처벌에 대한 두려움보다는 오히려 이익에 대한 기대가 행위의 전제가 된다. 기독교인이 이웃 사랑의 의무를 느낄 때 신에서 얻을 수 있는 행복에 대한 기대가 깔려 있다. 그는 그런 행복을 만일 지상에서 받지 않는다면 사후에서라도, 자기가 아니면 자기의 자손이라도 받는다고 믿는다. 처벌이나 보상은 욕망의 만족을 전제로 한다. 법적 의무나 종교적 의무는 욕망의 만족을 전제로 하는 행위이므로 그것을 실행하는 의지는 순수하지 않다. 법적 의무나 종교적 의무가 실행하는 것은 윤리적 가치이지만 그것을 실행하는 의지는 도덕적 의무감과 다른 차원 즉 욕망이다.

아무런 이유나 조건 없이 어떤 가치를 실행한다는 것은 오직 그것이 가치 있는 것(선, 정의)이므로 실행되어야 한다(당위, 의무)는 의미가 된다. 이 말은 어떻게 보면 동어반복처럼 보인다. 다만 앞에서 가치는 사유 속에서의 판단이며 뒤에서 당위는 행위를 통한 실천을 의미한다. 칸트는 이런 점에서 의무감 또는 순수의지를 '의무를 위한 의무'라고 규정하기도 한다. 그것은 마치 '순수예술'을 '예술을 위한 예술', '예술 지상주의'라고 말하는 것과 같다고 하겠다.

칸트는 순수의지라는 표현 대신 자유의지라는 표현을 즐겨 사용한다. 칸트가 말하는 자유의지는 근대적인 자유의지와는 구분된다. 근대적 자유의지는 사유 속에서만 자유롭게 선택하며 실제로는 변덕스러운 욕망의 힘에 좌우된다. 이런 자유의지는 심지어 사유 속에서도 자유롭게 선택할 수 없으니 기만적인 자유의지이다. 칸트의 자유의지는 기만적 자유의지가 아니라 진정한 의미에서 자유의지를 말한다. 즉 스스로 선택한 가치를 실행하는 의지이며 그러므로 거꾸로 진정으로 자유롭게 선택할 수 있는 의지이다. 이런 의지를 우리는 자주적 의지라고 표현해 왔다. 칸트가 말한 자유의지는 우리가 말한 자주적 의지라는 개념과 일치한다. 이런 점에서 칸트는 자주적 의지의 역사에서 첫걸음을 디딘 철학자였다고 할 수 있다. 하지만 칸트는 이런 자주적 의지를 강제적인 의지 즉 의무로 보는 잘못을 범하면서 자주적 의지라는 개념의 문턱을 넘어서지 못했다.

2) 의무의 일반성

칸트는 의지의 여러 형태를 일반적인 판단(인식판단)의 형식에 맞추어 놓았다. 그게 바로 실천(도덕)판단이라 말하는 것이다. 칸트는 의무감은 정언판단에 속한다고 한다. 가언판단은 '한다면', '하므로'라는 조건이나 이유를 전제하는 판단이다. 예를 들어 "비가 온다면, 나는 집에서 쉬겠다."라는 판단이 가언판단이다. 반면 정언판단이란 아무런 조건이나 이유가 없는 판단 즉 단적으로 어떤 것을 실행하는 판단을 의미한다. 예를 들어 누가 여름날 아침 깨어나자 말자 두 주먹을 불끈 쥐고 "나는 회사가 아니라 바다로 가겠다."라고 외치는 때이다. 의무감은 어떤 조건이나 어떤 전제 없이 자기가 선택한 가치를 실행한다는 점에서 정

언판단에 속한다.[21]

정언판단에 속하는 의무감은 어떤 시간이나 장소 즉 도덕적 상황(또는 도덕의 현실)에 구애되지 않는다. 의무는 언제 어디서나 실행되는 것이므로 개념상 일반성을 가진다. 만일 조건이나 이유가 있다면 그런 조건이나 이유가 실현될 수 있는 적당한 시간이나 장소가 선택되지 않을 수 없다. 조건이나 이유가 기대하는 결과는 항상 그런 상황에 의존하기 때문이다. 이때 그의 의지는 일반성을 지닐 수 없고 시간과 장소에 따라서 가변적일 수밖에 없다.

법과 종교에서 의무는 순수 의무가 아니므로 가언적이다. 그런 의무는 항상 처벌과 보상을 전제로 한다. 그 결과 기묘한 역설이 생긴다. 어떤 상황에서 법을 범하더라도 처벌을 받지 않는다는 확신이 서는 때를 생각해 보자. 법적 의무라는 개념은 이런 위법을 정당화한다. 심지어 이때 법은 위법을 자행하도록 격려한다. 처벌받을까 보아서 법을 지켜야 한다면 처벌받지 않는데도 법을 지키는 행위는 바보 같은 행위이기 때문이다. 세금은 떼먹을 수 있는 한 떼먹는 것이 법을 지키는 일이다. 법은 역설적이다. 법의 개념 속에 이미 위법이 내포되어 있기 때문이다.

종교적 의무는 결과적으로 얻어질 행복에 근거하는 것이다. 행복을 기대하기 위해 도덕적 행위를 할 때 반드시 신이 알도록 해야 한다. 신

---

21 위에 제시한 예는 칸트의 정언판단 개념에 정확하게 일치하는 예는 아니다. 그저 이해하기 쉽게 말한 것에 불과하다. 정언판단이 되려면 문장의 주어가 실체에 해당되는 것이어야 한다. 이런저런 개별자가 아니며(단언판단), 추상적인 보편자도 아니다(보편판단). 정언판단의 주어는 실체 즉 생명체 이상의 존재이어야 한다. 사회적인 차원에서는 준칙이 아니라 보편적인 도덕법칙만이 이런 정언판단이 될 수 있다. 이런 논의는 고답적인 철학적 논의이니 생략해도 무방하리라.

이 모르도록 한다면 도덕적 행위를 하더라도 아무 보상을 얻을 수 없으니, 그런 행위는 무의미한 행위가 된다. 그러므로 종교인은 신이 자기를 보고 있다는 확신을 가져야 하지만 이를 확신하기는 쉬운 일이 아니다. 신은 너무 바쁘기에 자기를 잊은 것이 아니냐고 종교인은 늘 걱정한다. 종교인이 제일 두려운 것은 신이 그를 무시하는 것 즉 신의 침묵이니, 그는 때로 신의 관심을 얻기 위해 악을 저지르기도 한다. 역설적으로 종교는 악을 그 자체로 내포한다.[22]

그러나 의무의 행위는 정언명령이므로, 시간과 장소 즉 도덕적 상황에 구애되지 않으니 처벌이 없는 곳에서도 실익은 없지만 의무는 실행되어야 하며, 신이 보지 못하는 때에도 억울하지만 이를 실행해야 한다.

3) 의무와 강제

자주 의무감에 따른 행위는 강제적으로 이루어지는 행위라고 주장된다. 의무를 도덕적 명령으로 부르는 것도 이런 이유 때문이라 보인다. 의무라는 개념은 자주 강제라는 의미에서 사용되고 있으며 특히 법이나 종교에서 의무라고 할 때는 더욱 그렇다. 하지만 도덕적 의무는 법적이거나 종교적인 의무와 그 출발점을 달리한다. 법과 종교에서 의무는 욕망을 출발점으로 하지만 도덕적 의무는 욕망이 아니라 가치를 출발점으로 하는 자주적 의지이다.

따지고 보면 오히려 욕망의 힘이 강제의 힘이다. 욕망의 힘은 물질

---

22 약간 역설적 표현이다. 예를 들어 벌거벗은 채로 트럭을 타고 다니면서 종북몰이를 하는 기독교 목사들을 볼 때, 저들이 원하는 것은 신의 관심이 아닐까 생각했다. 아이가 어머니의 관심을 끌려고 일부러 어머니가 금지한 일을 하듯, 기독교 목사는 신의 관심을 끌기 위해 사랑이라는 하나님의 법보다는 오히려 증오라는 세상의 법을 택한 것이 아닌가 한다.

적인 힘이기 때문이다. 즉 욕망은 만족과 억압 또는 이를 통해 얻어지는 쾌락과 고통을 통해 행위를 지배한다. 욕망이 물질적 힘에 따른 것이니, 그것은 마치 소나 말이 본능의 힘으로 강제되어 행동하는 것과 마찬가지이다. 그러나 의무감은 자기가 선택한 가치가 의지를 지배하는 것이니 결코 강제가 아니다. 의무감은 정신적 힘이 지배하는 것이다. 만일 의무감을 강제라고 생각한다면 이는 의무감을 욕망과 혼동하는 것이다. 욕망은 물질적 힘의 지배이며, 의무는 정신적 힘에 속한다.

이를 이해하기 위해 다시 한번 상기해야 하는 것이 있다. 즉 가치와 의지의 관계, 물질과 관념의 관계이다. 이에 대해서 앞에서 순환적 복합체란 개념을 제시했다. 욕망이 순환적으로 구성되면 그 중심이 가치가 되며, 이 가치는 욕망의 순환으로부터 형성되는 것이니 이 과정에서 우연성은 필연성으로 수동성은 능동성으로 변한다고 했다. 이것이 수동성에 머무르면 정념이 되고 능동성에 이르면 자주적 의지가 된다고 했다. 그러므로 이 관계를 강제라고 보는 것은 잘못이다. 차라리 이 관계는 자유의 관계로 보는 것이 적절하다.

의무를 강제가 아니라 자유의 관계로 이해하는 것은 상식과 너무 어긋나는 일일까? 하지만 조국애 때문에 온갖 난관을 견디며 헌신하는 애국지사를 생각해보자. 그는 조국애를 실천하는 것을 자기의 의무로 생각한다. 그에게 그의 조국애가 그를 물질적으로 강제하는 것이라 말한다면, 그는 모욕을 느끼지 않을까? 또 가치가 의지를 강하게 지배하는 사람을 우리는 신념이 강한 사람 또는 정열적 인간이라 말한다. 이런 신념이나 정열을 지닌 사람이 강제로 행동한다고 말할 수는 없지 않은가?

그런데도 칸트는 욕망과 가치가 지배하는 순수의지를 혼동하여 이를 의무감이라 했다. 사실은 자유로운 관계를 그는 강제로 보았다. 그 결과 그는 의무감이라는 표현을 사용한다. 그는 자주적 의지의 문턱에 멈추어 버린 것이다.

엄밀하게 말하자면 의무감이라는 말 자체가 형용모순에 속한다. 법적인 의무나 종교적인 의무는 욕망을 전제로 하는 것이니, 이때는 의무감이라는 말을 사용할 수 있다. 이때는 의무도 강제당하는 느낌을 준다고 볼 수 있다. 그러나 도덕적 차원에서 의무 즉 순수의지는 정신의 힘이 지배하는 것이니 이 관계를 강제당하는 느낌으로 표현할 수는 없다. 칸트의 순수의지는 의무감이라고 말하기보다 자유의지라고 말하는 것이 적절할 것이다.

칸트 역시 자신이 말하는 의무의 감정은 단순한 감정과 구분된다고 하면서 이 감정을 존경심이나 경탄과 같은 감정에서 유래하는 것으로 설명한다. 존경심과 경탄은 상당히 능동적 감정이다. 칸트는 의무의 감정 속에 상당한 능동성이 존재한다는 것을 인정한다. 의무감 속에 능동성이 존재하는 한 칸트는 이미 의무감은 강제가 아니라 자유로운 의지라는 점을 인정한다고 볼 수 있다.

운명과 의무3

앞의 글에서 의무는 결과에 대한 기대 없이 언제 어느 곳에서든 자신이 선택한 가치를 실행하고자 한다고 말했다. 또한 의무의 행위는 강제가 아니며, 이는 신념에서 나오는 자유로운 행위라고 했다. 이런 자유로운 의무의 무조건성과 일반성에 대해 의문을 가지지 않을 수 없다. 왜 우리는 무조건인 방식으로 행위를 해야 하는가? 그 물음에 대한 첫 번째 답변이 곧 운명애라는 개념이다. 소포클레스의 비극 「안티고네」를 통해 운명애 개념을 살펴보자.

1) 치명적인 아름다움

의무의 행위는 쉬운 일이 아니다. 어떤 사람이 무조건 행위를 하는 것을 보면 대부분 사람은 처음에는 "저 사람 미쳤나?" 하고 비난한다. 그런데도 그 사람의 행위가 끊임없이 반복되면 어느새 반응이 달라진다. 사람들은 이때 "그 사람한테 뭔가 있는 것 같아!" 하고 말한다.

그것은 그가 추구하는 것이 상식으로 볼 때 형편없는 것일 때도 마찬가지이다. 흔히 이런 사람을 '고집남' 또는 '까칠녀'이라 한다. 쓸데없어 보이는 고집을 부리고, 원칙 따지기를 좋아해서 주변에서 경원시 되는 사람을 칭하는 말이다. 또 다른 예를 들자면 일본에 흔하다는 오타쿠를 들 수 있다. 오타쿠는 남들이 볼 때 기괴한 것을 즐기는데, 그 즐거움을 위해 세상의 다른 것은 쳐다보지 않는다. 이런 고집남, 까칠녀이나 오타쿠 앞에 사람들은 처음에는 화를 내지만 결국 "대단한 사람이야!" 하고 고개를 끄덕이게 된다.

나의 어머니는 평생 많은 제사를 모셨다. 내가 어른이 되어 어머니를 도와드리기 위해 제사를 줄이거나 간소화하자고 하니, 어머니는 몹시 슬프신 것 같았다. "평생 내가 모셔왔는데..." 하시며 말을 잇지 못한다. 나는 그 말을 듣고 그저 우리 아이들밖에 모르셨던 어머니에게도 삶이 있었다는 생각을 하게 되었다. 어머니는 제사를 자기 삶의 의미로 생각하셨을 것이다. 무신론자인 내가 보기에는 무의미한(?) 고생이지만 평생 제사를 모셨다는 어머니의 간단한 답변에서 어머니의 바윗덩어리 같은 삶의 무게를 느끼지 않을 수 없었다.

또 이런 예도 있다. 동 쥐앙(Don Huan)의 끝없는 욕망은 그 자체로서는 비난받는 짓이다. 그런데 동 쥐앙처럼 욕망이 무한하게 확장한다면, 사람들은 그 앞에서 어떤 숭고함을 느끼게 된다. 동 쥐앙의 성적 욕망은 몰락을 잉태하는 비극적인 것이기에, 치명적으로 아름답게 느껴진다. 많은 영화가 치명적 아름다움을 주제로 다룬다. 그 가장 고전적인 작품이 「카르멘」이라 하겠다. 요즈음도 카르멘 시리즈가 반복된다. 대개 제목에는 '치명적인', '중독', '정사' 등의 용어가 들어간다.

순수한 의무의 행위에 대한 감동은 그것이 이념을 지향하는 것이 될 때는 엄청난 감동을 불러일으키기도 한다. 어릴 때 중국 혁명을 이끈 마오가 장강을 건너고 설산을 넘는 만리장정에 관한 글을 읽으면서 얼마나 가슴이 뛰었는가? 또는 피바다 속에서 항일연군의 고난에 찬 투쟁의 역사를 들으면서 눈물을 흘리기도 했다. 그런 것까지는 아니더라도 풍찬노숙을 마다치 않은 독립운동가의 삶이나 감옥 속에서 고문에 저항하며 덧없이 사라져간 혁명가의 삶을 생각할 때 지금도 마음이 아프다.

만일 인간의 행위가 시시각각, 결과에 대한 기대에 따라서 변화한다면 그건 당연한 일이기에 더는 물음을 던질 이유가 없다. 누가 "인간이 왜 그래?" 하고 묻는다면 그저 간단하게 "인간이 아직 원숭이에서 벗어난 지 얼마 안 되거든!" 하고 대답하면 된다.

그런데 어떤 사람이 무조건적으로 행위를 한다면 그것도 자유로운 선택을 통해 그렇게 한다면, 이는 자연의 물질적인 과정을 통해 도저히 설명되지 않으니, "그 사람은 왜?"라는 물음이 저절로 떠오르게 될 것이다. 이런 의문이 우리를 사로잡게 되면 여기서부터 자주성의 철학이 시작된다.

2) 운명애

맨 처음 이런 물음에 답하려는 시도가 있었다. 그것은 운명이라는 이름으로 의무의 무조건성이나 일반성을 설명하려는 시도이다. 운명을 기꺼이 따르는 것이 운명애(amor fatie)이다. 운명이란 무엇인가? 자연을 지배하는 필연적 법칙이 있듯이 인간의 삶을 지배하는 필연적 법칙이 있다고 할 때 그것이 바로 운명이다.

일반적으로 필연성이라는 말에 두 가지 의미가 있다는 사실에 주목해야 한다. 자연 필연성은 자연법칙의 필연성을 의미하는 것이다. 오늘날 사회과학 또는 심리학에서는 사회나 인간 행위에도 자연 필연성과 유사한 필연성(예를 들어 통계법칙)이 존재한다고 본다. 이런 필연성은 인과적 법칙에 따른 필연성, 역학적 원인이 작용하는 필연성이다. 또 하나의 필연성이 있다. 그것이 바로 운명의 필연성이다. 때로 이것을 '숙명'으로 말하기도 한다. 운명의 필연성은 결과의 필연성이다. 결과를 흔히 목적이라 하므로 운명은 목적 필연성이라 할 수도 있다. 즉 어떤 과정을 거치든 간에 최종적으로는 그런 결과, 그런 목적에 이르게 된다는 것이다.

자연에는 결과적인 필연성이란 없다. 최근 자연에 목적인(目的因)을 설정하기도 하지만, 이런 목적인 개념은 다시 역학적 원인 개념으로 환원 가능한 것이다. 순수한 의미에서 숙명과 같은 결과적 필연성을 자연에 인정하는 과학자는 없다. 반면 인간의 삶 속에는 이런 운명적 필연성이 존재한다고 말한다. 이는 자연적으로는 설명되지 않는다. 이런 운명적 필연성이 성립하기 위해서는 이 세계를 지배하는 신이 존재해야 한다. 신이라는 존재가 아니면 그와 유사한 존재가 필요하다. 이런 존재는 여러 이름으로 불리지만 때로 그저 간단히 '운명'으로 불리기도 한다.

신이 세계를 자기 뜻(섭리)대로 지배한다고 할 때, 신은 심지어 인간의 의지조차 장악해서 신의 뜻이 아니라면 인간은 아무것도 자유롭게 선택하고 의지하지 못한다고 주장할 수도 있다. 예를 들어 원시 사회를 보자. 인간에게 아직 자유의지라는 것이 발전되지 않았을 때 인간은 사회가 정한 역할에 따라서 살아가지 않으면 안 된다. 이때 사회가 정한 역할에 대해 저항하고자 하는 의식조차 떠오르지 않는다. 이런 시대에 신은 인간의 의지까지도 지배하는 신이다. 이때라면 인간은 신의 꼭두각시이니 여기서는 아직 운명이라는 개념이 나오지 않는다.

역사가 여기서 한 단계 더 발전해서 인간에게 자유로운 의지가 출현하기 시작하면서 신이 인간을 지배하는 방식도 바뀌게 된다. 이때부터 신은 인간의 자유의지를 인정한 채 최종 결과를 통해서 인간을 지배한다. 신의 세계 지배와 인간의 자유의지가 이렇게 양립하게 된다. 대표적으로 기독교가 인간의 자유의지를 인정하면서 신의 섭리를 주장하는 종교이다. 그 이전에 이미 그리스에서 신은 인간의 자유를 인정해 준다. 신의 지배와 인간의 자유가 양립하면서 비로소 운명이라는 개념이 출현한다.

3) 자유의지와 섭리

여기서 약간 어려운 문제가 나온다. 개인의 자유의지와 신의 섭리 사이의 관계에 관한 문제이다. 인간의 자유로운 의지가 작용한다면 인간이 세상을 변화한다는 것을 의미한다. 이때 신의 세계 지배는 인간의 저항에 부딪혀 좌절되고 마는 것이 아닐까?

어느 소설을 보면 자신의 운명을 바꾸기 위해 자기 손금을 칼로 다시 긋는 사람도 있다. 하지만 소용이 없다. 운명은 그를 놓지 않는다. 또 알다시피 그리스 비극에서 오이디푸스는 아버지를 살해하고 어머니와 결혼한다는 운명을 타고났다. 이를 피하고자 오이디푸스는 낳아준 아버지의 나라에서 버려지기도 했고, 키워준 아버지 나라를 스스로 떠나기도 했다. 그러나 결국 운명은 정해진 대로 실행되고 만다.

인간의 자유의지에도 불구하고 운명이 자기를 관철하는 방법은 무엇인가? 간단하다. 어떤 사람이 만일 신이 정해놓은 운명에 반하는 A라는 행위를 하면 신은 그에 대립하는 행위 B를 다른 누군가를 통하거나 그 사람 자신을 통해 일으킨다. 그 결과 행위 A, B는 서로 청산되면서 운명이 필연적으로 관철된다. 이런 조성을 위해서 신은 인간의 모든 운명을 알고 인간이 이에 벗어나자 말자 포착해서 그것에 대응하는 전략을 세우고 실행하는 등 무척이나 고단하고 복잡한 조정 작업을 실행해야 한다. 하지만 신이니까 그 정도는 문제가 없다고 보아야 한다. 그래도 신이 이처럼 세상을 조정하는 일은 번거로운 일이다. 더 간단한 방법이 있다. 그리스인들이 생각한 운명의 법칙이다. 신은 이 법칙만 정해 놓으면 하늘에서 편히 놀고먹을 수 있다.

4) 그리스의 운명의 신

그리스에서 운명의 여신들(Moirai)과 관련된 신화를 살펴보면 운명의 법칙이 어떻게 나왔는지를 쉽게 이해할 수 있다. 이 여신은 크레타 섬의 미노아 문명 시절부터 시작된다. 여신은 본래 동굴 속에서 살면서 인간의 운명을 지배하는 신이었다고 한다. 신화에 의하면 이 여신은 밤의 여신(Nix)의 딸이다. 운명의 신은 심지어 다른 신들조차도 감히 거역할 수 없는 힘을 인간에게 행사한다. 이 신은 그리스 초기 역사에서 제우스 정도의 지위를 지닌 신이었다.

이후 운명의 여신도 발전한다. 이 여신에게는 세 명의 딸이 생긴 것이다. 클로토(Cluto)는 운명의 책을 보면서 각자의 운명을 미리 판단하는 신이다. 라케시스(Lachesis)는 망원경을 들고 판단된 운명에 따라 사건들이 일어나는지를 감시하는 신이다. 마지막 아트로포스(Atrophos)는 운명의 가위를 들고 최종적으로 운명을 실행하는 신이다.

여신의 세 딸 가운데 원래는 아트로포스만 있었다고 한다. 즉 최종적인 결과를 결정하는 신이다. 그러다가 최종적 결과를 예정하는 클로토라는 신이 생겨났다. 운명의 여신 개념이 발전하는 역사를 보면, 운명 개념이 목적 필연성이라는 개념에 속한다는 것을 알 수 있다. 인간의 자유의지가 없다면 운명이라는 개념이 필요 없다. 신이 인간의 의지를 직접 지배하니까 말이다. 하지만 인간의 자유의지가 인정되므로, 운명이라는 개념이 나오는데, 이 운명은 최종적으로만 지배하게 된다. 그러므로 예정하는 신도 필요하게 되고 이를 감시하는 신도 생겨난 것이다.

운명의 여신 모이라는 나중에 가면 밤의 여신이 아니라 제우스 신과 법의 여신(Themis)의 딸로 변경된다. 여기서 법이란 사회의 질서 간단히 말해 자연법을 의미한다. 이런 변경과 더불어 운명의 신의 자매도 변경된다. 처음에는 케레스(Kheres: 숙명), 타나토스(Thanatos: 죽음), 네메시스(Nemesis: 기억)가 자매였다. 이제는 유노미아(Unomia: 질서), 디케(Diche: 정의), 에이레네(Eirene: 평화)가 자매가 된다.

이런 변화는 운명의 여신이 자의적으로 움직이지 않고 어떤 법칙을 따르게 된다는 것을 의미한다. 이 법칙은 일정한 틀을 정해 놓고 행위가 한쪽 극단에 부딪히면 자동으로 반발하여 그에 반대되는 행위가 일어나도록 만드는 법칙이다. 소위 자연의 도(道)가 순환하는 법칙이 인간 삶에도 적용된다는 것이다. 겨울의 추위가 극에 달하면 다시 봄이 되고 여름의 더위가 극에 달하면 다시 가을이 된다. 인간의 행위도 도를 어기면 저절로 그에 반하는 행위가 나오게 되니 이것이 곧 응보의 법칙이다. 부단하게 좌우로 기울어지는 삶을 균형에 이르도록 하는 무게 중심, 추가 곧 운명이다. [23]

이제 운명은 하나의 법칙을 상징한다. 지금부터는 운명도 인간이 이해할 수 있는 범위 속으로 들어오게 된다. 그러므로 운명의 여신은 부정적으로 즉 개인으로서는 이해할 수 없는 파멸을 의미하는 것이 아니라 오히려 그에게 질서를 회복하는 것이라는 긍정적인 의미를 지니게 되었다.

그런데도 여전히 운명은 목적 필연성이라는 개념을 벗어나지 않는

---

[23] 여기서 한 걸음만 더 나가면 철학이 시작한다. 헤라클레이토스는 만물이 순환한다고 말하며 그 순환을 불의 모습으로 상징했다.

다. 순환이나 응보란 항상 결과를 지배하는 법칙이기 때문이다. 운명을 조종하는 법칙은 자연적 인과법칙은 아니다. 그런데도 운명 개념이 발전하면서 사람들은 응보의 법칙을 진짜 과학적인 자연법칙으로 믿게 된다. 아무리 그래도 운명의 법칙은 결국 뒤에서 조종하는 신적인 의지가 필요하다. 신을 전제로 하지 않고서는 순환하는 운명의 법칙을 설명할 길은 없다.

이제 운명을 따라야 하는 이유는 분명하다. 운명은 거역해보았자 소용이 없다. 왜냐하면 반드시 실행되게 되어 있기 때문이다. 그러므로 차라리 불필요한 노력을 아끼는 것이 더 지혜로운 삶이 아닐까? 인간의 지혜란 자기의 운명에 충실한 것이니, 이런 삶의 지혜에서 의무적 행위가 설명된다는 것이다.

5) 소포클레스의 비극 「안티고네」

인간의 운명은 원래 사회적으로 결정되는 규범에 해당할 것이다. 각 개인은 그것을 운명적으로 주어진 한계라고 생각하지만 사실 그런 운명은 없다. 유물론적으로 본다면 사회적 규범 외에 어디에서도 인간에 대해 한계를 주는 것은 없기 때문이다. 바로 여기서부터 운명의 문제점이 출현하게 된다.

한 사회가 안정되어 있다면 사람들은 자기의 운명을 선택하는 데에 혼란을 느끼지 않는다. 그러나 사회가 역사적 이행기에 처하게 되면 무엇이 필연적 운명인지에 대해 혼란이 생겨나면서 운명의 충돌이 발생하게 된다. 그리스 비극은 이런 운명의 충돌을 다루고 있다.

그 가운데서도 가장 유명한 것은 소포클레스의 삼부작이다. 「오이디푸스 왕」, 「안티고네」, 「엘렉트라」, 이 삼부작은 모두 운명을 다루고 있다. 일반적으로 널리 알려진 것은 「오이디푸스 왕」이다. 반면 철학자 헤겔은 이 가운데서 오히려 「안티고네」를 가장 순수한 비극, 그리스 비극의 전형으로 간주한다.

헤겔은 『정신현상학』에서 「안티고네」를 분석하면서 이 비극에는 두 가지 사회적 원리가 대립한다고 본다. 하나는 안티고네가 대변하는 혈연의 원리이고 다른 하나는 클레온이 대변하는 국가의 원리이다. 이 두 원리는 도시국가가 성립하는 BC 5세기 경에 대립하게 된다. 헤겔은 그리스 비극은 이 시대를 정신적으로 반영하는 것이라 본다.

이 시기 혈연에 기초한 부족이 해체되고 새로운 도시국가가 성립하게 되었다. 도시국가는 혈연에서 벗어난 개인을 기초로 수립되는 사회이다. 이런 이행 가운데 도시국가를 수립한 영웅은 혈연 사회를 해체한 대가를 치러야 했다. 그는 혈연의 신이 복수함으로써 죽어갔지만, 그가 세운 도시국가는 그 이후로 번영했다. 후세에 도시국가는 이렇게 죽어간 영웅을 기억하면서 혈연의 신 앞에서 영웅의 업적을 항변하고 시민들 앞에서 도시국가의 정당성을 확립한다. 이를 통해 영웅은 도시국가의 수호자로 신격화된다. 헤겔에 따르면 작품 「안티고네」는 혈연 사회가 해체되고 도시국가가 수립되는 시기, 운명이 교체되는 과정을 잘 보여준다고 한다.[24]

이 비극에서 안티고네는 혈연의 원리를 대변한다. 반면 클레온은 국가의 원리를 대변한다. 안티고네에게서는 두 오빠 즉 조국 테베를 방어

---

24 그리스 비극에 대한 헤겔의 해석은 니체가 『비극의 탄생』에서 그리스 비극을 설명한 방식과 다르다. 니체는 디오니소스적 파괴적 정열과 아폴로적 질서의 힘이 대립하는 것으로 본다. 나중에 벤야민은 『독일 비애극의 원천』에서 니체가 그리스 비극과 근대 비애극을 혼동했다고 비판하면서 헤겔의 역사적인 해석을 지지한다.

했던 오빠나 테베를 공격했던 반역자 오빠나 같은 오빠이다. 따라서 어느 오빠이든지 죽게 되면 땅에 묻어 인간으로 예우하는 것은 혈연으로서 당연한 의무이다. 반면 클레온(안테고네의 외삼촌이다)에게는 혈연적으로는 둘 다 자기의 조카이지만, 국가적으로 본다면 하나는 조국을 방어한 자이고 다른 하나는 조국을 배반한 자이다. 당연히 국가의 원리를 대변하는 클레온에게 전자는 경배하여야 하고 후자는 응징해야 했다.

혈연의 원리나, 국가의 원리나 그리스 시대에서는 신의 힘을 배후로 했다. 아직 혈연이나, 국가의 원리가 의식적으로 자각되지 않았기 때문이다. 전자는 하데스(지하세계)의 신이며 후자는 이성의 신인 제우스이다. 이행기의 시대, 두 신은 서로 격돌한다. 두 주인공의 운명도 신들의 대립을 통해 지배된다. 하데스를 따르는 안티고네는 제우스의 신을 거역하는 운명을 택했고 제우스를 따르는 클레온은 하데스 신을 거역하는 운명을 택했다. 그들은 자기가 자신의 운명을 선택한다는 명백한 의식이 있었다. 그들은 자신의 운명을 받아들인다. 동시에 운명에 따라 정해진 죽음도 받아들인다.

6) 혈연의 원리와 국가의 원리

먼저 안티고네의 태도를 보자. 그는 오빠를 장사 지내고 클레온 앞에서 끌려와서 자신이 택한 원리를 하늘의 법으로 주장한다.

"전 글로 쓰인 것은 아니지만 확고한 하늘의 법을 넘어설 수 있을 만큼 임금님의 법령이 인간의 몸으로서 강한 힘을 갖고 있다고는 생각하지 않았습니다. 하늘의 법은 어제오늘 생긴 것이 아니고 불멸한 것이며 그 시작은 아무도 모릅니다."[25]

안티고네는 자기 죽음은 이미 정해져 있다고 본다. 그것은 곧 자신의 아버지 오이디푸스가 저지른 범죄에 대한 대가이다. 안티고네는 코러스(무대 뒤 합창단) 앞에서 이렇게 고백한다.

"아아, 어머니 침실의 공포여, 자기 아들인 우리 아버지와 나란히 잔 불행한 어머니의 잠이여. 나는 어떻게 된 부모에게서 이런 비참한 삶을 얻었단 말입니까?"[26]

혈연의 원리는 공동체의 원리이니, 불가피하게 개인을 파괴하게 된다. 이런 침해가 그리스 비극에서는 근친상간(이는 가족 내 개인의 한계를 부정하는 것으로 파악된다)으로 나타난다. 그 때문에 가족의 원리는 개인의 권리에 부딪혀 필연적으로 몰락하게 된다. 안티고네의 운명은 혈연을 통해 지배되므로 필연적으로 개인이 토대가 되는 국가에 부딪혀 몰락할 수밖에 없다. 안티고네는 국법을 어길 수밖에 없도록 미리부터 운명적으로 예정된 존재이다.

그러면 클레온에서는 어떤가? 클레온은 등장하자 말자 코러스 앞에서 자신의 임무를 고백한다. 그는 국가를 최우선의 원리로 삼는다.

"시민에게 안전이 아니라 파멸이 닥쳐오는 것을 보고서 나는 결코

---

25 곽복록 외 편역, 『희랍극 전집』, 현암사, 1969 이 가운데 소포클레스의 「안티고네」는 조우현이 번역했다. 269쪽 참조.

26 곽복록 외, 위의 책, 280쪽 참조

가만히 있지 않을 작정이며, 또한 국가에 적대하는 인간을 친구라고 생각하지 않을 것이기 때문이외다. 그것은 즉 우리나라가 우리의 안전을 지켜 주는 배이며, 그 배가 편히 항해할 때 우리는 진정한 친구를 만들 수 있다는 것을 알고 있기 때문입니다."[27]

국가란 개인이 합의를 통해 형성하는 것이다. 국가의 기초가 되는 것이 개인이니, 국가는 항상 개인으로 분열되고 스스로 무너질 가능성을 갖고 있다. 그리스 시대 이 한계를 극복하는 것이 가족적 공동체의 원리였으니 국가는 혈연의 원리가 없다면 스스로 무너지게 되어 있다. 클레온은 국가의 원리에 집착한 나머지 국가를 유지하는데 불가피한 혈연의 원리를 파괴하며 결과적으로 국가 자체를 무너뜨리게 된다. 클레온은 자신의 운명의 대가를 치르게 된다. 그가 사랑하는 아들은 안티고네가 죽자 자살한다. 이어서 그의 아내도 죽은 아들을 따라 자살한다. 그의 가족은 파멸된다.

"오오, 아들이여. 나는 아무 생각도 없이 널 죽였구나, 당신까지도. 이 무슨 불행한 나냐. 얼굴을 돌릴 길도 없고, 의지할 데도 없구나. 내 손에 있는 것은 다 빗나가고 게다가 파괴의 운명이 머리 위에 떨어지고 말았다."[28]

두 운명의 힘 즉 혈연의 원리와 국가의 원리는 서로 견제하고 이런 견제 속에서 균형을 이룬다. 이 견제와 균형은 항상 안정된 것은 아니

27 곽복록 외, 위의 책, 262-263쪽 참조

28 곽복록 외, 위의 책, 292쪽 참조

다. 현실적으로는 두 원리는 끊임없는 요동치면서 그 속에서 운명은 개인을 지배하고 파멸한다. 헤겔은 그게 그리스 비극의 의미로 주장한다. 「안티고네」에서 코러스(합창)는 운명에 대해 최종적으로 이렇게 평가한다.

> "지혜야말로 으뜸가는 행복 신들에게 향한 공경은 굳게 지켜져야 한다. 교만한 자들의 큰 소리는 언제나 큰 천벌을 받고 늙어서나 지혜를 배우게 된다."[29]

그리스 비극은 운명의 힘을 보여주는 동시에 운명의 힘이 지닌 한계도 보여준다. 예를 들어 소포클레스의 「오이디푸스 왕」이 운명의 힘을 보여준다면 「안테고네」는 운명의 힘이 지닌 한계를 보여준다. 운명애는 의무를 정당화한다. 동시에 충돌되는 운명은 운명애가 부딪히는 모순을 밝혀준다.

29 곽복록 외, 위의 책, 292쪽 참조

운명과 의무4

앞에서 의무감의 무조건성과 일반성을 설명하기 위해 운명애라는 개념을 도입했다. 어떤 결과에 필연적으로 이를 수밖에 없다면 그것을 미리부터 받아들일 수밖에 없다는 것이다. 그런데 운명이라는 개념은 한 사회가 구조적으로 변동하는 때, 운명의 충돌이라는 비극을 낳는다. 그리스의 비극 「안티고네」는 그런 운명의 충돌을 보여준다. 이런 운명 개념은 근대에 들어오면서 기독교적 운명 개념으로 발전한다. 라신느의 비극 「페드라」는 유일신의 지배 아래 있는 인간의 운명을 보여준다. 그것은 알 수 없는 운명 앞에 공포에 떨고 있는 처참한 모습이다.

1) 스토이시즘

　로마 시대 출현한 스토아주의 역시 그 출발점은 운명을 따라야 한다는 생각이다. 스토아주의는 원래 소크라테스를 따랐던 퀴니코스 학파[30]에서 유래했다고 한다. 스토아주의는 로마 시대 기본적인 철학으로 자리 잡았다. 이 학파 가운데는 노예 출신인 에픽테투스(Epictetus)도 있었고 황제인 마르쿠스 아우렐리우스(M. Aurelius)도 있었다. 시저에 대항

　30　키니코스; 일명 견유학파, 통 속의 디오게네스가 이 학파에 속한다. 이 학파는 세속적 삶을 경멸하고 정신적 삶을 추구했다. 소크라테스 제자 가운데 플라톤이 이론적이었다면 키니코스 학파는 실천적 행위를 강조했다.

하여 죽음으로 공화주의를 옹호했던 정치가 카토[31]가 스토아주의의 도덕이 무엇인지를 몸으로 보여주었다.

스토아주의는 자신의 고유한 운명은 필연적으로 실현되지 않을 수 없는 운명이라 보았다. 그것은 곧 숙명과 같은 것이니, 인간은 이를 거역한들 소용없고 다만 담담히 따를 수밖에 없다고 보았다. 운명을 담담하게 따르는 것을 아파테이아(apatheia: 흔들리지 않는 마음, 부동심, 불교적 용어를 쓰자면 '금강심')라고 한다. 아파테이아라는 것은 외적인 감각을 통해 자극을 받아서(이때 정념이 출현한다고 본다) 마음이 흔들리지 않는 것을 의미한다. 아파테이아 상태는 운명의 길에서 개인을 벗어나지 않도록 지켜준다.

스토아주의는 도덕론으로 유명하지만 이를 뒷받침하는 형이상학적 원리도 갖춘 체계적인 철학이다. 플라톤 철학의 근원적 비유가 진리를 상징하는 태양 빛이라면 스토아주의의 형이상학적 원리는 불이라는 비유에서 나온다.[32] 이 형이상학에 따르면 불이 상승과 하강이라는 두 힘의 균형을 통해 유지되듯, 만물은 대립하는 두 힘 즉 생성의 힘과 소멸의 힘 사이의 균형을 통해 유지된다. 두 힘의 균형 상태가 곧 로고스(Logos: 도, 법칙)이며 이것이 그 사물의 운명이다.

스토아주의의 형이상학은 운명 개념을 이성적으로 설명하는 듯하지

---

31 카토(Marcus Porcius Cato Uticensis: 95 BC ~46 BC): 일반적으로 소 카토로 알려지며, 로마 공화정 시기 정치가이다. 그는 부패를 모르는 정치가로 유명하다. 그는 공화정을 옹호하다가 시저에 대한 반란에 가담했으며, 시저에게 체포되기 직전 자살했다.

32 불의 비유는 헤라클레이토스 철학에서 나타났으며, 아리스토텔레스에게 영향을 주었고, 근대 이르면 스피노자, 라이프니츠 등의 활력 개념으로 이어진다. 셸링, 헤겔도 그 후예이다.

만, 각 개인의 운명이 구체적으로 무엇인가를 설명하지 않는다. 각 개인은 그의 운명을 자기가 사는 사회가 결정해 주는 대로 받아들일 수밖에 없다.[33]

운명 개념은 이미 보았듯이 사회적 이행기에 발생하는 운명의 충돌을 통해서 그 한계를 드러냈다. 스토아주의 역시 예외는 아니었다. 운명 충돌이라는 한계를 극복하기 위해서는 세상을 지배하는 운명이 하나뿐이어야만 한다. 당연히 운명을 주관하는 신도 유일하며 일반적이어야 한다. 그러므로 스토아주의의 끝에 기독교의 유일신 사상이 출현하게 된다. 이런 이행은 사상의 발전에 있어서 필연적인 과정일 수밖에 없다. 어떻게 보면 로마에 스토아주의가 없었다면 기독교가 출현하지도 않았을 것이다.[34]

2) 기독교 도덕주의

초기 기독교는 예수가 곧 부활한다는 강력한 메시아니즘에 기초했다. 하지만 메시아니즘의 시대가 지나가고 기독교가 로마의 국교로 되면서 기독교적인 스토아주의가 전개된다. 특히 기독교 이단 가운데 아

33　이런 점에서 스토아주의는 공자의 사상과 유사하다. 공자 역시 이름에 따라 그 역할을 지키는 것이 중요하다고 한다. 이게 정명론(正名論: 명분론)이다. 임금은 임금으로, 신하는 신하로 그 역할을 다해야 한다. 그러나 각자에게 왜 그런 이름이 주어졌는지는 말하지 않는다. 그것은 사회적으로 결정되어 있다.

34　로마의 철학(스토아주의, 회의주의, 쾌락주의)이 기독교 사상과 밀접한 관련이 있다. 헤겔은 양자를 매개했던 것이 알렉산드리아에 번성했던 유대교 철학이었다고 한다.

리우스파가 그렇다. 철학자 보에티우스[35]가 스토아주의적 기독교, 아리우스파에 속한다

기독교는 율법을 부과한다. 기독교 도덕주의는 율법적 행동을 강조한다는 점에서 스토아적인 의무론과 유사하다. 스토아주의가 운명을 묵묵히 실행하듯 기독교는 율법을 철저하게 실행한다. 그런데 양자에 근본적인 차이가 있다. 스토아주의에서 운명은 피할 수 없는 결과이다. 그러므로 운명을 미리 알고 먼저 이에 복종하는것이 인간의 지혜이다. 스토아적 도덕은 이런 지혜에서 나온다. 반면 기독교에서 구원은 기본적으로 도덕적 행위의 결과이다. 도덕적 행위는 구원이라는 목적, 결과를 위해 실행되는 수단이다. 도덕 즉 율법을 행위로 실천하는 자는 저 세상에서 구원을 받고 반면 이를 위반하는 자는 저 세상에서 처벌을 받게 된다. 기독교 율법주의는 도덕적으로 결과주의를 택한다. 이런 점에서 기독교 도덕은 욕망 개념에 가깝다.

스토아와 기독교, 둘 다 결과를 고려한다는 점에서 유사한 것처럼 보이지만 전혀 다른 의미라는 점에 주목해야 한다. 하나는 지혜이고 다른 하나는 결과를 위한 것이다. 그 차이를 이렇게 생각해보면 쉽게 이해할 수 있다. 기독교 도덕주의에서는 구원이라는 결과를 얻기 위해 노력해야 한다. 하지만 운명론자에서는 결과를 얻기 위해 운명을 미리 받아들이려고 노력할 필요도 없다. 어차피 이루어지는 것이니 말이다.

결국 스토아주의의 한계 때문에 유일신을 믿는 기독교가 출현했지

35　보에티우스(Anicius Manlius Severinus Boethius: c. 480-524 AD): 6세기경 로마 말기 정치가이며 철학자이다. 그는 로마를 멸망한 동고트족의 테도도릭 대왕에게 봉사했다. 그는 경쟁자의 시기로 감옥에서 처형당했다. 그가 감옥에서 지은 책 『철학의 위안』은 스토아주의 운명 개념을 기독교적 신앙과 결합한 대표적 예이다.

만, 기독교 덕분에 도덕은 의무론이라는 지반을 떠나서 결과주의의 지반으로 이동하게 되었다. 역사의 뫼비우스 띠라고 하겠다. 자기는 계속 같은 길을 갔지만, 그 길 자체가 휘어져 있다는 것을 몰랐다. 이제 로마인은 기독교를 통해 새로운 도덕적 지반으로 이동하게 된다. 그게 아리스토텔레스적인 기독교 즉 스콜라주의이다.

기독교 도덕주의가 등장하면서 역설적으로 도덕이 구원을 얻는 수단으로 전락하게 된다. 그 논리적인 결과로 기독교의 타락이 나타나게 된다. 중세 말 면죄부가 그것이다. 구원을 도덕적 행위를 통해서 얻을 수 있다면, 구원을 회개의 채찍을 대가로 얻을 수 있을 것이며, 더 나아가면 몇 푼 돈으로도 얻을 수 있게 된다. 기독교는 그 내부에 면죄부라는 타락을 함축한다.

3) 근대인의 운명 개념

스토아주의가 끝났다고 해서 운명이란 개념이 사라진 것은 아니다. 근대 종교개혁이 일어나면서 다시 한번 운명이라는 개념이 등장했다. 중세 기독교에서 구원은 도덕적 행위의 결과이다. 그런데 근대 들어오면서 인간이 율법을 실행할 수 있는 능력에 대해서 회의가 일어나게 되었다.

중세에서 욕망은 사탄의 유혹이므로, 사탄의 침입을 잘 막으면 문제가 없으리라 생각했다. 하지만 욕망이 인간에게 내재하는 것이라면 즉 인간에게 내적으로 존재하는 것이라면 율법을 지키는 것은 인간으로서는 근본적으로 불가능하게 된다. 이게 잘 알려진 것처럼 종교 개혁가 루터의 내적 고민이었다.

결국 루터는 바울의 사상 속에서 믿음을 통한 구원이라는 개념을 발견한다. 예수 그리스도의 대속 덕분에 인간은 구원을 받을 가능성이 생겼다. 구원을 위해 율법을 실행할 필요는 없다. 구원은 그리스도를 믿는 사람에게만 주어진다. 믿음만 있으면 구원을 받는 의로운 인간이 된다. 인간은 타고나면서 그런 믿음을 갖는 것은 아니므로, 믿음을 가지기 위해서는 신에서 은총을 받아야 한다. 루터의 믿음과 은총의 개념은 새로운 기독교 즉 개신교를 세우게 되었다. 욕망의 힘 앞에서 전전긍긍하던 근대인은 루터의 개신교에 열광했다. 신의 구원은 예수의 죽음의 덕분이니, 이제 은총을 받기만 한다면, 구원은 땅에서 동전 줍듯이 거저 주울 수 있게 되었다.

하지만 루터의 은총론에서 새로운 고민이 생겨났다. 루터에 따르면 누가 은총을 받을 것인지는 신이 예정한 것이다. 은총과 저주를 결정하는 것은 신의 뜻이니 여기서 다시 운명이라는 개념이 부활했다. 이게 바로 기독교 운명론이다.

은총을 받을 인간보다 영원히 저주받은 인간이 문제 되었다. 왜 신은 저주받은 인간을 태어나게 하는가? 당연히 저주조차 신의 섭리에 속한다는 변신론이 나오게 된다. 예를 들어 유다는 예수를 배반하도록 저주받은 존재이다. 신은 왜 유다라는 존재를 만들었는가? 그것은 구원의 역사인 예수의 죽음을 위해 유다의 배반이 필요했기 때문이다. 변신론을 통해 신의 섭리가 설명은 되었지만 이제 인간은 공포에 떨게 된다. 인간은 자신의 운명 즉 은총을 받을 것인지 아니면 저주된 존재인지를 알 수가 없기 때문이다. 알 수 없는 운명 앞에서 공포에 떠는 인간이 바로 근대인이다. 근대 문학이 운명을 다룰 때는 이런 운명의 공포 앞에 떨고 있는 인간의 처참한 모습을 다룬다. 이 모습은 자기 운명을 알고, 이를 지키기 위해 죽음도 불사하는 영웅적인 그리스인의 모습과는 정반대가 된다.

4) 페드라

근대인이 마음속에 생각하는 운명의 모습을 가장 잘 그려낸 작품이라면 누구나 라신느[36]의 비극 「페드라(phédre et hippolitus)」를 들 것이다. 주인공 페드라는 그리스 신화에 나오는 인물이다. 원래 에우리피데스가 만든 비극 「히폴리투스」가 있지만, 라신느가 이를 개작했다. 에우리피데스의 작품은 비교적 단순한 비극이지만 라신느의 비극은 그가 속한 바로크 시대의 분위기에 맞는 화려한 비극이다.

라신느는 개신교의 예정 조화론을 믿는 장세니즘의 신봉자[37]였다. 그는 에우리피데스의 그리스적인 운명 개념 대신 근대 기독교적 운명 개념을 비극 「페드라」를 이끌고 가는 기본 동력으로 삼았다.

아테네의 왕 테세우스의 아내인 왕비 페드라는 전 왕비의 아들인 히폴리투스를 사랑하지만, 감히 고백하지 못하고 야위어 가고 있었다. 테세우스가 출정 중에 죽었다는 소문이 돌자 히폴리투스에게 사랑을 고백하지만, 히폴리투스는 냉정하게 거절한다. 반면 히폴리투스는 테세우스가 무너뜨린 아테네 전 왕조의 딸 아리시아를 사랑한다. 테세우스가 죽었다는 소문에 히폴리투스는 아리시아를 찾아가 사랑을 고백한다. 아리시아 역시 히폴리투스를 연모해왔던 터라, 둘의 사랑이 맺어지게

---

36 라신느(Jean Racine: 1639-1699); 몰리에르, 코르네유와 더불어 17세기 대표적인 작가이며, 철저한 예정론을 주장하는 장세니즘의 신봉자였다. 팡세를 지은 파스칼이 또한 장세니즘의 신봉자였다.

37 17-18세기 프랑스 신학자 Cornelius Jansenius을 따르는 사람들, 로마 가톨릭에 의해 파문되었다. 근대 염세주의 철학자 파스칼도 여기에 속한다.

된다.

하지만 테세우스가 살아서 돌아온다. 페드라는 공포에 사로잡힌다. 혹시 히폴리투스가 자신을 왕에게 고발하지 않을까 하는 두려움 때문이다. 페드라는 먼저 왕에게 무릎을 꿇고 히폴리투스를 고발한다. 히폴리투스가 왕이 없는 사이 자기를 겁탈하려 했다면서 히폴리투스에게서 훔쳐온 그의 단검을 증거로 내보인다. 테세우스는 히폴리투스를 추방하고, 분노 때문에 바다의 신에게 히폴리투스를 죽여 달라고 요청한다. 페드라는 이를 알자 후회하지만, 이번에는 아리시아에 대한 질투감 때문에 자신의 거짓을 밀고 나간다.

히폴리투스는 다가오는 죽음을 모르고 사랑하는 아리시아에게 먼 나라에서 만날 것을 약속하고 떠나지만, 그가 타고 가던 마차를 바다의 신이 보낸 괴물이 덮쳐 그는 죽게 된다. 그의 죽음을 알게 되자 죄의식으로 고통받던 페드라는 자신의 잘못을 뉘우치게 된다. 페드라는 스스로 독을 마신 채 왕에게 나가 자신의 잘못을 고백하고 죽는다.

간단히 소개한 글에서 보듯이 주인공 페드라는 그의 정념을 따라서 행동한다. 페드라는 자신의 정념에 대해 죄의식을 느끼면서도 정념의 힘을 따른다. 페드라는 히폴리투스에게 이렇게 고백한다.

"이 몸이 그대를 추방한 것은 나의 욕된 사랑의 번뇌가 그대에게 알려질까 두려워서 저질렀던 것이었어. 내 가슴에서 그대를 밀어내기 위해 나는 스스로 그대의 증오심을 불러일으켰어. 하나 그것도 아무 소용이 없었어. 그대가 아무리 이 몸을 증오해도 내가 그대를 생각하는 마음은 변하지 않았어. 그대의 불행은 더 새로운 매력으로 나를 사로잡았고 사랑의 불길에 타며 눈물에 시든 이 몸은 이제 지쳤어. 잠깐만이라도 그대가 정면으로 이 몸을 보아준다면 내 말의 진실함을 그대는 믿었으리라."[38]

페드라가 히폴리투스를 고발한 것은 거꾸로 히폴리투스가 자신의 사련(邪戀)을 왕에게 고발할 것으로 생각했기 때문이다. 페드라는 그때 처음에는 자살하려 했지만, 유모가 히폴리투스를 고발하자고 부추기자, 못 이기는 채 동의하고 만다. 그 이후 페드라의 마음에는 후회와 질투가 교체한다. 이와 더불어 페드라의 죄의식도 커진다. 두 가지 마음이 페드라 속에 뒤얽혀 싸우고 있다.

"유모! 질투의 불길에 휩싸인 이 몸의 심정을 보살펴 주오. 아리시아를 그냥 둘 수는 없소. 그 가증스러운 혈통에 항거하는 내 낭군의 분노를 불러일으켜야 하오! 그녀의 죄는 그의 오빠들의 죄에 능가하는 것이니 가벼운 벌에 그치지 않도록 내 질투에 겨운 분노에 힘입어 내 낭군 테세우스에게 간청하려오. 아니 내가 무슨 짓을 하려는 건가? 내 지각이 갈피를 잃고 질투에 눈이 멀어 테세우스 왕에게 애원하는 것에 의지하다니. 내 낭군이 엄연히 살아 있는데 사련으로 몸을 불사르다니!"[39]

위의 글의 앞부분은 질투, 뒷부분은 죄의식을 드러낸다. 질투와 죄의식이 동시에 교차하고 있다. 결국 히폴리투스가 죽음에 이르게 되자, 페

---

38 Jean Racine, Pédre, par Gwénola, Ernest et Paul Fièvre, 2015, 2막 5장, 692-703줄 번역은 이연자 역, 「페드라(극단 성좌 77년 공연 대본)」 참조.

39 라신느, 위의 책, 4막 6장, 1270-1285줄

드라는 모든 것을 고백하고 죽기로 한다.

> "지금 이 몸은 촌각이 소중하오. 테세우스 왕이시여! 제발 내 말에
> 귀를 기울여주오. 순결하고 존엄한 왕자에게 불륜의 추파를 던진 것은
> 이 몸이요 비너스 신의 화살이 이 가슴에 정념의 불길을 타오르게 했
> 으며, 그 밖에 모든 일은 하녀 에노느가 서둘러 저지른 짓이옵니다. 그
> 러나 이젠 그도 자기 죄를 깨닫고 바닷속에 몸을 던지고 말았습니다.
> 이 몸은 당신 앞에 나아와 내 한 맺힌 탄식을 털어놓고 한발 늦게 죽음
> 의 나라로 내려가려 합니다."[40]

5) 기독교적 비극

페드라를 움직이는 힘은 무엇일까? 이점은 라신느의 페드라를 그
리스 작가 에우리피데스의 페드라와 비교하면 분명하게 알 수 있다. 에
우리피테스의 페드라는 자신의 운명을 이미 알고 있다. 히폴리투스에
게 모욕당한 여신 아프로디테가 복수를 위하여, 페드라를 선택했다. 큐
피드가 사랑의 화살을 쏘아 페드라에게 히폴리투스를 사랑하게 했으니
그녀가 겪는 불륜의 사랑은 운명의 결정이었다. 페드라는 이 운명을 기
꺼이 받아들인다. 페드라는 이 운명을 알고 자신의 결단에 죄의식을 느
끼지 않는다.

그러나 라신느의 페드라는 이와 다르다. 페드라를 움직이는 것은 정
념이다. 위의 인용문에서 보듯이 페드라는 자신의 정념을 느낀다. 한
편으로 정념은 능동적이다. 페드라는 욕망을 자유롭게 선택했으며, 이
에 대해 책임과 죄의식을 느낀다. 다른 편으로 페드라의 정념에는 감추

---

40   라신느, 위의 책, 5막, 마지막 장, 1625-1635줄

어진 힘이 작용한다. 이 정념은 신이 자신의 목적을 위해 펼치는 운명의 드라마에 지나지 않는다. 정념은 운명의 지배 아래 있지만, 페드라는 이 사실을 모른다. 페드라는 자유롭게 자신의 욕망을 선택한 것으로 생각한다. 자유로운 행위 속에 깊숙이 감추어진 신적 운명이라는 개념이 라신느의 극을 지배하는 원동력이다. 이 양자, 자유로운 느낌과 알지 못하는 운명이 결합할 때 정념이라는 형태가 출현하게 된다.

운명을 알지 못한다는 사실이 기독교 개신교의 운명 개념의 핵심에 속한다. 기독교적 운명 개념의 특징은 이 운명을 알게 되었을 때 취하게 되는 태도에서도 나타난다. 라신느의 「페드라」에서 운명의 힘은 폭로되는 마지막 장면을 보자. 마지막 순간 페드라의 태도에서 반전이 일어난다. 라신느는 온몸에 독이 퍼져 죽어가는 페드라의 고백을 통해서 이를 밝히고 있다.

"죽음은 내 눈에서 빛을 빼앗아 이 눈이 더럽힌 나날을 순전하게 정결케 하려는 것이오."[41]

즉 페드라는 자기가 죽음으로써 세상이 구원될 것이라 주장한다. 페드라는 자신이 운명을 비로소 이해하게 되었다. 페드라의 운명은 신의 영광을 드러내기 위한 도구였다. 자신의 운명을 이해한 순간, 페드라는 기꺼이 자신의 운명을 받아들이며 오히려 이를 위해 적극적으로 자기를 바치게 된다. 페드라도 자기의 죽음을 긍정한다. 그 때문에 페드라는 마지막 순간 더는 자책하지 않으며 고귀한 고요 속에서 죽음을 겪게 된다.

41   라신느, 위의 책, 5막 마지막 장, 1644-1645줄

이런 몰락의 극을 통해 라신느가 보여주는 것은 신의 지배에 순종하는 기독교인의 태도이다. 페드라는 자신의 삶이 비록 부정적이지만 신의 섭리를 실현하는 도구임을 알게 된다. 페드라는 신으로부터 부여받은 지상에서의 역할을 다했으니 곧 구원될 것이다. 페드라의 고요는 이런 구원에 대한 기대와 연결된다. 이런 고요는 운명의 힘을 받아들이는 그리스 비극의 영웅이 지닌 아파테이아와는 구별된다. 그리스 비극의 영웅은 운명에 의해 몰락하면서도 이게 운명이기 때문에 마치 자연법칙을 대하듯이 받아들일 뿐이다. 구원과 아파테이아가 기독교적 비극과 그리스적 비극의 차이이다.

기독교 비극(벤야민의 말대로 하자면 비극이 아니라 비애극이다)과 그리스 비극의 근본적 차이는 그 출발점에 있다. 그리스 영웅은 자신의 운명을 알고 있다. 그러나 라신느에서 보듯 기독교적 비극에서 주인공은 배후에서 작용하는 운명의 힘을 모르며 스스로 자유롭게 선택한다고 생각한다. 운명은 지배하지만 그 운명을 그 자신은 알지 못한다. 운명을 알지 못하는 인간, 그것이 근대 기독교적 인간이다. 운명을 안다면 그리스 영웅과 같이 죽음을 불사하는 행위가 출현한다. 그러나 자신의 운명이 지배할지 모른다고 생각하면서도 자신의 운명을 모른다면 인간은 몰락의 공포에 사로잡혀 있을 뿐이 아닐까?

원래 운명이란 개념은 그리스 비극에서 나타나는 것과 같이 의무를 정당화하기 위해 제시된 개념이다. 그러나 운명의 충돌 때문에 유일신이 등장했다. 그러나 유일신이 등장하면서 운명은 알지 못하는 힘이 된다. 이런 운명 앞에서 사람들은 몰락의 공포를 느낄 것이다. 몰락의 공포가 의무를 정당화할 수는 없다.

운명과 의무5

앞에서 운명애 개념의 문제점을 살펴보았다. 결론적으로 말하자면 신이 조정하는 운명이란 없다. 운명 개념에서 일반적 의무를 설명할 수는 없다. 그렇다면 의무의 일반성은 어떻게 설명할까? 여기서 새로운 개념이 도입된다. 바로 가치의 일반성이다. 어떤 것이 일반적인 가치를 지닌 것이므로(사유) 일반적으로 실행되어야 한다는 것(의지)이다. 이렇게 주장했던 대표적인 철학자가 칸트이다. 먼저 칸트의 주장을 살펴보자. 소설 『위험한 관계』가 칸트의 입장을 가장 잘 보여주는 것으로 보인다.

3-5 칸트의 의무론

1) 일반적 가치

앞 절에서 운명애라는 개념을 통해 의무의 순수성(일반성, 무조건
성)을 설명하려는 여러 시도를 살펴보았다. 신을 통해 조정되는 최종적
결과 즉 운명이란 것이 과연 있는 것일까? 다신론적인 체계에서는 신이
지배하는 운명이 서로 충돌하며, 유일신의 체계에서는 인간은 운명을
알 수 없다. 이런 한계 때문에 운명애란 더는 유지하기 힘든 개념이다.
요즈음도 사람들은 자주 "자기 운명이 어떻다" 하거나, "운명적으로 하
게 되었다"는 말을 하지만 이 말은 사실은 은근히 자기의 책임을 회피
하려는 시도로 보인다. 운명이었으니까 내 책임은 아니라는 주장이다.

운명애 개념 다음으로 검토해야 할 주장은 가치라는 개념에서 의무

의 근거를 찾으려는 시도이다. 일반적 가치란 누구에게나 언제 어디서나 타당한 가치 즉 도덕의 법칙을 말한다. 도덕법칙, 일반적 가치에 따른 행위는 무조건적이고 따라서 의무적일 수밖에 없지 않을까? 철학적으로 이렇게 주장했던 선구자가 칸트이다.

이미 말한 적이 있지만, 칸트는 욕망이 의지를 지배하는 때와 가치가 의지를 지배하는 때를 구분했다. 그는 가치가 지배하는 의지를 순수의지라 한다. 칸트는 욕망과 순수의지 사이에 다른 것을 인정하지 않고 이 둘을 단적으로 구분했다. 칸트는 이런 구분을 통해서 자주적 의지라는 개념의 문턱에 이르게 되었다.

2) 자유의지의 가능성

칸트가 고민했던 진짜 문제는 다른 데 있었다. 그 문제는 욕망에 대립하는 순수의지 곧 자유의지가 존재하는가 하는 문제였다. 이 문제는 칸트가 부딪힌 난문제 중에서도 난문제였다. 그는 이 문제를 직접 풀어나가기보다 간접적인 방식으로 풀어나갔다.

칸트는 인간에게 자유의지가 존재한다는 것을 직접(경험이나 이성을 통해) 인식할 수는 없다고 보았다. 자유의지는 주관 자체에 속하는 것이고 주관은 자기 밖의 것은 바라볼 수 있지만 자기 자신은 바라볼 수 없으니, 자신이 자유로운 존재인지 아닌지는 알 수 없다는 것이다. 칸트는 자유의지는 인식 밖에 있는 물 자체에 속하는 것이라고 단정했다. 직접적인 인식을 포기한 후 칸트는 자유의지의 존재를 입증하는 간접적인 증명법을 제시했다. 그것이 일반적 도덕법칙과 자유의지 사이의 상관관계를 통한 입증이었다. 도덕법칙은 항상 어느 때나 누구에게서나 실행되어야 한다. 도덕법칙이 유효하려면 그것을 실행하는 자유의지가 전제되어야 한다. 하나님은 실행하는 능력도 없는데 도덕법칙만 덜렁 인간에게 던져주지는 않을 것이기 때문이다. 하나님이 도덕법칙을 주었다면 그것을 실행할 자유의지도 주었음이 틀림없다는 것이다. 이런 식의 추론이 옳다면 일반적 도덕법칙을 발견한다면, 이를 통해 순수의지 곧 자유의지가 존재한다는 것을 간접적으로 입증할 수 있게 된다. 이는 전제에서 결론을 도출하는 것이 아니라 결론에서 전제를 도출하자는 것이다. 전자가 연역법(deduction)이라면 후자는 소급법(abduction)이라 한다. 이런 논리적 가정이 칸트의 그 유명한 주장 즉 "해야 하므로(당위, 도덕법칙) 하므로 할 수 있다(능력, 자유의지)"는 주장이다. 칸트는 이런 가정 아래에서 우선 일반적 도덕법칙을 발견해 보고자 했다.

결론인 일반적 도덕법칙(당위)에서 전제인 순수의지, 자유의지(가능)가 도출된다는 칸트의 주장은 지금까지 많은 비판을 받았다. 그러나 또 어떻게 보면 일반적 도덕법칙과 무조건적 순수의지는 마치 동어반복과 같이 단순한 진리로 보이기도 한다. "그것이 일반적인 것이어야 한다."와 "그것은 일반적일 수 있다."는 거의 같은 말로 보인다. 엄밀히 말하자면 '당위', '가치'는 생각이고 '가능', '의지'는 행위이다. 둘 다 일반적인 것이라 하더라도, 당위와 가능, 생각과 행위를 등치 하는 것은 논리적으로 차원을 비약하는 것이다. "그것이 일반적인 가치(도덕법칙)라는 것을 알지만, 나로서는 실행할 수 없다."고 말할 수 있지 않을까? 또는 "그것이 주관적인 가치라는 것을 알지만, 나는 이를 무조건 실행할 수 있다."고 고집할 수도 있지 않을까? 논리적으로 두 가지가 다 가능하다.

그런데도 이런 식으로 가치 있다는 생각과 이를 실행하는 행위를 서로 떼어낸다면 어색하기 짝이 없다. 예를 들어 생각해보자. 예를 들어 누가 "아메리카노에 대한 나의 결심은 변치 않을 것이다."라고 말한다면 사람들은 어떻게 생각할까? 아메리카노의 가치와 일반적 행위 사이에 비중이 같지 않다. 그러니 사람들은 당장 아메리카노에 대한 그의 집착 밑에는 어떤 병적인 욕망이 깔려 있을 것으로 생각할 것이다. 사람들은 아마 "지난 사랑에 대한 추억 때문이겠지!" 하고 측은하게 생각할 것이다.

또 생각해보자. 예를 들어 "민족 독립은 당위이지만 우리에게 그런 독립의 능력은 없다."고 절망하는 일제강점기 전향자의 말을 떠올려 보자? 누구나 이런 말에 대해 분노를 느낄 것이다. 사람들은 민족 독립이 당위라면 우리에게 그런 능력도 존재함이 틀림없다고 믿을 것이다. 신은 우리가 풀 수 있는 문제만 문제로 제시한다는 격언을 생각해보라.

전체적으로 말한다면 당위와 가능, 생각과 가치는 차원이 다르지만, 도덕적 차원에서는 뜻밖에 두 가지가 서로 밀접하다는 사실이 드러난다. 두 가지는 적어도 도덕적 차원에서는 동격으로 보인다. 결론에서 전제로 가는 소급법에는 논리적 함정이 있지만[42], 일반적 도덕법칙과 자유의지 사이에는 동격의 관계가 성립하므로 논리적 한계조차 문제가 되지 않을 것 같다. 이런 점에서 우리는 칸트가 도덕법칙에서 자유의지를 끌어내려 했던 시도를 일단 인정해 보자.

3) 칸트의 사유실험

여기서 우리에게 또 하나의 어려운 문제가 다가온다. 그렇다면 도대체 일반적 도덕법칙은 발견할 수 있는 것일까? 칸트 이전에 경험주의자

---

42 논리적으로 본다면 문제가 있다. 해야 하지만 할 수 없는 일이 얼마나 많은가? 일류대학에 입학해야 하지만 그럴 능력이 없는 학생을 우리는 자주 본다.

는 인간의 행위를 경험적으로 관찰하여 모든 사람이 일반적으로 추구하는 것(desired)을 찾아보면(사실 판단) 이로부터 일반적으로 가치 있는 것(desirable)을 발견할(가치 판단) 수 있지 않을까 생각했다. 그러나 개인이 추구하는 가치는 나라마다 시대마다 모두 다르니 경험적 판단으로부터 일반적인 도덕법칙을 끌어낼 수는 없다. 더구나 앞으로 어떤 사회, 어떤 역사가 등장할 것인지를 알 수 없으니, 미래의 변화는 전적으로 무시되고 만다. 그러므로 경험적 방법은 방법론적으로 한계가 있다. 그렇다고 칸트는 일반법칙을 직관하는 능력을 인정하지도 않았다. 중세에서는 이성이라 부른 본질 직관의 능력은 자연철학의 기초가 되었다. 하지만 이런 자연철학이 근대과학 앞에서 형편없이 무너지게 되자 사람들은 더는 그런 이성의 존재를 인정할 수 없었다. 칸트 역시 근대 계몽주의자 중의 한 사람으로서 이런 본질직관의 능력을 인정할 수 없었다.

그렇다면 어떻게 일반적 가치, 도덕법칙을 찾을 것인가? 칸트는 여기서 아주 간단한 착상에 이르렀다. 소위 사유실험이다. 사유를 통해서 어떤 욕망이 일반적 가치를 지닐 수 있는지를 알아보자는 것이다. 그것은 갈릴레오의 실험과 같다. 갈릴레오가 정말 피사의 사탑에 올라서 낙하실험을 해보았을까? 과학사를 연구한 학자에 따르면 실제로 그런 실험은 없었다고 한다. 만일 그가 이런 낙하실험을 정말 했다면 공기의 저항 때문에 낙하법칙을 발견할 수도 없었을 것이다. 갈릴레오는 순수한 조건 아래서 사유실험을 통해 그런 낙하법칙을 발견했다.

칸트 역시 이와 마찬가지로 사유실험에 의존하려 했다. 칸트는 인간의 욕망 가운데 하나하나를 이런 사유실험을 통해 검증해 보자고 주장한다. 칸트의 사유실험은 논리적으로 무모순성을 전제로 한다. 그는 어떤 가치가 사회에서 일반적으로 실행되면 어떤 결과가 나올지를 생각해보고(사유실험을 통해), 그 기대와 실제 결과를 비교해서 모순을 발견하려 했다. 여기서 일반적 실행이란 곧 그 가치를 누구나, 언제나, 어디서나 실행한다는 의미이다. 일반적으로 실행해서 만일 모순이 없다면 그것을 일반적 가치를 지닌 도덕법칙으로 인정할 수 있다는 것이다.

예를 들어 도둑질하는 욕망을 보자. 모든 사람이 시시각각 어디서나 도둑질을 실행한다고 할 때 과연 사회가 유지될 수 있을까? 모든 사람이 도둑질한다면 자기도 남의 것을 훔칠 수 있지만 자기가 훔친 것을 다시 다른 사람이 훔치게 될 것이다. 결국 그런 사회에서는 도둑질 자체도 유지될 수 없을 것이니, 도둑질은 일반적 도덕법칙으로 인정할 수 없다.

이와 같은 사유 실험은 어떤 주어진 욕망(칸트는 이를 행위의 준칙이라 했다)을 전제로 한다. 그것이 앞으로 결정될 가치의 내용이 된다. 사유실험은 그런 욕망이 모순을 일으키지 않는가만을 검토한다. 무모순성이란 일반적 가치의 형식적인 측면이다. 내용은 욕망에서 주어지고 형식은 무모순성을 갖춘 것이 일반적 도덕법칙에 해당한다.

4) 소설 『위험한 관계』

여기에 칸트의 실험과 딱 들어맞는 이야기가 하나 있다. 프랑스 혁명 직전 소설가 라클로의 작품인 『위험한 관계(Les Liaisons Dangereuses)』(1782년)라는 소설[43]이다. 여기서는 1989년 포먼(Miloš

---

[43] 라클로(Pierre Ambroise François Choderlos de Laclos: 1741-1803); 프랑스 소설가, 군장교였다고 하며 인간에 관한 환상을 걷고 냉혹하게 관찰하려 했다. 그의 대표작인 『위험한 관계(1782)』는 프랑스 혁명 직전의 귀족 사회를 노골적으로 보여주는 소설로 알려져 왔다. 이 영화는 여러 차례 영화로 되었다. 그 가운데 허진호 감독의 영화도 있다.

Forman)이 이 소설을 영화로 만든 영화 「발몽(Valmont)」을 중심으로 논하려 한다. 소설의 해석은 다양하지만 포먼이 해석한 방식이 우리의 논의와 연결되기 때문이다.

이 영화의 줄거리는 단순하다. 그것은 난봉꾼인 발몽이 지조 높은 부인 투르벨의 정조를 유린하는 모험 이야기이다. 부인은 이미 그가 난봉꾼인 것을 알고 있다. 난봉꾼이 어떻게 지조 높은 부인을 유린할 수 있을까? 간단하다. 난봉꾼이 회개한 것처럼 위장하면 된다. 그래서 "당신의 감화를 받아서 도덕적으로 재탄생했어요!"고 눈물을 글썽거리고서는 "앞으로는 오직 당신만을 사랑할 것을 맹세합니다!"하고 엄숙하게 눈물을 닦으면 된다. 처음에는 믿지 않더라도 맹세를 여러 번 반복하면 믿게 된다는 것이다.

이 이야기 자체는 1789년의 프랑스 혁명 직전 타락한 귀족에게 경고를 내리는 교훈극, 도덕극이다. 하지만 우리에게 흥미로운 것은 도덕적 경고가 아니라 오히려 난봉꾼의 모험이 전개되는 이야기의 형식적인 틀에 있다. 그 이야기의 틀이 또 하나의 이야기이다. 오히려 이 이야기가 앞의 이야기보다 더 중요한 이야기이다.

발몽은 그에게 필적하는 여자인 메테이유와 게임을 벌인다. 이 게임이 벌어지는 장소는 물질적 이득이 오가는 시장이 아니다. 이 게임의 장소는 육체가 성적 욕망의 수단이 되는 성관계의 장이다. 이 관계에서 타인은 오직 자기의 성적 욕망을 충족하는 수단에 머물러야 한다. 욕망을 충족하면 돌아보지 않고 자기의 수단이 된 자를 내버려야 한다. 타인에게 사랑을 느껴서는 안 된다. 발몽과 메테이유는 기꺼이 이를 받아들이기로 한다. 문제는 자기 자신을 타인의 욕망 수단으로 내줄 수 있는가이다. 발몽과 메테이유는 게임을 시작한다. 타인이 모든 타인을 수단으로 삼는 한에서만 자기도 그의 수단이 되겠다는 게임이다. 이게 가능할까?

이 약속은 사드의 쾌락 법칙을 흉내낸 것이다. 사드 역시 프랑스 혁명 직전에 활동했으며 누구나 타인의 신체를 이용해서 쾌락을 누릴 권리가 있다고 주장했다. 즉 사드는 쾌락을 칸트적인 일반적 도덕법칙으로 만들려 했다. 영화에서 제시된 게임의 규칙이 사드의 법칙과 같은 것임을 쉽게 알 수 있다. 그런데 이 영화는 사드의 쾌락 법칙을 비판한다. 이 영화는 사드의 법칙을 검증해 보면 결과적으로 모순에 빠진다는 것을 보여준다. 사드의 법칙은 칸트가 주장하는 일반적인 도덕법칙으로서 성립할 수 없다는 것이다.

언뜻 이런 관계는 쉽게 성립할 수 있을 것 같다. 뜨내기 사랑처럼 또는 하룻밤의 정사처럼 서로서로 육체를 탐닉한 다음 가볍게 헤어지는 관계가 얼마나 많은가? 그런데도 이 영화에서는 이 관계는 도덕법칙으로 일반화할 수는 없다고 주장한다. 모순이 나오기 때문이다. 어떻게 해서 이런 모순이 나오게 되는지 살펴보자.

5) 사드의 법칙의 모순

이 영화에서 발몽과 메테이유가 맺는 계약을 보자. 메테이유는 발몽이 투르벨 부인을 유린하면 자신의 육체를 발몽에게 내주겠다고 약속한다. 우선 발몽을 보자. 발몽은 지조 높은 투르벨 부인을 어렵지 않게 몰락시킨다. 하지만 그는 그사이 자기도 모르는 사이에 투르벨 부인에게 사랑을 느낀다. 이제 투르벨 부인은 자기의 가장 소중한 보물, 자기 자신과 마찬가지의 존재가 되었다. 발몽은 처음에는 이 사실을 의식하지 못한다. 발몽은 투르벨 부인을 유린한 후, 메테이유를 찾아가 계약을 이행하라고 요구하지만 메테이유는 이미 발몽이 사랑에 빠진 것을 눈치채고 있다. 메테이유는 발몽이 투르벨 부인을 버리고 와야 자기를 내주겠다고 선언한다. 발몽이 자기가 가장 사랑하는 보물을 내버리지 않는다면, 자기를 수단으로 던진다는 계약 조건을 채우는 것이 아니기 때문이다.

발몽은 내면에서 자기도 모르는 사랑 때문에 흔들리지만, 계약에 따라 투르벨 부인을 다시 찾아가 투르벨 부인에게 이별을 선언한다. 자기도 "어쩔 수 없는 힘" 때문에 이별하겠다고 말한다. 하지만 이런 선언도 이미 소용이 없다. 메테이유는 여전히 거부한다. 왜냐하면 발몽이 투르벨 부인을 버린 것은 자신의 강요 때문이고, 발몽이 사랑 때문에 이미 철저하게 흔들리고 있다는 것을 메테이유가 알기 때문이다. 날이 갈수록 발몽의 마음에 심어진 투르벨 부인에 대한 사랑이 커진다. 결국 발몽은 실패한다. 발몽은 자기 자신의 보물, 자기 자신을 수단으로 내던질 수 없다.

그러면 이제 메테이유를 보자. 메테이유는 역시 자기를 수단으로 내던질 수 없다. 수단이 된다는 것은 타인이 마음대로 쓰고 내버리는 싸구려가 된다는 것이다. 이때 그는 더는 수단으로서 가치도 없게 된다. 일단 싸구려가 된 이상 타인에게 필요한 존재가 아니기 때문이다. 설혹 그런 싸구려를 수단으로 삼았다고 하더라도 그게 싸구려이니 더는 타인에게 만족을 줄 수도 없을 것이다. 그러므로 어떤 수단이 고귀한 수단이 되어야만 비로소 진정으로 타인의 수단이 될 수도 있다. 타인이 자신의 모든 보물을 버리고 그를 원해야만 비로소 그는 고귀한 수단이 된다. 결론적으로 타인의 수단이 되기 위해서는 타인이 모든 것을 버리고 자기를 원할 때까지 타인의 수단이 되기를 거부해야 한다는 모순에 빠진다.

그러므로 메테이유는 발몽을 내심으로 원하면서도 끝까지 거부한다. 거부하면 거부할수록 자신이 더 높은 수단이 될 것을 알기 때문이다. 하지만 거부의 극한 수준에서 메테이유는 오히려 원한의 대상이 되고 말았다. 발몽은 자신의 모든 것인 투르벨 부인을 버리고 메테이유를 원했지만 메테이유는 거부했다. 발몽이 거기에 대해 복수하자 발몽과 메테이유는 서로서로 죽이면서 비극적으로 몰락한다.

이 영화는 결국 사드의 쾌락법칙이 칸트적 도덕법칙으로서 자격을 갖지 못한다는 사실을 보여준다. 간단히 다시 정리하자면 이렇다. 남의 수단이 되려면 모든 것을 버려야 하는데 발몽은 자기 자신의 보물을 버릴 수 없다. 남의 수단이 되려면 자기가 가장 고귀한 수단이 되어야 한다. 그러기 위해서는 메테이유처럼 자기를 끝까지 버리지 말아야 한다. 결국 모든 사람이 서로의 수단이라는 사드의 법칙이 도덕법칙이 되려면 형식상 무모순성이 필요하지만, 사드 법칙은 내적으로 이미 모순을 드러낸다. 영화 「발몽」은 그 모순을 발몽과 메테이유의 몰락을 통해 보여 준다. 이런 점에서 이 소설은 칸트가 어떻게 도덕법칙을 발견했는지에 대한 구체적인 예가 될 수 있다.

운명과 의무6

앞의 논의를 정리하자면 이렇다. 도덕의 일반적 법칙에서 일반적 의무가 나온다. 그러면 도덕 법칙을 어떻게 알아낼 것인가? 경험적으로 이를 확인하는 것은 불가능하다. 본질 직관의 능력도 없다. 칸트는 소위 사유실험을 전개한다. 행위의 결과를 가상적으로 생각해 보고 기대와 결과 사이에 모순이 없다면 그 행위는 일반적 가치를 지닌다는 것이다. 소설 『위험한 관계』는 사드의 법칙이 자기 모순적이라는 사실을 가상적 실험(소설 자체가 가상 실험인 셈이다)을 통해 밝혀낸다. 과연 이런 식으로 찾아낸 일반법칙이 의무를 정당화하기에 충분한 법칙이 되는가? 이제 여러 가지 반대되는 논증을 보자.

1) 소극적 규정

칸트가 도덕법칙을 발견하는 방식으로 제시한 사유실험의 핵심은 일반화를 통해 자기모순을 발견한다는 데에 있다. 즉 모든 사람이 항상 그 법칙을 실행했을 때, 행위에서 기대했던 것과 행위의 결과가 서로 모순된다면 그것은 도덕법칙에서 배제되어야 한다는 것이다.

그러나 자기모순이라는 개념은 소극적이다. 모순되는 주장을 받아들이지 못한다는 금지가 자기모순의 원리이다. 자기모순의 개념은 어떤 주장을 배제하는 데에는 영향을 미친다. 그런데 어떤 주장이 자기모순이 아니라 하더라도 그 주장이 배제되지 않는다는 사실만을 말할 뿐이다. 지금까지 자기모순이 아니더라도 앞으로 자기 모순이 될 가능성이 열려 있다. 아직 배제되지 않았다는 사실로부터 그 주장이 진리라는 주장이 입증되지 않는다. 자기모순의 개념을 통해 진리를 직접 적극적으로 찾을 수는 없다. 그러므로 칸트에게서처럼 자기모순이 발견되지 않았다고 하더라도 그것이 도덕법칙이라고 주장하는 것은 옳지 못하다.

몇 가지 예를 들어 보자. 대개 자기모순의 검증은 어떤 특정한 사회를 미리 전제로 한다. 이런 특정 사회에서는 모순이더라도 다른 사회로 가면 자기모순이 생겨나지 않을 수 있다. 예를 들어 자본주의 사회에서는 소유의 폐지가 모순을 불러일으킨다. 자본주의 사회 자체가 사적소유를 원칙으로 하는 사회이기 때문이다. 그러나 소유를 폐지하는 것은 공산주의 사회에서 실제로 실현했던 적이 있으니여기서는 자기 모순이 아니다. 거꾸로 어떤 특정 사회와 모순되지 않지만 다른 사회에서는 모순되는 때가 얼마나 많은가?

설혹 어느 사회에나 공통된 추상적인 사회를 전제로 하여 자기모순을 검증한다고 해 보자. 추상적 공간을 전제로 검증된 도덕법칙은 진정 일반적 법칙이라 할 수 있지 않을까? 하지만 이때 검증된 도덕법칙은 내용상 추상적인 것이다. 실제로 구체적인 현실에서 이것을 실행할 때는 도덕법칙의 추상적 내용을 구체화해야 한다. 이렇게 구체화하는 가운데 자주 도덕법칙 자체가 부정될 때도 있다. 이때 현실을 호도하기 위하여 기만적인 말장난이 일어나기도 한다.

예를 들어 "살인을 해서는 안 된다."는 법칙을 생각해보자. 어느 사회나 타당한 법칙 같다. 구체적 현실로 들어가 보자. 전쟁에서는 살인하지 않을 수 없다. 그러면 모순을 피하려고 전쟁에서는 그게 '살인'이 아니라 '전투'라고 한다. 살인은 전투하다가 부수적으로 일어나는 결과에 불과하다고 변명한다. 이런 기만적인 말장난의 아주 좋은 예로서 클린턴의 르윈스키 사건을 들 수 있다. 그는 대통령으로서 집무실에서 인턴으로 근무하던 르윈스키와 성관계를 맺었다. 그는 이것이 문제가 되자, 그가 저지른 행위의 명목을 바꾸어 버렸다. 그게 그 유명한 '부적절한 행위'라는 개념이다. 부적절하기는 하지만 불법은 아니라는 변명이다. 유사한 예는 많다. 가톨릭은 낙태를 반대한다. 하지만 산모의 건강이 위험할 때는 낙태를 허용한다. 이때는 낙태가 아니다. 낙태는 산모의 건강을 지키기 위해 일어나는 부수적인 사건에 불과하다. 말하자면 무시무시한 느낌이 들지만, 낙태는 '자궁 내 혹의 제거' 정도가 된다. 이런 식으로 해서 낙태 반대라는 일반적인 원칙은 지켰다고 주장한다면 기만에 불과하다.

또 다른 비판도 있다. 칸트에서는, 사유실험을 통해 모순이 발견되지 않으면 일단 도덕법칙으로 인정받게 된다. 그런데 그런 법칙들 가운데 서로 충돌이 생기면 어떻게 할까? 그 모든 법칙을 의무로 받아들여야 할까? 이런 예도 자주 발견할 수 있다. 예를 들어 간통이 일반화된 사회를 생각해 보자. 현재 서구가 대부분 그런 사회이다. 그때 아무런 모순이 없다. 따라서 간통은 도덕법칙이 될 수 있다. 마찬가지로 엄격한 일부일처제가 일반화된 사회를 생각해 볼 수 있다. 말하자면 빅토리아 여왕 시대의 영국과 같은 사회이다. 이때도 아무런 모순은 없다. 그렇다면 간통은 의무인가 아닌가?

칸트는 자기모순이라는 형식적 기준을 사유실험을 통해 검증하려 했으나, 사유실험 자체가 자기를 정당화하는 것에 지나지 않을 때가 많다. 인간의 사유실험은 이미 결론을 내려놓고 거기에 맞추어서 구성하기 때문이다. 그렇게 되면 주관적인 판단이 마치 사유실험을 통과해서 도덕법칙으로 확정된다. 주관적인 것에 불과한 것을 모든 사람이 의무적으로 실행해야 하는 도덕법칙으로 간주한다면 어떤 위험한 결과가 나올지 충분히 짐작할 수 있을 것이다.

그러면 사유실험 말고 도덕법칙의 자기모순을 판단하는 방법은 없을까? 존 롤스가 이미 시도한 데서 보듯이 칸트가 제시한 자기모순이라는 형식적 기준과 민주적 합의라는 개념은 의외에도 서로 유사하다. 민주적 합의란 사람들 사이에 모순이 없다는 의미이다. 그러면 합의된 것은 자기모순이라는 기준을 통과한 것으로 볼 수 있지 않을까? 따라서 칸트의 가상적인 사유실험 대신 현실적인 민주적인 합의로 도덕법칙을 찾을 수 있을 것이다.

그러나 이런 식으로 사유실험 대신 민주적 합의를 등장시킨다더라도 문제는 여전히 남는다. 우선 역사상 합의를 통해 결정된 것이지만 일반적 가치라고 보기 어려웠던 때가 얼마나 많았던가? 그 결과 수많은 역사적 참화가 일어났다. 그 때문에 합의의 공정한 조건이 문제되기도 한다. 공정한 조건이라면 일반적 가치로 받아들일 수 있지 않을까 하는 기대 때문이다. 하지만 공정한 조건이란 것 자체가 사실 합의된 결과로부터 거꾸로 도출한 것이다. 경쟁의 룰은 자기가 이길 수 있을 때만 공정하다고 한다.

이런 현실적 이유 말고 논리적으로도 민주적 합의는 한계가 있다. 법은 합의할 수 있다. 소수는 다수의 결정을 따라야 한다. 그렇지 않으면 법은 강제를 동원할 수 있다. 도덕은 어떨까? 도덕이 만장일치로 통과하지 않는 한 다수의 결정에 불만을 가진 소수가 있을 것이다. 이때 도덕을 소수에게 강제해야 하는가? 그렇다면 도덕은 이미 도덕이 아니지 않을까? 도덕은 강제할 수 없기 때문이다. 만장일치가 아니라면 현실적인 민주적 방식으로 도덕법칙에 합의할 도리는 없다.

2) 자율적 의지

이상의 비판을 통해 칸트처럼 자기모순이라는 형식적 개념을 통해 일반적인 도덕법칙을 발견하려는 시도가 불가능하다는 것이 밝혀졌다. 이와 같은 어려움 때문에 칸트처럼 자기모순 개념을 통해서 도덕법칙을 발견하려는 관점은 포기된다. 가치론은 객관적으로 존재하는 가치를 발견하는 관점으로 전환했다. 다음에 나타나는 낭만주의가 그런 방향이다. 그런데 도덕법칙을 발견하기 어렵다는 것만이 칸트 실천철학의 문제점은 아니다. 더 근본적인 문제점이 존재한다.

앞에서 자주적 의지가 지닌 주요 측면에 관해 서술했다. 다시 한번 요약하자면 이렇게 말할 수 있겠다. 자주적 의지는 가치를 행위로 실행할 수 있는 능력이다. 자주적 의지야말로 진정으로 자유롭게 선택할 자유로운 의지이다. 자주적 의지에서는 도덕이 행위 자체로 완성된다. 이 세 가지 측면 가운데 두 가지 측면은 칸트가 실천이성 비판에서 강조했던 측면이다. 칸트는 가치에 따라 규정되는 순수의지에서 출발한다. 이 의지는 욕망에 대립한다. 이런 순수의지는 진정한 자유의지이다. 의지의 순수함과 자유의지는 동전의 양면에 불과하다.

이런 점을 본다면 칸트는 자주적 의지라는 개념의 문턱에 이미 도달했다고 본다. 하지만 칸트는 자주적 의지의 마시막 세 번째 측면 즉 도덕적 행위주의에 이르지는 못했다. 칸트는 문턱에 도달했지만, 끝내 이 문턱을 넘어서지 못했다.

왜 그렇게 되었는가? 칸트가 혼란에 빠졌기 때문이다. 욕망이 의지를 지배하는 방식은 물질적인 방식 즉 강제적인 방식이다. 칸트는 순수의지에서도 가치가 의지를 지배하는 방식이 강제적인 물질적 방식이 아닐까 생각했다. 칸트는 의지가 가치를 따르면서 스스로 활기나, 즐거움 또는 자유로움이라는 느낌을 얻는 가능성은 없다고 보았기 때문이다. 이런 가능성은 나중에 낭만주의자의 양심 개념에서 비로소 확립된다. 하지만 칸트는 양심의 가능성을 인정하지 않았다.

그 결과 그는 순수의지를 강제성을 띤 의무 즉 자율성으로 오인했다. 자율성의 '율(律)'이란 명령, 강제라는 의미이다. 물론 이는 외적인 강제는 아니고 내적인 강제이다. 강제하는 것이 자기 내부에 있는 것 즉 자기가 원하는 가치이기 때문이다. 이런 점에서 외적 강제를 사용하는 중세적 도덕률과는 구분된다. 외적 강제든 내적 강제든 강제란 인과적 결정관계를 의미한다. 그가 자유의지나 순수의지를 즐겨 의무라는 개념으로 파악하는 것도 이런 이유 때문일 것이다. 의무라고 한다면 아무래도 법적 의무가 생각나고 따라서 처벌과 같은 강제를 생각하게 되기 때문이다. 칸트는 순수의지를 내적 강제 또는 강제적인 의무라는 개념으로 이해했다. 하지만 가치가 의지를 규제하는 방식은 정신적인 힘의 방식이며 따라서 이 관계를 강제로 볼 수 없다. 또한 가치를 실행하는 자주적 의지는 그 실행하는 과정, 실행하는 행위 자체에서 물질적 쾌락과 구별되는 즐거움을 가질 수 있다. 하지만 칸트는 자주적 의지가 지닌 이런 측면을 간과했다.

이것이 칸트의 한계이다. 그는 순수의지라는 개념을 통해서 자주적 의지는 개념의 문턱에 도달했지만 정작 자주적 의지라는 개념 그 자체에 도달하지는 못했다. 그러나 칸트가 자주적 의지 개념의 실마리를 마련했기에 곧이어 낭만주의가 양심 개념을 통해 자주적 의지 개념에 도달할 수 있었다.

양심과 자발성1

3장에서는 자주적 의지를 의무감의 형태로 설명하는 시도를 살펴 보았다. 먼저 운명애를 살펴보았다. 운명은 서로 충돌하고 또 인간이 알지 못하는 것이다. 과연 그런 운명이 있는지 의심스럽다. 이어서 칸 트의 순수의지를 살펴보았다. 순수의지는 자유로운 의지이며, 가치를 무조건 실행하려 한다는 점에서 자주적 의지의 토대가 된다. 칸트는 형식적 무모순성에서 도덕법칙을 끌어내려 했으나 앞에서 보았듯이 그런 시도는 난파하고 말았다. 이제 의무감을 넘어 자주적 의지의 새 로운 형태로 이행한다. 그것이 바로 낭만적 양심의 개념이다.

양심 개념은 자주 사소한 도덕적 행위와 관련되기도 하지만 진정 한 양심 개념은 역사적 행위로 나타난다. 위대한 역사적 영웅의 모습 속에 또는 시대에 저항하는 혁명가의 모습 속에 낭만적 양심이 나타난 다. 양심의 특징은 무엇보다도 즉각적인 행위에 있다. 그 결과 흔히 '행 동하는 양심'이라는 말이 사용된다.

1) 낭만주의의 혁명

지금까지 자주적 의지의 기초를 찾기 위해 의무감이라는 개념을 살펴보았다. 운명애는 불가피하다는 점에서 또는 의무는 도덕법칙이 일반적이라는 점에서 행위로 나간다. 신이 조정하는 운명이 있는가? 과연 무모순성이라는 형식을 통해 도덕법칙을 찾을 수 있는가? 하지만 운명애나 의무감이라는 개념은 쉽게 받아들이기 어려운 개념이었다. 그러나 운명애와 의무감이라는 개념이 남겨놓은 잔해는 바다 위를 떠돌아다니다 마침내 새로운 비너스를 탄생시켰으니, 그것이 낭만적 양심이라는 개념이다. 정신적 차원에서 새로운 혁명이다.

혁명적 낭만주의라는 말은 익숙하게 사용되는 말이다. 행동하는 양심이라는 말은 많은 사람의 가슴을 뒤흔든다. 낭만적 모험에 기꺼이 자기를 내던진 역사의 영웅을 메시아처럼 기다리는 사람도 많다. 이런 '혁명', '행동', '영웅'이 모두 낭만주의의 사유 혁명에서 유래한 것이니, 낭만주의가 정신의 역사에 일으킨 지진이 얼마나 넓고 깊게 퍼져나갔는지 충분히 짐작할 만하다.

물론 낭만주의에는 고유한 한계가 있다. 그런데도 낭만주의는 자주성의 의지로 향한 정신의 도정에서 중요한 계단이었다는 점은 확실하다. 칸트가 자주성의 철학에서 첫발을 내디딘 것이라면 낭만주의 철학의 자궁 속에 자주성의 철학이 자라나고 있었다.

2) 낭만주의적 정신

낭만주의의 정신적 혁명은 19세기 전환기에 출현했다. 이 시기 괴테, 실러(Schiller)에서 피히테(Fichte)를 거쳐 마침내 노발리스(Novalis), 슐라이어마허(Schleiermacher)에까지 전개되는 낭만주의 철학의 정점에 셸링(Schelling)과 슐레겔(F. Schlegel)이 있었다. 낭만주의는 초창기에 혁명적 철학이었다. 낭만주의 철학은 독일 봉건체제를 극복하고, 30년 종교전쟁 이후 분열된 독일 민족을 통일하며, 나폴레옹의 침략에서 독일을 해방하고자 했다. 그러나 후기에 이르면 낭만주의 철학은 셸링과 슐레겔이 실제 삶으로 보여주었듯이[44] 메테르니히의 유럽 반동체제를 옹호하는 정신적 무기로 전락했다. 낭만주의는 이상향에 대한 동경과 죽음에의 충동을 느끼는 퇴폐적 철학이 되었다. 19세기 초에 전개된 낭만

---

44 슐레겔은 나폴레옹 침략 이후 유럽 반동의 핵심인 메테르니히의 비서가 되었다. 헤겔 사후 봉건주의로 복귀하려는 프러시아 왕이 셸링을 베를린 대학으로 초빙하여 왕의 복고 정책을 비판하는 헤겔 좌파를 제어하는 수단으로 삼았다.

주의의 영욕을 역사적으로 상세하기 살펴보는 것은 생략하도록 하자.

낭만주의라면 누구나 사랑을 위해 목숨을 버린 로미오와 줄리엣의 낭만적 사랑을 생각할 것이다. 낭만적이라는 말 자체가 중세 기사들의 연애 소설 '로망'에서 나온 말이니, 당연하다 하겠다. 하지만 낭만주의의 본령은 남녀 사이의 사랑과 같은 개인의 영역에 존재하지 않는다. 낭만주의의 본령은 오히려 새로운 역사의 기틀을 놓는 역사적 영웅의 행동 속에 있다. 어떤 시기에는, 역사적으로 앞을 내다볼 수 없는 혼돈과 피비린내 나는 투쟁이 벌어질 때가 있다. 이 혼돈은 실상 역사의 낡은 힘과 새로운 힘이 각축하는 것이지만, 아무도 이 역사적 각축을 전망하지 못한다. 이때 역사적 영웅이 등장한다. 그는 온갖 난관과 시련을 뚫고 무한한 의지를 발휘하여 역사의 미래를 위한 발판을 마련한다.

언뜻 보면 그는 그저 개인의 이익을 위해 투쟁하는 것처럼 보인다. 그러나 그의 투쟁은 새로운 역사의 기틀을 마련하는 투쟁이다. 그는 이런 투쟁 속에 승리할 수도 있고 패배할 수도 있다. 설혹 패배하더라도, 그의 패배는 새로운 역사가 승리하기 위한 발판이 되니, 그의 투쟁은 역사 속에서 반복된다. 그는 사라졌어도, 그의 투쟁은 마침내 승리를 얻으며 그는 후세에 하늘의 별로 신격화된다.

그 대표적인 예를 들자면 나는 주저 없이 만리장정(萬里長征)을 떠난 중국의 홍군을 들겠다. 장개석 군의 포위 속에서 한족을 적대시하는 부족이 우글거리는 산간 오지를 통과하며 장강을 건너고 설산과 거대한 늪지를 건넌 홍군의 장정은 인간의 행위가 아니라 차라리 신의 행동이었다고 말할 수밖에 없다. 홍군을 이끌어간 지도자는 모택동이지만 만리장정은 결코 한 개인적 지도자를 통해 인도된 것이라 보기 어렵다. 비인간적이라고 밖에는 말할 수 없는 힘으로 난관을 돌파하는 만리장정은 중국 홍군이 전개한 투쟁이었다.

홍군의 역사적 투쟁은 처음에는 그저 장개석의 포위를 뚫고 살아남기 위한 행동에 불과했다. 그것은 구시대를 뚫고나오려는 몸부림이었으며, 만리장정에 참여했던 홍군이 하나같이 술회한 대로 처음에는 도대체 어디로 가는지도 모르는 방황이었다. 초기 홍군의 궤적을 그려보면 홍군은 마치 함정에 빠진 멧돼지처럼 이리저리 치닫고 있을 뿐이었다. 하지만 홍군의 행동 내부에 역사의 미래가 간직되어 있었으니, 그 미래가 혼돈 속에서도 끝내 길을 잃지 않도록 해준 나침반이 되었다. 홍군은 마침내 일제의 침략과 투쟁하기 위해 서북의 오지 연안에 도착했으니, 이는 마치 보이지 않는 시간의 터널을 통해 과거 역사의 평면에서 새로운 역사의 평면으로 불쑥 솟아난 것처럼 보인다. 만리장정을 마친 다음 모택동이 선언한 대로 장정은 선언이었으며, 씨 뿌리는 기계였다.

3) 낭만주의의 특징

역사적 영웅의 행동 속에 낭만주의적 정신의 특징이 고스란히 담겨 있다. 그 대표적인 특징은 영웅의 행동이 지닌 특별함에서 발견할 수 있을 것이다.

영웅의 '행동'은 인간의 '행위'와 다른 점이 있다. 행위란 보통 의식적인 실천을 지칭한다. 그러므로 일반적 용례에 따르자면 인간의 실천은 '행동'이라 하지 않고 '행위'라고 말한다. 반면 행동이라는 말은 보통 비-의식적인 실천을 지칭하므로 '동물의 행동'과 같은 데서 사용한다. 하지만 영웅의 실천을 '행위'라고 말한다면 마치 영웅을 깎아내리는 듯한 느낌이 든다. 영웅의 실천은 오히려 '행동'으로 불러야만 적절한 것 같다. 이 행동이라는 말 자체가 영웅적 행동의 고유한 특성을 보여준다.

그렇다면 영웅의 행동이 지닌 고유한 특성은 무엇인가? 두 가지로 규정해 볼 수 있겠다. 우선 영웅의 행동은 즉각적이고 단호하며, 몸을 사리지 않으며 어떤 시련에도 꺾이지 않으며, 지칠 줄 모르는 무한한 힘을 지니고 있다. 이런 특징 때문에 영웅의 행동은 자주 거대한 야수의 행동이나 신적인 행동에 비유된다. 만일 누가 주저주저하거나 자기 목숨을 지키는 데 급급하고 약간의 시련에 주저앉고 작은 고난에 굴복한다면 아무도 그를 영웅이라 하지 않을 것이다.

또 하나 영웅의 행동이 지닌 특징은 그의 행동이 새로운 가치를 지니고 있다는 것이다. 그 가치는 과거의 기준으로 평가되는 것이 아니다. 영웅의 행동이 추구하는 가치는 새로운 기준을 통해서 수립되는 가치이며, 그것은 미래에 실현되는 가치이다. 전자의 측면에서 본다면 영웅이 추구하는 가치는 선악을 넘어서는 가치이다. 하지만 후자의 측면에서 본다면 그것은 현실 속에 이미 객관적으로 내재하는 잠재적 가치이다. 영웅이 추구하는 가치는 미래에 가능한 것이며 이 가치는 영웅 자신의 행동을 통해서 실제로 실현되는 가치이다.

이런 잠재적 가치가 미래에 실현된다면 그때 이 가치는 일반화되어서 모든 사람이 동의하고 따르는 일반적 가치로 된다. 따라서 객관적 가치라는 개념은 모든 인간이 주관적으로 동의한다는 일반적 가치라는 개념에 선행한다. 일반적으로 동의하므로 그 가치가 객관적인 진리인 것이 아니라 그것이 객관적인 가치이므로 일반적으로 인정될 수 있다는 것이다.

이 두 가지 측면 즉 잠재적이지만 객관적으로 가치 있는 것 그리고 이를 실행하는 무한한 의지, 이 두 가지가 결합하면서 낭만적 정신의 핵심이 되는 '양심'이라는 개념이 출현하게 된다. 흔히 '양심'이라면 주어진 질서에 고분고분하게 복종하는 샌님의 정신과 같은 것으로 오해한다. 하지만 그런 샌님의 정신은 양심이라 말하기조차 부끄럽다. 원래 양심이라는 말은 역사적 영웅이 지닌 무한한 의지를 말하는 것이니, '행동하는 양심'이라는 말도 이렇게 해서 성립하게 된다.

하지만 양심이라는 개념, '잠재적이지만 객관적인 가치'와 '무한한 행동에의 의지'라는 개념은 결코 쉽게 받아들이기 힘든 개념이다. 그러므로 낭만주의적 정신, 양심을 이해하기 위해서는 오히려 낭만주의적 정신이 왜곡되어서 나타나는 부정적인 예를 통해서 논할 수밖에 없다. 말하자면 안티그리스도가 그리스도를 비추는 역할을 하듯 역사적 영웅이 아니라 역사의 반(反)영웅을 통해 역사적 영웅의 가능성을 살펴보자는 것이다.

양심과 자발성2

낭만주의의 핵심 개념은 '행동하는 양심'이라는 개념이다. 양심은 객관적인 가치를 추구하면서 지칠 줄 모르는 무한한 의지를 특징으로 삼는다. 과연 양심적 행동의 가능성이 있는가를 알아보기 위해 낭만주의의 이면을 들여다보자. 낭만주의가 역사적 영웅으로 대표된다면 그 이면은 반-영웅의 모습이라 하겠다. 우선 도스토옙스키의 소설 『죄와 벌』에 나오는 라스콜니코프의 생각을 더듬어 보자. 라스콜니코프의 생각은 칼 슈미트의 권력 개념과 아감벤의 호모 사케르라는 개념과도 연결된다.

4-2 라스콜니코프

1) 라스콜니코프

낭만적 행동의 이면을 보여주는 반-영웅의 대표적인 예를 들자면 우선 도스토옙스키의 작품 『죄와 벌』의 주인공 라스콜니코프를 들 수 있겠다. 잠시 그 소설을 상기해 보자.

라스콜니코프는 가난한 대학생이다. 그의 여동생은 가난 때문에 어느 부자에게 팔려갈 위기에 처해 있다. 이런 위기 앞에서 그는 사회의 부조리를 개혁할 꿈을 꾼다. 그는 자기 주변의 전당포 노파가 부당하게 인간을 착취한다는 것을 발견한다. 그는 생각한다. 만일 그 노파가 죽는다면 노파의 재산으로 많은 사람이 행복을 얻게 될 것이다.

"더 들어봐, 다른 한편으로는 도움을 받지 못하면 좌절하고 말 싱싱한 젊은이가 있단 말이야. 그런 젊은이는 도처에 있어! 그리고 수도원으로 가게 될 노파의 돈으로 이루어지고 고쳐질 수 있는 수백, 수천 가지의 선한 사업과 계획이 있단 말이야! 어쩌면 수백, 수천 인간들이 올바른 길을 갈 수도 있고, 수십 가정들이 극빈과 분열, 파멸, 타락, 성병에서 구원을 받을 수도 있어."[45]

그는 고민한다. 그는 노파를 죽이는 것은 사회악을 제거하는 것이고, 노파의 돈은 사회의 행복과 정의에 이바지할 것으로 믿는다. 라스콜니코프의 고민은 죽인다는 행위에 집중되어 있다. 사회의 행복과 정의를 위한 것이라도 인간을 죽일 수 있는가? 어떤 때에도 인간을 죽이는 것은 금지되는 것이 아닐까?

『죄와 벌』에서 주인공 라스콜니코프는 사람 가운데 어떤 개인에게는 그런 권리가 주어져 있다고 주장한다. 바로 이 문제와 연관하여 도스토옙스키는 영웅의 권리라는 개념을 제시한다. 이 영웅의 권리라는 개념은 라스콜니코프를 의심하는 검사 뽀르피리가 라스콜니코프를 찾아와서 소설 중에 라스콜니코프가 썼다고 하는 논문 「범죄에 관해서」에 대해 토론할 때 핵심 논점으로 등장한다.

그 논문 속에서 라스콜니코프는 세상에는 두 종류의 인간이 있다고 주장한다. 하나는 저급한 평범한 부류의 인간이다. 이 부류는 순종하기를 좋아하는 인간이다. 그런 인간에게 순종은 전혀 굴욕적으로 느껴지지 않는다. 왜냐하면 순종이 그런 인간의 사명이기 때문이다. 두 번째 부류의 인간은 "새로운 말을 할 줄 아는 재능 혹은 천분을 부여받은 인

---

45   도스토옙스키, 『죄와 벌 (상)』, 홍대화 역, 열린 책들, 2006, 101쪽

간"이다. 즉 새로운 것을 창조할 줄 아는 인간이다. 동시에 이런 인간은 "법률을 어기는 파괴자들이거나 그럴 경향이 있는 인간"이다. 그런 인간은 창조를 위해 기꺼이 기존의 것을 파괴한다. 이런 파괴에는 창조를 방해하는 인간의 제거도 포함되어 있다. 역사적으로 리쿠르고스(스파르타의 개혁가), 솔로몬, 마호메트, 나폴레옹 등이 바로 이런 유형의 인간이다.

> "인류의 입법자들이며 제정자들은 새로운 법을 제시하고 그로 인해 선조에서 전해져서 사회에서 성스러운 추앙을 받은 낡은 법률을 파괴했고 만약 유혈만이 그들을 도울 수 있었다면 피 앞에서도 멈추지 않았다"[46]

2) 영웅의 권리

여기서 라스콜니코프는 영웅이란 곧 새로운 창조자이며 창조를 위해 유혈이 필요하다면 그 앞에 멈추지 않았다고 주장한다. 이러한 논리의 허점을 뽀르피리는 금방 알아차린다. 그는 이렇게 묻는다. 영웅에게 그런 권리가 있다고 하더라도, 어떤 인간이 그런 영웅에 속하는지를 어떻게 가려낼 수 있는가? 사실은 영웅이 아니지만 영웅인 것처럼 착각하면서 범죄적 행위를 저지를 수도 있지 않은가? 뽀르피리의 이런 물음에 대해 라스콜니코프는 흥미로운 논리를 전개한다.

> "그런 실수(즉 자기에 관한 착각)는 단지 첫 번째 부류 즉 평범한 인간들 측에서만 가능하다는 것을 고려해 주십시오. ....그들 중에서 아

---

46 도스토옙스키, 위의 책, 378쪽

주 많은 인간들이 자기를 진보적인 인간으로 즉 파괴자로 상상하고 새로운 말을 내뱉는 것을 좋아하기도 합니다. 그것도 진심으로 말입니다. ....그렇지만 제 생각에는 그들이 진짜 위험한 것은 아닙니다. 사실상 조금도 염려할 필요가 없어요. 왜냐하면 그들은 결단코 멀리 가지는 못하니까요."[47]

라스콜니코프의 논점은 간단하게 말하자면 이렇다. 문제는 영웅이 아닌 인간이 영웅인 것처럼 말하는 때이다. 이때 그가 실제 영웅이 아니라면 영웅이 지니는 무한한 용기는 없으므로 자기의 말을 행동으로 실행하지는 못한다. 그러므로 그가 착각하더라도 아무 문제가 발생하지 않는다. 반대로 누가 창조적 파괴라는 엄청난 행동을 정말로 실행했다 하자. 그러면 그는 이미 그런 행동을 통해서 자기가 영웅이라는 것을 입증한 것이다. 즉 그의 행동은 그의 행동의 정당성을 즉 그의 행동이 창조적인 파괴임을 그리고 자기가 영웅임을 스스로 입증한다는 말이다.

라스콜니코프의 이런 말에 대해 반론을 제기할 수도 있을 것이다. 어떤 사람이 혼란스러운 정념에 사로잡혀서 파괴적 행동을 할 수도 있는 것이 아니냐 하는 반론이다. 하지만 라스콜니코프는 이미 이런 반론에 대해 대답을 준비해 두었다. 그는 여기서 영웅이 아닌 범죄자의 일반적 특성을 거론한다. 영웅이 아니면서 어떤 정념을 통해서 그런 행동을 한 범죄자는 그 정념이 지나간 다음에는 곧바로 죄의식을 느끼고 후회한다. 그는 자신의 행동을 끝까지 밀고 나가지 못한다. 그런 죄의식과 후회를 느끼는 자는 영웅이 아니고 그저 범죄자에 지나지 않는다. 반면 진정한 영웅은 다시 말하자면 창조를 위한 파괴를 실행한 자는 남들이

---

47 도스토옙스키, 위의 책, 381쪽

그의 행동을 아무리 사악한 것으로 보더라도, 스스로는 아무런 죄의식도 없고 아무런 후회도 느끼지 않는다. 그런 죄의식이 없다는 것이 그가 영웅이라는 것을 증명한다는 것이다.

3) 호모 사케르

영웅이 "자신의 행동을 통해 자신을 정당화한다"는 라스콜니코프의 주장은 논리적으로 이상한 것처럼 보인다. 도스토옙스키 자신은 그의 소설 『악령』에서 다시 한번 이런 인물을 창조한다. 이 소설은 이른바 네차예프 사건을 모델로 한 것이다. 이 사건은 네차예프라는 러시아 인민주의자가 혁명을 위해 지하 비밀 조직을 만드는 과정 가운데 조직원이 배신하자 그를 직접 처단한 사건이다. 도스토옙스키는 『악령』에서 네차예프를 라스콜니코프의 현신으로 그려내고 있다.

사실 많은 철학자조차 스스로 정당화되는 행동이라는 개념에 동조한다. 선악을 넘어선 의지, 소위 권력의지를 주장하는 니체도 끌어들일 수 있지만, 그 가운데 대표자라면 특히 나치의 법학자 칼 슈미트가 되겠다. 그는 헌법을 제정하는 권력은 새로운 사회를 만들어내는 것이니 스스로 정당하므로 기존의 헌법에 구애되지 않는다고 주장했다. 그는 그런 권력이 어디서 오는 것인가를 묻지 않았다. 그것이 권력의 찬탈에 따른 것이든, 쿠데타로 출현하든 아니면 혁명을 통해 수립되든, 이미 성립한 이상 결과는 같다는 것이다.

그는 그 모든 권력에 대해 일단 성립한 이상 그 정당성을 더는 물을 수 없다고 했으니, 그의 논리에 따르자면 비상 대권을 통해 헌법을 정지한 나치의 권력찬탈도 정당하며, 중앙정보부의 고문을 통해 압박하고, 군대가 국회를 포위하고 선포한 박정희의 유신헌법도 정당하게 된다.

"성공한 쿠데타는 처벌할 수 없다"는 그 유명한 말도 슈미트의 이런 논리에서 유래한 것으로 보인다.

최근 이탈리아 철학자 아감벤은 슈미트의 이런 논리에 대해 비판적이다. 아감벤은 슈미트의 권력 개념이 최종적으로 어떤 결과에 귀착하는지를 눈앞에 그려내 보여주고 있다. 그에 따르면 권력은 항상 권력에 순종하는 자와 권력에서 배제된 자를 나눈다. 더 정확하게 말하자면 권력은 생물학적 인간을 '인간(즉 법적 인격)'으로 만드는 힘이니, 권력에서 배제된 인간은 더는 인간의 자격을 갖지 못한다. 그러므로 권력이 나누는 것은 두 종류의 인간이 아니라 인간과 비인간이라 하겠다. 아감벤은 인간을 결정해 주는 권력을 '생명-권력(bio-power)'이라 규정한다.

아감벤은 권력에서 배제되는 자를 '호모 사케르(Homo Sacere)'라고 규정했다. 호모 사케르는 말 그대로 한다면 신성한(sacre) 인간이라는 뜻이지만 실질적인 뜻은 '문화적 존재'가 아닌 '날 것으로서 생명'을 의미할 뿐이다. 법적으로 인간으로서 인정되지 않는 존재라는 말이다. 호모 사케르는 우리 말로 하자면 부곡 천민을 의미한다.

이런 존재는 권력에서 배제된 비인간이므로, 그를 죽이는 것은 아무런 죄가 되지 않는다. 그는 사회 주변에서 그 사회가 필요로 하지만 그 사회 구성원이 실행할 수 없는 일을 담당한다. 각각의 사회마다 고유한 권력이 있으므로, 권력 유형이나 권력의 범위에 따라 그 사회 주변에 항상 고유한 호모 사케르가 존재한다.

4) 라스콜니고프와 현대사회

아감벤의 논의의 핵심은 호모 사케르의 개념을 현대사회 비판과 연결하는 것이다. 그는 호모 사케르가 현대 사회에서는 이미 사회주변이 아니라 사회의 내부로 들어오게 되었다고 주장한다. 예를 들어 나치의 유대인 수용소나 미군의 관타나모 포로수용소와 같은 것을 말한다. 또한 서구 사회에서 곳곳에 존재하는 이주민도 호모 사케르에 속한다.

아감벤은 호모 사케르가 사회 내부의 수용소로 사회에 내재화하면서 법적인 인간과 호모 사케르 사이의 구분조차도 점차 불분명하게 되었다고 한다. 예를 들자면 우리나라 국가보안법은 남북의 접촉을 법의 보호 안에 두는 것인지 법의 보호 밖에 두는지 모호하다. 국가보안법은 권력자의 자의적인 결정에 따라 어느 때라도 법의 보호와 법 밖으로 추방을 번복할 수 있다. 이런 국가보안법과 같은 형태가 지금 전 세계에서 퍼지고 있으니 예를 들자면 테러방지법이 그에 해당한다.

슈미트처럼 권력이 스스로 정당화한다면, 권력은 그 내부에서든 또는 그 외부에서든, 그 어디에서도 극복될 가능성이 없다. 권력에 순종하는 자는 이미 권력 속에 들어와 있으므로 더는 그 권력을 비판할 이유가 없다. 그 권력을 비판한다는 것은 자기의 지반 자체를 비판하는 것이기 때문이다. 반면 권력에서 이미 배제된 자는 배제된 이상 더는 권력을 비판할 힘이 없다. 그는 더는 인간으로서 인정받지 못하고 인간이 가질 수 있는 모든 힘을 이미 박탈당했기 때문이다.

결론적으로 라스콜니코프의 주장을 그대로 수용한다면 영웅의 행동 즉 권력은 절대화된다. 이에서 성공한 쿠데타를 처벌할 수 없다는 유신헌법의 논리가 나오고, 국가보안법을 통해 누구나 호모 사케르로 전락하는 위험을 받아들여야 한다. 영웅의 즉각적 행동을 주장하는 낭만주의는 이런 위험을 넘어설 수 있을까?

양심과 자발성3

영웅은 객관적으로 가치 있는 것을 무한한 의지를 통해 행동하는 존재이다. 이런 영웅의 가능성은 거꾸로 반영웅의 모습을 통해 드러날 수 있다. 우선 도스토옙스키의 『죄와 벌』의 주인공 라스콜니코프를 통해 행동에서는 영웅적이지만 목적에서는 사악한 존재가 가능하다는 것을 보았다. 이제 또 하나의 반영웅이 있다. 이 반영웅은 목적 자체가 사악한 것은 아니지만 다만 그 행동하는 의지 자체가 악마성을 지닌 존재다. 이런 악마성은 능동적이고 자유로운 의지가 아니라 수동적인 의지의 방식 즉 정념의 방식으로 작용한다. 다시 말하자면 무한한 정념을 지닌 존재를 말한다. 이 반영웅의 모습은 모차르트의 「돈 조반니」에서 잘 나타난다.

4-3 돈 조반니

1) 돈 조반니

또 하나의 낭만적 반영웅이 있으니 그의 이름은 돈 조반니이다. 그는 스페인의 전설적인 난봉꾼이다. 돈 조반니는 17세기 스페인 작가 티르소 드 몰리나[48]가 처음 형상화했다고 한다. 근대에 이르러 돈 조반니는 몰리에르[49]의 희곡의 주인공이 되었고 또 모차르트의 가곡「돈 조반

48　티르소(Tirso de Molina: 1579-1648); 스페인 바로크 시대 극작가이며, 원래 신부였다. 그는「세비야의 사기꾼과 손님이 된 석상」의 작가인데, 이 작품에서 돈 조반니라는 인물이 유래한다.

49　몰리에르(본명은 Jean-Baptiste Poquelin, 예명 Molière: 1622-1673); 프랑스 절대주의 왕정 시절 극작가, 희극적인 작품의 대가이다.

니」의 주인공이 될 정도로 널리 알려진 형상이 되었다. 흥미롭게도 철학자 키르케고르가 그의 책 『이것이냐 저것이냐』 1부 2장에서 「에로스적인 것의 직접적 단계 혹은 음악적이며 에로스적인 것」이라는 제목으로 돈 조반니를 분석했다. 키르케고르는 돈 조반니에 관한 여러 형상화 가운데서도 모차르트의 음악을 통한 형상화가 돈 조반니라는 인물의 특성을 가장 적절하게 표현한다고 주장했다.

키르케고르에 따르자면 모차르트가 형상화한 돈 조반니는 육체적 에로스가 절대화된 정념의 존재이다. 앞에서 언급한 라스콜니코프는 그의 의지가 추구하는 목적이 사악하지만 의지는 능동적인 의지이다. 반면 모차르트의 돈 조반니는 그 목적이 육체적인 에로스이다. 그 목적 자체는 사악하기보다는 오히려 긍정적인 것이다. 그렇지만 그 정념은 무한한 힘을 갖고 있다. 그의 육체적 에로스가 지닌 힘의 크기는 측량할 수 없으며, 그는 자기의 에로스를 어떤 고려 없이 즉각적으로 실행하는 행동적 인물이다. 더구나 그는 이런 행동을 성공시킬 수 힘을 갖고 있다. 하지만 이 무한한 정념은 그가 어쩔 수 없는 힘이다. 그 역시 이 힘의 포로이며 이 힘의 강박을 벗어날 수 없으니, 그 힘은 마치 충동처럼 기계적으로 그에게 작용한다. 돈 조반니는 정념의 절대화라는 측면에서 낭만적 반영웅의 예가 된다.

돈 조반니의 모든 삶은 오직 여성을 유혹하는 데 바쳐진다. 정념의 강박 속에서 그는 범죄도 불사한다. 돈 조반니는 돈나 안나를 겁탈하려다 그녀의 아버지 기사장을 죽이게 된다. 이 범죄는 우연적인 사건이지 그가 본래 의도한 것은 아니다. 그의 대상은 오직 여성의 육체에만 있다. 돈 조반니는 어떤 개인으로서 여성에서 얻어지는 구체적인 사랑을 목표로 하지 않는다. 그가 욕망하는 것은 여성이면 누구나 줄 수 있는 일반적인 육체적 만족이다. 그러기에 돈 조반니는 여성의 개인의 차이에 무관심하다. 그가 욕망하는 여자는 기사의 딸이든 농부의 딸이든 수녀이든 추녀이든 젊은 여인이든 할머니든 상관없다. 그는 자기 하인 레포렐로의 말 대로 "누구든 치마를 두르기만 하면 … 가난하건 부자건 가리지 않는다."

구체적인 개인과 사랑하는 가운데 얻어지는 사랑이라면 풍요롭고 정신적이며 마음속에 영원히 각인되는 지속성을 지닐 것이다. 그러나 돈 조반니가 얻는 만족은 가장 일반적인 만족 즉 가장 단순하고 가장 빈곤한 육체적인 만족에 불과한 것이다. 그것은 마치 포르노 영화에서 되풀이되는 지루한 행동과 같은 것이며 전혀 기억되지 않고 소멸할 뿐이다. 돈 조반니는 심지어 그가 농락했던 수녀 돈 엘비라를 다시 만났을 때 그녀의 얼굴조차 기억하지 못한다. 그가 지닌 육체적 에로스에 대한 정념은 그 어떤 여성에게서도 만족을 얻지 못하니 끝없이 새로운 만족을 찾아 헤매지 않을 수 없다. 그가 농락한 여성은 "이탈리아에서는 640명, 독일에서는 231명, 프랑스에서는 100명, 터키에서는 91명, 그러나 스페인에서는 1,000명하고도 3명이다."

돈 조반니는 욕망적 에로스의 힘에 끌려다니므로 그 어떤 여성의 포옹도 그를 포박하지 못한다. 돈 조반니는 그에게 농락당해 그를 증오하면서도 결코 그를 잊지 못하는 돈나 엘비라에 대해 연민을 느낄 틈도 없다. 이미 그는 돈나 엘비라의 하녀에 대해 에로스를 느꼈기 때문이다. 그는 돈나 엘비라를 자기 하인인 레포렐로에게 떠넘기고, 자기 옷을 입은 하인 레포렐로가 이를 모르는 돈나 엘비라와 키스하는 장면을 보고도 하녀를 유혹할 기회가 주어진 것을 기뻐한다. 키르케고르는 돈 조반니는 에로스의 절대화이므로 「돈 조반니」에서 인물은 구체적으로 그려지지도 않았다고 한다. 돈 조반니는 젊지도 늙지도 않으며 잘 생기지도 못 생기지도 않는다. 도대체 그의 모습은 어떤 특징도 없다. 왜냐하면 그런 모든 것은 돈 조반니의 절대적 에로스의 힘에 비하면 무차별한 것이기 때문이다.

2) 자연의 힘

돈 조반니의 에로스의 힘은 무한하며 그는 이를 실현하기 위해 요리조리 궁리를 짜내지도 않는다. 그는 유혹의 대상을 획득할 수 있을까 하면서 초조해하지도 않는다. 그럴 필요도 없다. 왜냐하면 그의 에로스의 힘 자체가 마치 물결처럼 대상에게 공명을 일으키기 때문이다. 그 앞에서 누구도 저항할 수 없다. 왜냐하면 그 힘은 이미 그 대상 내부에서도 마찬가지로 살아 움직이는 힘이기 때문이다. 숨어 있던 그 힘은 돈 조반니의 에로스가 그리는 너울에 건드려지기만 하면 저절로 부풀어 오른다. 이는 돈 조반니 앞에서 선 농부의 딸 체르리나의 말에서 짐작할 수 있다.

체르리나는 돈 조반니가 다가오는 소리를 듣고 온몸을 떤다. 그러면서 약혼자 마제토에 "그분이 오고 있다."고 말한다. 그러나 마제토는 체르리나가 하는 말의 의미를 모른다. 체르리나는 이어서 "도망갈 쥐구멍이라도 하나 있었으면 이럴 때 얼마나 좋을까!"라고 말하는데 그것은 체르리나가 돈 조반니의 무한한 에로스의 힘에 이미 포박되어 있다는 것을 의미한다.

돈 조반니의 무한한 힘은 체르리나를 넘어서 주변의 모든 사람에게 전달된다. 체르리나의 결혼식에 참가한 동네 사람은 돈 조반니의 식사에 초대 받아 정열적인 춤과 노래를 부르니 체르리나조차 마제토에게 이렇게 말한다.

> "그것은 자연의 성스러운 약. 의사들은 모르는 희귀한 약이라오. 그
> 약은 내 몸에 내가 소중히 지닌 향기로운 약이라오. 당신께 그 약을 아
> 낌없이 줄게요. 내가 그 약 어디 숨겼는지 당신이 알고 싶다면 여기 당
> 신의 손을 얹고 고동치는 소리를 들어보세요."

돈 조반니의 에로스의 힘은 심지어 죽음 앞에서도 그를 놓아주지 않
는다. 죽음의 사신인 동상(죽은 기사장의 동상)이 돈 조반니를 찾아와
그를 자기의 저녁에 초대하자 돈 조반니는 이를 두려워함이 없이 받아
들인다. 그는 참회하라고 죽음의 사신의 요구함에도 결코 굴복하지 않
는다. 그는 "지옥의 공포에 떨면서" 차가운 동상의 손에 잡힌 채 지옥으
로 끌려가지만, 결코 후회나 죄의식을 보여주지는 않는다. 돈 조반니가
가진 에로스의 힘은 정념의 힘이며 물질적인 힘이지 능동적인 의지가
아니기 때문이다.

키르케고르는 돈 조반니가 중세 후기 정신의 절대화가 이루어 놓은
산물이라 말한다. 중세 후기 정신이 이 지상에서 철수하여 천상으로 올
라가면서 정신을 절대화한다. 이에 따라 거꾸로 지상에 남아 있던 육체
의 힘도 정신만큼이나 자신을 절대화한다는 것이다.

키르케고르에 따르면 몰리에르가 희곡화한 돈 조반니와 모차르트
의 음악적인 돈 조반니는 다르다고 한다. 몰리에르의 희곡에서 관심거
리는 돈 조반니가 여성을 함락하기 위해 어떤 술수와 계교를 사용하는
가에 있다. 몰리에르에서는 여성을 유혹하는 정념이 문제가 아니라 그
런 유혹의 술수와 계교가 얼마나 성공적인가가 문제가 된다. 당연히 이

런 술수와 계교는 복잡다단한 현실에 부딪혀 혼란과 실수를 범하게 되며 바로 이 점에서 몰리에르의 희극성이 존재한다. 그러나 모차르트가 표현하려는 것은 바로 악마화된 에로스, 정념의 존재이다.

3) 돈나 엘비라

모차르트의 작품에는 돈 조반니와 같은 정념의 악마이지만 이와 정반대가 되는 존재도 있다. 「돈 조반니」에 나오는 돈나 엘비라라는 존재이다. 모차르트를 분석한 키르케고르는 같은 책(『이것이냐 저것이냐』, 1부 4장 「그림자 그림」)에서 돈나 엘비라는 존재를 분석한다.

키르케고르는 돈나 엘비라를 분석하기 위해 이른바 '반성적 비애'라는 개념을 제시한다. 이 반성적 비애는 비애가 외면으로 표출되지 않고 피가 머리와 내장 안으로 들어가듯 내면의 동굴로 들어가서 도사리는 것을 말한다. 그런 비애는 겉으로 표현되지 않으니 마치 얼어붙은 듯한 비애이다. 이 반성적 비애는 특히 여성이 사랑하는 남자에서 버림받는 때에 자주 출현한다. 비밀의 동굴 속에서 반성적 비애는 지난 일을 하나하나 되풀이 떠올리면서, 끝없는 상상 속에서 자기를 버린 남자를 증오하다가 다시 자기를 학대한다.

돈나 엘비라는 돈 조반니와 마찬가지로 정념의 악마화이다. 돈 조반니가 자기도 어쩔 줄 모르는 에로스의 힘을 대변하는 존재라 한다면 돈나 엘비라는 자기도 어쩔 줄을 모르는 증오의 힘을 대변한다. .

"오, 누가 내게 말해줄까, 부끄럽게도 내가 사랑했던, 그리고 내 순정 무참히 짓밟은, 그 파렴치한 어디 있는지. 아, 그 배반자 찾아내면, 그리고 그자가 내게 돌아오지 않는다면, 끔찍하게 그자를 죽여, 가슴을 갈기갈기 찢어주련만."

프로이트가 밝혔듯이 증오의 힘과 에로스의 힘은 같은 뿌리에서 나온 양면성이다. 돈나 엘비라에게서도 증오는 에로스와 중첩되어 있다. 증오와 에로스의 중첩, 시시각각 일어나는 양자의 교대는 돈나 엘비라의 말에서 직접 확인할 수 있다. 「돈 조반니」 2막에서 돈나 엘비라는 하인인 레포렐로가 입은 옷 때문에 그를 돈 조반니로 잘못 알고 이렇게 고백한다.

"내 눈물이 당신의 그 무정한 마음, 녹였다고 믿어도 좋을까요? 그리고 사랑하는 조반니 님이 참회하시고 사랑하는 내 품으로 돌아왔다고?"

4) 낭만적 영웅과 반영웅

돈 조반니, 그리고 돈나 엘비라의 무한한 힘은 에로스나 증오와 같은 힘이 악마화된 것이다. 에로스나 증오는 단순히 자연적으로 주어진 욕구와는 차원이 다른 것이다. 에로스와 증오는 개별적 욕망이 유기적으로 구성된 복합적인 욕망의 차원에 존재한다. 그러나 이런 유기적 구성은 순환적으로 구성되어 완전한 능동성의 단계, 자주적 의지의 단계에 도달하지 못했다. 여기서 에로스와 증오는 여전히 수동적인 정념의 단계에 머물러 있다. 이런 정념이 자기 자신을 파괴할 정도로 절대화하면서 악마화된다. 악마적인 정념은 자신도 어쩔 수 없는 힘이고 그들은 모두 그런 힘의 강박에 끌려다니며 스스로 파멸에 이른다.

이제 낭만적 반영웅을 전체적으로 살펴보자. 라스콜니코프는 선악을 초월한 목적을 추구하는 사악한 존재이다. 진정한 영웅이라면 진정으로 가치 있는 목적을 추구해야 한다. 이런 진정으로 가치 있는 것을 어떻게 발견할 수 있는가? 이 문제는 결국 가치가 무엇인가를 따지는 윤리학적 문제와 관련된다. 반면 돈 조반니 또는 돈나 엘비라는 목적은 사악하지 않지만, 그가 지닌 정념은 자기를 파괴하는 악마적인 힘으로 전환될 수 있다. 낭만적 반영웅은 정념에 사로잡혀 있다. 진정한 영웅의 의지는 수동적인 정념이 아니라 능동적이며 자유로운 의지 곧 자주적 의지이어야 한다. 어떻게 영웅이 정념을 넘어 이런 자주적 의지의 단계로 고양할 수 있는가가 문제이다.

양심과 자발성4

앞에서 라스콜니코프니, 돈 죠반니(돈나 엘비라)니 하면서 양심의 반영웅을 거론한 것은 양심의 가능성을 모색하기 위해서이다. 양심은 두 가지 특징을 갖는다. 양심은 우선 이론과 실천, 인식과 행동이 일치한다. 즉 즉각적으로 행동한다는 말이다. 또 양심은 직관적으로 본질을 인식한다고 주장하며 자기 마음이 본래부터 순수하다고 주장한다. 우선 본질에 관한 직관적 인식이라는 양심의 능력을 검토해 보자. 양심의 이런 인식이 정법, 형평성을 가능하게 한다. 이창동 감독의 영화 「시」가 적절한 예를 제공한다.

1) 양심의 개념

낭만적 영웅의 가능성을 알아보기 위해 그에 대립하는 반영웅의 모습을 살펴보았다. 사악한 목적을 지닌 라스콜니코프, 악마적인 정념을 지닌 돈 조반니, 이런 반영웅과 대립하는 낭만적 영웅은 가능한 것일까?

낭만주의 철학은 영웅의 가능성을 포착하기 위해 철학적으로 '양심'이라는 개념을 발전시켰다. 독일어로 양심은 'Gewissen'이다. 이것을 '양심(良心)'으로 번역한다. 독일어 'Gewissen'이나 우리말 '양심'이나 모두 어원적으로 나름대로 역사를 갖고 있다. 양심이라는 말에 가장 적극적인 의미를 부여한 철학자는 서양에서는 셸링이나 슐레겔과 같은 낭만주의 철학자이다. 동양에서는 이 개념은 맹자나 양명학의 전통에서 자주 사용된다. 우리 말 '양심'은 '양지양능'[50]이라는 말에서 나온 것이라 한다. 낭만주의 철학과 양명학이 철학적으로 닮은 점이 많으니 독일어 'Gewissen'을 '양심'으로 번역한 것은 정말로 기막힌 번역이 아닐 수 없다. 이런 어원의 역사야 장황하니 생략하자.

중요한 것은 양심이 두 가지 특징을 가지고 있다는 사실이다. 우선 양심은 단순한 인식의 능력이 아니다. 양심은 인식과 동시에 실천하는 능력이다. 인식능력과 실천능력이 양심에서는 불가분적으로 결합되어 있다. 양심은 본래 "행동하는 양심"이다. 그러므로 올바른 가치를 인식하기는 하지만 이를 실천하지 못하는 인간은 진정한 의미에서 양심을 지닌다고 할 수 없다. 거꾸로도 마찬가지이다. 즉 올바른 가치를 인식하지 못하고 무작정 행동에 뛰어드는 무모한 행동이 있다면 그것 역시 양심적 행동은 아니다.

2) 본질 직관

양심이 지닌 하나의 특징은 양심이 추구하는 가치의 인식과 관련되는 측면이다. 양심은 객관적 사실을 인식하는 기관이며 동시에 가치를 인식하는 기관이다. 가치를 인식하는 능력으로서 양심 개념에는 두 가지 의미가 담겨 있다. 하나는 양심이 인식하는 가치는 객관적 가치라는 주장이며 다른 하나는 이런 가치의 인식은 직관적이라는 주장이다.

이 가운데 객관적 가치라는 개념은 이미 앞에서 설명한 적이 있다.

---

50   양지양능(良知良能):『맹자』「진심상」에 나오는 말로, 배우지 않아도 능력 있는 것을 양능이라 하고, 생각하지 않아도 아는 것을 양지로 규정한다고 한다. 주자학에 대립하여 양명학을 세운 왕수인(王守仁)은 이것에 근거해 치양지설(致良知說)을 수립했다.

객관적 가치라는 개념은 낭만주의에서부터 시작한다. 낭만주의의 가치론은 칸트의 사유실험이 실패로 돌아가자 출현했다. 칸트는 형식적 모순을 통해서 일반적 가치를 발견하려 했으나 앞에서 살펴본 것처럼 여러 가지 문제점이 등장했다. 이런 문제점을 해결하기 위해서 객관적인 가치라는 개념이 필요했다. 객관적 가치라는 개념이 확립되려면 가치를 판단하는 기준으로서 역사의 발전이 문제 된다. 인간 사회가 역사적으로 발전한다는 생각이야 근대 계몽주의자가 시작했지만, 이때 역사는 이성에 따라 발전하는 것으로 파악되었을 뿐이다. 이성이란 역사 자체에 외적인 기준이니, 이런 기준을 통해서는 객관적 가치라는 개념이 나올 수 없었다.

그런데 낭만주의는 마치 생명이 고유한 내적 원리에 따라 발전하듯 역사도 고유한 내적인 원리에 따라 발전할 것으로 믿었다. 어떻게 본다면 역사학 자체가 낭만주의의 발견물이었다. 역사학의 아버지 랑케가 낭만주의자였으니 말이다.[51] 일단 역사가 내재적으로 발전한다는 생각이 확립되자 내재적 발전을 기준으로 하여 다양한 욕망을 기능의 차원에서 서로 비교할 수 있게 되었다. 객관적 가치란 사회 역사적인 발전에 이바지하는 욕망을 의미한다. 역사의 내재적 발전이라는 생각을 낭만주의가 처음 생각했으니 낭만주의가 객관적 가치가 존재한다는 사실을 처음 발견했다고 말할 수 있다.

그런데 객관적 가치가 가능하다는 것을 인정하더라도 평가의 기준이 되는 역사의 내재적 본질을 실제로 발견하는 과정은 또 다른 문제였

---

51 랑케(Leopold von Ranke: 1795-1886); 역사학의 아버지, 그는 낭만주의 철학에 영향을 받아서 역사학을 확립했다. 그는 역사학에서 구체적이며 객관적 사실을 강조했는데, 이런 개별적 사실이 곧 신적인 본질이 출현하는 사건이라고 보았기 때문이다.

다. 사물의 본질을 발견하는 과학적인 방법인 변증법이 확립되기 전 낭만주의 철학은 객관적 가치를 인식하는 데서 직관이라는 능력을 도입한다. 그것이 바로 직접 인식하는 능력인 양심이다. 여기서 직접성이란 곧 직관적 인식을 의미한다. 양심은 단순한 직관 능력이 아니라 사물의 본질을 인식하는 직관 능력이다. 이 점은 양심을 감각과 이성과 대비시켜 본다면 분명하게 드러난다. 감각적인 경험은 개별적인 사실을 인식한다. 이성은 추상을 통하여 일반적인 것을 인식한다. 반면 양심은 개별적인 것 속에서 개별자의 본질을 직접 인식하는 능력이다. 양심은 이런 본질을 "딱 보면" 안다고 한다. 아니면 때로 "꿰뚫어 본다"라든가 아니면 "형안(炯眼: 빛나는 눈)을 지녔다"고 말하기도 하며 또는 "영감을 받거나" "계시를 얻었다"고 말하기도 한다.

양심은 직접 개별자 속에서 일반적 본질을 인식하니, 인간이 가진 여러 능력이 양심의 후보가 된다. 성경의 요셉은 꿈속에서 계시를 받았고, 예언자 요한은 자신이 본 환상을 계시록에 기록했다. 중세 이래 그노시즘(gnoscism:신을 인식하는 학문)이 발전해 신지학이란 인식방식이 출현했다. 프로이트가 무의식을 소개한 이후 무의식을 통해 진리에 도달하려는 시도가 이루어졌다. 실존주의 철학자는 구토나(사르트르) 절망(키르케고르), 불안(하이데거)이라는 기분 속에서 본질을 인식하는 가능성을 보았다. 시인(또는 예술가)은 감수성이나 상상력이 구체적 상황 속에서 본질을 인식하는 능력이라고 주장한다.

양심의 놀라운 직관적 능력은 여기에 그치지 않는다. 보통 우리는 타인의 마음을 유추를 통해 안다. 나의 마음에 빗대어 간접적으로 안다. 이런 유추에서 오해는 불가피하다. 그런데 양심은 타인의 마음과 감응하거나 공감한다. 가만히 있으면 마치 우주의 기운처럼 상대방의 마음이 전달된다는 것이다. 독심술, 관심법과 같은 것이다. 거꾸로 양심은 자신의 양심은 마치 파동처럼 상대방의 마음을 공명시킬 것으로 믿는다. 그는 "내 마음은 하늘이 알 것으로" 믿어 의심하지 않는다. 만일 누군가 자기의 양심을 믿어주지 않는다면, 그것은 그가 진실하지 못하고 그 자신의 마음이 혼탁하다는 것을 입증하는 증거에 불과하다.

여기서 명심해야 할 일이 있다. 양심이 인식하는 개별자와 일반자 사이의 관계가 독특하다는 것이다. 일반적으로 개별자만 있고 일반자란 사유가 개별자를 집어넣기 위해 만든 그릇(즉 집합) 정도로 생각하거나(유명론자) 아니면 개인 속에 똑같은 심장이 들어 있듯이 개별자속에 일반자가 들어 있는 것으로(보편 내재론) 생각한다. 그러나 양심은 이와 다르게 생각한다. 양심은 개별자와 일반자가 합일되어 있다고 본다. 즉 일반자 자체가 개별자 속에서 구체성을 지니고 존재한다는 것이다. 이런 일반자는 추상적인 일반자(집합이든, 내재하는 것이든)와 구별되는 구체적 일반자이다. 예를 들어 "어떤 때에도 살인해서는 안 된다"라는 일반법칙을 인식하는 것이 양심이 아니다. 양심이 인식하는 구체적 일반성은 예를 들어 전쟁터에서 구체적이고 특수하게 나타나는 일반법칙이다. 예를 들어 "포로와 민간인은 학살하지 않는다"는 법칙이다.

구체적 상황에서 구현된 일반자, 이것은 법적인 용어를 통해 말하자면 정법(正法) 또는 형평성(Billigkeit)이다. 이런 말은 추상적인 정의(법, 정당성, Recht)와 구분되는 구체적 정의이다. 형평성이라는 말이 재미있다. 저울이 평형을 이룬다는 의미이다. 한쪽이 기울면 다른 쪽에 무게를 더해 평행하게 한다. 예를 들어 가난한 자나 부자나 모두에게 똑같이 나누어 준다면 그것은 추상적인 평등의 법칙이다. 그러나 가난한 자에게는 더 많이, 부자에게는 더 작게 나누어 줌으로써 사회적인 저울의 균형을 회복하는 것은 형평성이다. 형평성은 구체적 상황에 적절한 정의이다.

정법, 형평성이 무엇인가를 설명하는 아주 좋은 예가 있다. 언젠가 광고를 보니, 어떤 여인이 낮에 창가에서 졸고 있다. 이때 광고 논평이 나온다. "나의 여인이 잠들었을 때, 창문은 얼마만큼 열려 있어야 하나?" 창문의 열린 정도, 그때 그 순간 즉 나의 여인이 낮잠 잘 때 딱 들어맞는 정도, 정법이 그런 것이다.

3) 이창동의 영화 「시」

이점과 연관하여 이창동 감독이 만든 영화 「시」는 아주 적절한 예를 제공한다. 시의 주인공은 할머니이다. 그는 자기 딸이 맡기고 간 중학생 아이를 키우고 있다. 이 아이가 같은 또래와 어울려 어린 여학생을 강간한다. 여학생은 절망하여 자살한다. 이 사건(아마도 실제로 일어났을 법한 사건)을 둘러싸고 피해자의 어머니, 학교의 선생님, 여러 가해자의 부모들 그리고 경찰이 해답을 모색한다.

가해자의 부모들은 몇 푼의 돈을 통해서 여학생의 어머니를 회유하려 하고 그 어머니 역시 생활 형편상 이를 받아들인다. 가해자 중의 한 아이의 보호자인 할머니는 성폭력은 마땅히 처벌해야 한다는 일반적 법칙을 이런 구체적 상황에서 어떻게 적용해야 마땅한지를 찾는다. 할머니는 시를 배우면서 시적인 방식으로 이 일을 처리하고자 한다.

할머니는 여학생이 자살한 곳을 찾아가 보기도 하고 여학생의 어머니를 만나보기도 한다. 이 과정 중에는 얼핏 보면 이 사건과 무관한 일도 일어난다. 할머니는 노인을 씻어 주는 아르바이트를 하는데, 그런 가운데 노인이 지닌 욕망을 깨닫게 된다. 이런 체험 가운데서 할머니는 마침내 이런 상황에 가장 적절한 길을 찾아낸다. 할머니는 가해자의 부모들과 함께 위로금을 마련해 전달하며 동시에 자기의 손자인 아이가 스스로 법적 처벌을 받도록 한다. 할머니는 아이가 경찰에 끌려가기 전 아이의 발을 정성스레 씻어준다.

감독은 할머니의 판단이 형성되는 과정을 시가 형성되는 과정에 비유한다. 시는 사물에 대한 구체적인 체험을 통해 나온다. 이런 체험이 거듭 쌓이지만, 처음에는 아무것도 나오지 않는다. 그저 마음속 저 깊은 곳에서 무언가가 일렁거릴 뿐이다. 그러다가 어떤 순간, 시인은 그 상황에 가장 적절한 말이 마음에 떠오른다. 그 말은 시인 자신도 알지 못하는 사이에 마치 번개가 치듯 마음속에 떠오른 것이다. 시는 이런 말로 쓰인다. 시적인 정신, 그것이 양심이 추구하는 것이다. 양심은 이런 방식으로 일반석 가치가 구체적 상황에 적용되는 길을 발견한다.

이상에서 인식과 관련해서 양심이 가지는 두 가지 중요한 특징을 살펴보았다. 한 가지는 양심은 객관적 가치를 인식한다는 것이며, 또 한 가지는 양심은 직관적으로 본질 즉 이 객관적 가치를 인식할 수 있다는 것이다.

양심과 자발성5

앞에서 객관적 가치란 역사의 이념을 통해 결정된다고 했다. 낭만주의의 양심은 객관적 가치를 직관적으로 인식하는 본질 직관의 능력이다. 이제 낭만주의의 또 한 가지 축인 양심적 의지를 살펴보자. 인간에게는 욕망에서 얻어지는 쾌락과 달리 또 다른 즐거움이 존재한다. 예술적 유희에서 얻어지는 즐거움이 있고, 이것이 발전하면 무한에 도달하는 것을 통해 느껴지는 숭고의 감정이나 황홀감과 같은 것이 있다. 이런 무한성의 개념이 발전하면 생명력이라는 개념이 나온다. 생명력은 자기를 실행하는 가운데 즐거움을 얻는다. 이를 통해 자주적 의지 개념이 확립된다.

1) 유희로서 예술

이제 논의를 가치 인식의 측면에서 의지적 행동의 측면으로 옮기자. 의지의 측면에서 양심 개념의 출발점은 칸트의 순수의지라는 개념이다. 순수의지는 욕망처럼 강제하는 힘이었다. 순수의지가 행위 자체에서 즐거움을 느끼는 자주적 의지가 될 수는 없을까? 낭만주의의 철학적 모험은 이런 물음으로부터 시작했다. 낭만주의 철학은 괴테, 피히테, 셸링, 슐레겔 그리고 헤겔 등을 거쳐 발전했다. 이 모든 과정을 일일이 살피는 것은 어려우니 그 가운데 한두 가지 주요 계기만 짚어 보자. 낭만주의 철학의 모험에서 핵심적인 개념은 무한성의 개념이다. 이 개념을 통해 마침내 낭만적 양심 개념 즉 자주적 의지라는 개념이 출현하게 된다.

무한성 개념의 발단은 칸트의 미학이 될 것이다. 칸트는 상상력을 미학의 기초로 삼았다. 우리는 날아가는 새가 흘린 깃털 하나를 보고서 그 새를 날아가게 하는 가벼움을 상상할 수 있다. 또는 그 깃털을 갖고 한겨울 얼음 연못 속에 둥둥 떠 있는 백조의 따뜻함을 상상할 수도 있다. 이런 상상은 자유로운 것이니, 상상은 자유로우면 바로 그 자유로움 때문에 고유한 즐거움을 준다. 상상의 즐거움은 욕망에서 얻어지는 쾌락과는 구별되는 종류의 즐거움이다. 칸트는 아름다움이란 자유로운 상상에서 얻어지는 즐거움으로 파악한다.

아름다움에 관한 칸트의 주장은 당시 미학계에 충격을 주었다. 당시 미학은 미적인 가치가 객관적으로 존재한다고 보았다. 예를 들자면 황금분할의 비율은 건축이든 도자기이든, 여인의 신체이든 어디서나 아름답다고 느껴지는 것이다. 객관적 아름다움의 왕자는 그리스 고전 예술이다. 칸트는 미적인 아름다움의 원천을 객관적인 것에서 주관적인 것으로 옮겼다. 칸트의 미학은 고전주의적 미학을 송두리째 전복시켰다.

칸트의 주장에 따라서 새로운 예술이 출현했다. 그것이 곧 유희로서의 예술이다. 어린아이가 모래 위에서 수많은 형상을 그렸다가 지울 때를 생각해보자. 또는 잠시 잭슨 폴록이 되어 원색의 물감을 동이 채 흰 화폭을 향해 내던졌다고 생각해보자. 아니면 실험미술처럼 닭이 걸어다니며 무심하게 찍어대는 발자국을 그림으로 우기도록 하자. 예술이란 무엇인가? 유희가 아닌가? 왜 유희를 하는가? 이렇게 묻는다면 그는 예술을 모르는 것이다. 예술은 원래 유희에 지나지 않는다. 자유로운 유희를 통해 즐거움을 얻는 것, 그것이 예술이다. 작가는 상상의 자유를 관람객에게 파는 것일 뿐이다.

2) 숭고의 감정

칸트는 『판단력 비판』이란 책에서 상상의 자유를 미학의 원리로 제시한 데 이어서 숭고의 감정을 다룬다. 우리는 무한히 넓은 바다에 가면 아득히 먼 수평선을 바라본다. 또는 오르고 올라도 끝이 없는 산을 오르면서 아직 보이지 않는 봉우리 쪽을 향해 하늘을 우러러본다. 측량할 수 없는 바다, 도달할 수 없는 산, 바로 이런 것이 무한한 것이다.

무한한 것에는 이런 '양적으로 무한한 것'만 존재하는 것은 아니다. 무한이란 말은 말 그대로 한정(또는 경계)이 없는 것이다. 이런 의미에서 본다면 가을날 새벽에 삼라만상을 집어삼키는 안개도 무한한 것이며, 세상의 모든 것을 하얗게 뒤덮어 버리는 눈 역시 무한한 것이다. 칸트는 이런 안개와 눈을 '역동적으로 무한한 것'으로 규정했다.

그런데 무한한 것들 앞에 서면 어떤 느낌이 드는가? 설산에 오르면 숭고한 감정을 느낀다고 말하지 않는가? 백두산에 올라 천지신명께 절을 하는 이유도 그런 숭고한 감정의 폭발이 아니라면 무엇일까? 언젠가 어떤 소설에서 서서히 일렁거리는 바다 한가운데서 아득한 현기증을 느꼈다는 글을 본 적이 있다. 아득한 현기증은 죽음의 나락으로 떨어지는 듯한 두려운 기분이면서도 묘하게도 잊히지 않는 매력을 지닌 감정이기도 하다. 이런 현기증 앞에서 성적 황홀감을 느낀다고 말하기도 한다. 무한한 것 앞에서 느껴지는 이런 감정의 원인은 무엇일까?

생각해 보자. 무한한 것이 눈에 직접 보이는 것일까? 아득히 먼 수평선에 직접 도달할 수는 없으며 일렁거리는 너울의 힘을 직접 측량할 수는 없다. 그렇다면 무한한 것이 마치 눈앞에 있는 것처럼 생각하는 이유는 무엇일까? 여기에는 유추가 개입한다. 우선 일정한 반복이 있다. 즉 "하나 위에 또 하나"가 있다. 이것이 두서너 번 반복되면 "하나 위에 또 하나 위에 또 하나 .." 이런 식으로 무한히 반복되니 그 끝이 무한한 것이다. 또는 이렇게 말해도 된다. "이것과 저것 사이에 또 무엇이" 있다. 그걸 반복하면 "이것과 저것 사이에 있는 것과 이것 사이에 있는 것이"라는 식으로 무한히 반복되니, 이것과 저것 사이에서 경계를 결국 밝힐 수 없는 무한이 나타나게 된다.

이런 유추라는 점에서, 무한에 관한 경험은 앞에서 말한 미적인 경험과 차이가 없다. 둘 다 개별자에서 일반자로 일어나는 유추이며 상상(철학에서는 특별히 이를 반성이라 말하는데)에 의존한다. 다만 미적 경험이 유한한 개념에 이르는 것이라면 무한의 경험은 말 그대로 무한 개념에 이르는 유추이자 상상이다. 전자에서 유희의 감정이 일어난다면 후자에서는 숭고나 두려움, 황홀감과 같은 무한의 감정이 출현한다. 그러고 보면 숭고나 황홀도 유희의 감정과 정도의 차이에 불과하지 않을까? 유희가 극에 이르면 숭고나 황홀에 이른다.

3) 릴케의 장미

많은 예술은 상상의 즐거움을 넘어서 무한을 통해 얻어지는 숭고의 감정을 추구한다. 무한에 관한 추구는 미술보다는 음악에서 더 강하다. 무한은 직접 나타날 수 없으며 반복을 통해서만 표현될 수 있는데, 음악은 이런 반복이 가능하기 때문이다. 점차 반복되면서 더욱 강화되는 스페인 춤곡 「볼레로」의 리듬을 듣고 있노라면 아득함이 느껴진다. 음악이 끝나도 그 리듬은 마음속에서 여전히 반복되는 듯하다. 「볼레로」를 듣고 있노라면 무한 앞에 떨고 있는 인간의 모습이 마음에 떠오른다. 하지만 미술도 불가능하지 않다. 인상파 화가 모네가 그린 그림을 보자. 일출의 장면이나 물 위에 떠 있는 수련을 그린 그의 그림을 보면 어느덧 형체의 경계는 사라지고 현란한 색점만이 남아 소용돌이치면서 끝내 모든 것을 빨아 당기는 거대한 구멍이 열리는 것처럼 보인다.

특히 무한은 시인이 단골로 그려내는 대상이기도 하다. 릴케의 시 「장미의 속(Das Rosen-Innere)」를 읽어 보자.

어디에 이런 내부를 감싸는

외부가 있을까. 어떤 상처에

이 보드라운 아마포를 올려놓는 것일까.

이 근심 모르는

활짝 핀 장미꽃의 내부 호수에는

어느 것의 하늘이

비쳐 있을까. 보라

장미는 이제라도

누군가의 떨리는 손이 자기를 무너뜨리라는 것을 모르는 양

꽃잎이 꽃잎을 서로 맞대고 있다.

장미는 이제 자기 자신을

지탱할 수 없다. 많은 꽃들은

너무나 충일하여

내부에서 넘쳐 나와

끝없는 여름의 나날 속으로 흘러들어간다.

점점 풍요해지는 그 나날들의 문을 닫고

마침내 여름 전체가 하나의 방,

꿈속의 방이 될 때까지.[52]

시인에게 장미 잎이 겹겹이 쌓인 모양이("내부를 감싸는 외부") 반복을 통해 무한을 상상하게 하는 모양이다. 그래서 장미의 "내부 호수"에는 외부의 "하늘이 비쳐" 있다. 그러므로 장미의 잎은 더는 경계로서의 역할을 하지 못하며 스스로 무너지고 있다.("누군가의 떨리는 손이 자기를 무너뜨리라는 것을 모르는 양") 이런 무너짐은 한편으로는 누군가가 다가와 무너뜨리는 것이며 다른 한편으로는 스스로 "충일하여 내부에서 넘쳐나는" 것이다. 이를 통해 드디어 장미와 하늘, 다시 말해 "꿈속의 방"과 "여름 전체"가 하나가 된다. 장미 잎이 겹겹이 반복되는 것을 보고 무한을 노래한 시인의 눈이 정말 아름답다.

52 Rainer Maria Rilke. Gedichte. Stuttgart 1997, 158-159.

양심과 자발성6

앞에서 예술이 주는 유희의 즐거움과 무한 앞에서 출현하는 숭고의 감정을 설명했다. 무한에 관한 사유는 마침내 자기 증식으로서 무한 즉 진무한의 개념에 이르게 되었다. 그런 개념의 기초가 된 것이 미분 기하학이다. 미분 기하학에서 미분량(differential)의 자기 반복을 통해 곡선의 운동이 일어나듯이 자연의 운동뿐만 아니라 생명의 운동도 이런 미분량 개념으로 역동적으로 설명된다. 생명의 미분량 개념에서 생명의 활력이라는 개념이 나오게 된다. 생명의 활력이라는 개념이 앞에서 설명한 자주적 의지 즉 욕망의 순환적 복합체를 설명해 준다. 이런 생명의 활력이 곧 자발성으로서 자주적 의지, 낭만적 양심이다.

1) 진무한 개념

칸트가 미학 속에서 제시한 무한의 개념은 칸트를 계승하는 철학자들의 비상한 관심을 불러일으켰다. 칸트를 뒤이어서 무한 개념에 관한 철학적 연구가 출현한다. 그때까지만 해도 무한이란 유한의 변경에 존재하는 것, 다가가도 결코 도달할 수 없는 것으로 간주했다. 그런데 이와는 다른 무한 개념이 가능하다는 것이 밝혀졌다.

이를 이해하기 위해 무한 개념의 기초가 되는 자기 반복이라는 개념으로 돌아가 보자. 이런 반복에 두 가지 종류가 있다. "1+1+1…" 이런 식으로 무한하게 반복한다면 그 크기는 알다시피 무한대이다. 이 무한대는 경계를 모르는 것이며 경계에 도달할 수 없는 것이다. 이것이 헤겔이

'악무한(惡無限)'이라 말한 것이다. 그런데 "½+⅓+¼....." 이런 식으로 무한히 반복하면 어떨까? 그것은 일정한 값 즉 1에 도달하게 된다. 헤겔은 이를 '진무한(眞無限)'이라 한다. 둘 다 자기 반복이라는 개념을 갖고 있다. 전자를 발산하는 무한이라 한다면 후자는 수렴하는 무한이다. 전자가 칸트가 발견한 무한 개념이다. 후자는 낭만주의 철학자 셸링과 헤겔이 주장한 것이다. 칸트는 자기 반복하는 악무한에서 숭고의 감정을 느꼈다고 했다. 같은 자기 반복의 개념에 기초하는 것이므로 진무한 역시 숭고의 감정을 일으킬 것이다.

2) 미분 기하학

진무한이라는 개념은 수학적으로 미분 기하학의 기초가 된다. 미분 기하학은 라이프니츠와 뉴턴을 통해 발견되었다. 이때 기본 개념이 미분량(differential: 이것을 흔히 '차이'라고 번역한다)이라는 개념이다. 예를 들어 속도를 보자. 속도는 거리(S)와 시간(T)의 비율로 이루어져 있다. 속도가 매 순간 변화할 때 순간적으로 변화하는 양(ds/dt: d=differential)을 미분량이라 한다. 이 순간적인 미분량을 일정한 시간 반복적으로 더하면($\Sigma ds/dt$: Σ=sum) 속도가 변화한다. 일정한 시간에 속도의 크기는 그 이전의 속도의 크기에 그 순간의 미분량이 더해진 것이다. 이때 일정 시간 사이에 들어가는 순간의 수는 무한하므로 일정 기간 사이에 미분량의 반복적 더하기가 무한하게 일어나게 된다. 이런 반복적 더하기는 '더한 것 위에 또 더하기'이므로, 누적적인 더하기이다. 이런 더하기의 결과 나타나는 총합은 시간의 흐름에 따라 일정한 계열을 형성한다. 그게 바로 시간에 따른 속도의 변화를 보여주는 그래프가($F=S/T^2$) 된다. 복잡한 미적분 계산을 할 수 없더라도, 이런 '미분량'이니

'무한 반복'이니 총합의 '계열'이니 하는 개념은 그렇게 어려운 것은 아니다. 이런 미분 기하학을 통해서 뉴턴이 갈릴레오의 낙하법칙을 증명했고 그 이후 근대역학이 완성되었다.

그런데 미분 기하학에는 철학적으로 본다면 흥미로운 생각이 들어 있다. 우선 미분량이라는 개념을 다시 생각해보자. 운동하는 물체가 있다고 할 때 미분량은 물체에 내재하지만 다만 가능적으로만 내재한다. 그렇다고 상상적으로 가능하다는 의미는 아니다. 그것은 어떤 변화를 실제로 만들어낼 수 있다는 의미에서 가능적이다. 이런 의미에서 가능성을 철학에서는 흔히 잠재적인 것이라 한다. 이 가능성이 물체에 내재한다고 하지만 마치 포켓 속에 동전이 들어있다는 식으로 내재하는 것은 아니다. 그 가능성은 물체 속에 있지 않으며 물체의 경계 선상에 있으며, 아직 현실 속에 출현한 것은 아니며 다만 경계 선상에서 막 나타나려고 하는 것이다. 그 가능성은 마치 원운동에서 원심력이 원호의 일정 지점에 접선방향으로 작용한다고 할 때(내접)와 같은 의미에서 존재한다. 다시 말해서 그 가능성은 내재하면서도 초월적으로 존재하는 것이다.

무한히 반복한다는 개념도 흥미롭다. 반복의 과정은 "더해진 것에 더하는 과정"(누적, 적분)이므로 자주 이것을 '제곱'으로 표현하기도 한다. 제곱이란 곧 자기 증식이며, "증식된 것 위에 또 증식하는" 반복을 표현하는 기호이다. 그런데 미분 기하학에서 일정 시간에 일어나는 반복은 무한하다. 일정 시간 안에 들어가는 순간의 수가 무한하듯이, 일정 선분에 들어가는 점의 수가 무한하듯, 이 일정 시간 안에 반복은 무한하게 일어난다. 미분 기하학에 따라 무한한 반복적 더하기를 통해 도달되는 것은 악무한이 아니다. 여기서는 이런 반복 끝에 어떤 특정한 크기가 새롭게 출현하게 된다. 특정한 크기란 곧 유한한 것이므로 이것은 앞에서 말한 진무한에 해당한다. 이런 진무한의 개념에서 최종 결과는 유한이며 과정에서는 무한한 반복적 더하기가 일어났으므로, 유한의 내부에는 무한이 들어 있다. '유한한 것 속에 무한이 들어 있다는 것'이 가능한 일일까? 그런데 가능하다고 한다. 그것은 마치 상자 안에 상자가 있고 그 상자 안에 또 상자가 있어 무한히 열리는 상자와 같은 방식으로 들어 있다는 것이다.

3) 생명력

'미분량', '무한 반복', '계열'과 같은 하는 개념은 근대의 철학적 사유에 엄청난 충격을 주었다. 미분 기하학에 기초한 설명은 기계적 인과관계를 기초로 하는 역학적 설명과 구별하여 동역학적 설명 또는 역동적 설명이라 규정된다. 이런 역동적 설명은 뉴턴에서 보듯이 사물의 공간적 운동을 설명하는 데 이바지했지만, 사물의 생성 운동에도 적용되기 시작했다. 사물의 공간적 운동과 구분하여 사물의 성질이 변화하는 운동을 생성(生成: becoming, werden)'이라 한다. 예를 들어 어떤 사물의 색깔이 빨간색에서 파란색으로 변화한다면, 이런 변화도 색깔의 미분적 변화량이 누적됨으로써 일어나는 것으로 설명되었다.

이런 역동적 설명은 마침내 생명의 운동에도 적용되었다. 생명이란 무엇인가? 이것도 하나의 운동 그래프로 그려볼 수 있다. 다만 역학적 운동이 공간에 그려지는 그래프라면, 생명의 운동은 시간에 그려지는 그래프이다. 태어나서 자라나고 마침내 다시 죽어가는 생명의 성장 과정, 나아가서 아메바에서 식물로 그리고 동물, 마침내 인간에 이르는 자연 진화의 역사도 이런 식으로 시간의 그래프로 그릴 수 있다.

그러면 생명의 생성은 어떻게 파악되는가? 생명의 성장 나아가서 생명체의 진화는 '생명의 미분량'이 무한히 반복된 결과로 발생한다. 생명의 미분량은 자기를 반복 즉 제곱하면서 생명체의 새로운 단계나, 새로운 생명체로 변화한다. 이런 미분량은 한 번의 생성으로 사라지는 것이 아니며 끊임없이 새로이 생성하는 것이다. 낭만주의 철학은 이렇게 자신을 무한히 반복하는 생명의 미분량을 '생명력' 또는 '활력(libido)'으로 규정했다. 니체가 말하는 권력의지도 이런 생명의 자기를 반복하는 의지를 지칭하는 말이다.[53]

이 활력은 단순한 욕망의 힘과 구분된다. 욕망은 결과를 향해 직진하는 것이며 비유적으로 말하자면 일차함수와 같이 직선운동하는 것이다. 반면 생명의 활력은 자기 반복적인 것(제곱하는 힘)이고 비유하자면 이차함수의 곡선운동에 해당한다. 욕망은 결과를 통해 쾌락을 얻지만 이런 활력은 지기를 반복하는 매 단계 즐거움을 얻는 것이다. 이미 칸트가 제시한 예술적 유희의 즐거움에서 무한에서 느껴지는 숭고의 감정을 끌어낸 바가 있다. 미분량의 누적은 수렴하는 무한으로서 진무한을 말하는 것이니 이 역시 무한이며 숭고한 것이다. 그러므로 생명의 자기 반복을 통해 얻어지는 즐거움은 칸트의 숭고감과 연결되는 감정이라 하겠다.

낭만주의 철학은 미분적 힘이라는 개념을 통해 생명체에 내재하는 생명력을 설명했다. 미분적 힘이 자기 자신에 내접하는 힘이듯이, 생명력도 생명체 개체에 내접하는 힘 즉 내재하면서도 초월하는 힘이다. 생

53 여기서 권력이란 사회적 권력을 의미하는 것이 아니다. 그것은 생명의 능력을 의미하며, 니체는 이를 제곱(멱)하는 힘이라 한다. 라이프니츠의 활력이라는 말과 같은 의미이며, 다만 국내 번역자가 오해하여 이를 사회적 권력으로 번역한 것이다.

명력은 무한히 반복하는 힘이며, 자기의 활동 속에서 즐거움을 얻는 힘이다. 이런 점에서 생명력은 자발적인 힘이라 규정된다.

낭만주의 철학은 칸트가 말하는 순수의지를 이런 생명력 개념으로 대체했다. 생명력은 생명체에 자연적으로 존재하는 욕망과 구분되는 힘이다. 순수의지가 강제적인 힘인 것과 달리 생명력은 스스로 실행하는 자발적인 의지이므로 즉각적으로 행동하는 양심을 설명할 수 있는 토대가 된다. 의무감이 자율적인 의지라면 양심은 곧 자발적인 의지이다. 여기서 '발(發)'이란 내적으로 솟구쳐 나오는 내접하는 힘을 표현하는 말이다.

양심과 자발성7

낭만적 영웅은 객관적 가치를 본질 직관을 통해 인식하고, 역동적인 생명력을 통해 이를 실현한다. 낭만적 영웅 횔더린이 그 대표적인 예이다. 횔더린의 비극에서 보듯 낭만주의는 몰락하게 마련이다. 직관이 주관성에 빠져서, 역사의 이념을 오인하므로 실패하기도 하지만, 무엇보다도 근본적으로 역동적인 생명력 자체가 역사적 실천에서 무기력함을 드러내기 때문이다. 그 결과 낭만주의자는 낭만적 동경에 빠지다가 끝내 자살에의 충동을 느낀다. 낭만적 영웅은 이렇게 실패했지만, 낭만적 영웅이 흘린 피 위에서 새로운 자주성의 정신이 출현한다. 그게 우리가 지금까지 찾아왔던 목표 '자주적 공동체 정신'이다.

1) 비극적 영웅 횔더린

낭만주의 철학은 객관적 가치를 그칠 줄 모르는 생명력 즉 자발적인 의지를 통해서 실현하려 한다. 낭만주의 철학은 깊은 울림을 갖고 있으며 많은 청년을 매혹시켰다. 독일 낭만주의 철학은 독일 혁명의 철학이 되었다. 낭만주의의 철학 정신에 따라 독일의 청년은 민주주의 혁명에 뛰어들었으며, 나폴레옹 침략에 저항하는 민족해방 운동에 참여했다.

시인 횔더린의 모습 속에 낭만적 영웅의 모습이 각인되어 있다. 시인 횔더린은 헤겔 그리고 셸링과 더불어 튀빙엔 신학대학의 트로이카이다. 그 셋은 프랑스 혁명이 정점에 이른 1793년 신학대학 기숙사에 함께 자유의 나무를 심기도 했다. 횔더린은 대학 졸업 후 프랑크푸르트에서(1796년-1798년) 어느 은행가의 집에서 가정교사로 있었다. 그때 그는 그 은행가의 부인을 사랑하지만(은행가의 부인 수제트를 그는 소크라테스가 사랑한 여인인 디오티마로 불렀다) 이 사랑은 끝내 이루어지지 못했다. 사랑을 잃은 이때부터(1800년경) 그는 우울증이 심하게 된다. 1802년 그의 디오티마가 병들어 죽자 휠더린은 절망에 빠지고 그의 병은 악화된다.

이때 그는 자기 친구 싱클레어가 정치가로서 활동하던 홈부르크 공국에 초청받아 갔다. 여기서 그는 싱클레어가 주도한 성급한 혁명적 봉기에 가담했다가 실패하고 체포되었다. 싱클레어는 처형당했으나 휠더린은 질병 덕(?)에 풀려나오기는 했지만, 그의 병은 이제 걷잡을 수 없게 되었다. 그의 시를 좋아했던 튀빙엔의 어느 목수가 자기 집에서 그를 간호했다. 그는 죽을 때까지 그 집을 벗어나지 못했으니, 그 집이 튀빙엔 넥카 강변에 있는 휠더린의 탑이다.

시인 휠더린의 생애는 낭만적 영웅의 전형적인 모습을 보여준다. 사랑에 빠지고 혁명에 뛰어드는 영웅, 사랑과 혁명에 자신을 남김없이 내던지는 영웅, 결국 실패하고 절망에 빠져 비극적인 생애를 마치는 영웅, 이 모든 측면에서 휠더린은 가장 전형적인 낭만적 영웅이다. 그런데 낭만적 영웅은 왜 이렇게 비극적으로 생애를 마치게 되는가? 영웅의 비극은 필연적인 것인가? 낭만적 양심에 무슨 문제가 있는가?

2) 본질 직관의 한계

문제는 낭만주의적 양심 개념이 인식에 있어서나 실천적 행동에 있어서나 '직접성'이라는 특징을 갖고 있다는 데에 있다. 인식에서 낭만주의의 직접성은 본질 직관이라는 개념에 있다. 이 본질 직관은 개별자를 인식하는 것이 아니라 사물의 본질을 인식한다. 그 방식은 직관이다. 이런 직관은 주관적인 오류에 빠지기 쉬우니 자주 자기가 주관적으로 파악한 것을 사물의 본질이라고 우기곤 한다. 이런 한계 때문에 헤겔은 『정신현상학』 서문에서 "꿈을 통해서 얻는 것은 잠에 불과하다"고 말하거나 "어둠 속에서 모든 소가 검게 보이는 것"과 마찬가지라고 낭만주의를 비판한다.

그런데 본질을 직관했다는 확신은 낭만주의자의 주관적 느낌이므로 스스로 이런 확신에서 벗어날 수 없다. 그는 자신의 주관적 확신을 태산같이 믿고 있으니 이런 낭만적 확신을 설득할 수 있는 어떤 방법도 존재하지 않는다. 낭만주의자는 때로는 이런 것을 때로는 저런 것을 진리로 확신하는데, 그는 자기가 왜 그렇게 변화했는지는 알지 못한다. 다만 그때그때 느끼는 확신은 요지부동이다. 예를 들자면 한때는 가장 급진적 마르크스주의자가 한때는 가장 급진적 자유주의자가 되니, 그에게 중요한 것은 그가 확신하는 것이 무엇인가가 아니라 그가 무엇인가를 확신한다는 사실이다. 그를 고양하는 것은 언제 어디서나 새로운 확신을 얻을 수 있다는 것이다.

낭만주의자는 이제 마음은 오직 마음으로만 전해진다고 주장한다. 그래서 내가 진리로 믿고 있는 것을 타인이 마음의 눈이 있으면 볼 것이고 만일 그가 보지 못한다면 타인에게 진리를 볼 마음의 눈이 없기 때문으로 생각한다. 자신이 믿고 있는 진리에 우연히 누가 동조하면 그는 그렇게 동조한다는 사실 때문에 그는 가장 순수한 마음을 가진 인간이며 자신과 진정한 친구요 동지가 된다. 술집에 가면 이런 낭만주의의 동지들을 수없이 만나게 된다. 그들은 서로가 우연히 같은 생각을 가졌기 때문에 태어나면서부터 동지라고 생각한다. 그들은 서로의 진실함을 입이 마르도록 칭찬하고 자기들의 주장에 동조하지 않는 사람은 아직 인간의 단계 도달하지 못한 저급한 존재로 취급한다.

3) 양심적 의지의 한계

낭만주의의 본질 직관이 비록 주관적인 오류에 빠지기는 하지만, 인식에서의 주관적 오류는 역사적 실천을 통해 어렵지 않게 교정될 수 있다. 낭만주의자는 처음에는 주관적인 오류를 범하지만, 역사적 실천에 뛰어들면서 자신의 오류를 깨닫게 마련이며 곧 객관적인 가치, 역사가 앞으로 실현하게 되는 이념이 무엇인지 발견하게 된다.

그런데 정작 어려운 것은 바로 의지의 문제이다. 낭만주의 철학은 자발적인 생명력 개념에서 양심적 의지의 가능성을 확보하려 했다. 하지만 여기에 두 가지 한계가 있다.

하나는 자발적인 생명력은 정념의 수준에 머물러 있다는 사실이다. 이 때문에 양심은 직접성에 속한다고 평가된다. 이런 정념의 수준에서는 자기도 어쩔 수 없는 힘에 종속당한다. 만일 우연히 그가 정념을 통해 추구하는 것이 역사의 이념이라면 그는 위대한 영웅이 될 수 있지만, 우연히 돈 조반니처럼 성욕에 사로잡히면 악마적 의지로 변하게 된다. 정념의 단계에 머무르는 생명력을 통해서는 그의 의지가 객관적 가치를 따르는가를 보장하지 못한다.

우리는 이런 예를 독일 낭만주의 철학자의 삶 자체에서 잘 알 수 있다. 독일 낭만주의 철학의 대표자 셸링이나 슐레겔의 삶을 보자. 그들은 19세기 초만 해도 프랑스 혁명의 열렬한 지지자였다. 그러나 나폴레옹의 독일 침략(1807년) 이후부터 슐레겔은 반동의 아성인 오스트리아 메테르니히의 오른팔이 되며, 셸링은 헤겔 사후 베를린 대학 철학과 교수가 되어서 프로이센의 왕을 중심으로 하는 왕당파를 지지했다. 슐레겔과 셸링의 반동적 삶을 어떻게 이해할 것인가? 그들의 양심은 정념에 머물러 있었으니, 그때그때 그들의 정념이 하자는 대로 따를 수밖에 없었다. 결국 그들의 양심은 역사의 흐름과는 반대방향으로 거슬러 올라갔다. 물론 낭만주의의 선구자에 속하는 횔더린처럼 시대를 앞서 역사의 이념에 충실한 삶을 사는 것도 가능하다. 문제는 낭만주의의 자발적 정념이 역사의 이념과 필연적으로 합치하는 것은 아니라는 것이다.

4) 낭만주의의 무기력

하지만 낭만적 생명력 개념이 가지는 더 근본적인 문제는 낭만적 의지의 무기력에 있다. 즉 개체에 내재하는 생명력이 아무리 위대하다고 한들 거대한 역사의 이념을 실현하기에는 무력하기 짝이 없다. 역사를 보면 항우와 같이 영웅조차도 역사의 거대한 흐름에는 어쩔 수가 없었다.

> 힘은 산을 뽑고 기상은 세상을 덮었다는데
> 때가 불리하니 추(騅, 항우의 말)마저 가지 않누나.
> 추마저 가지 않으니 난들 어찌하리
> 우(虞, 항우의 연인)야, 우야 너를 어찌하리.

어디 항우뿐이랴? 로마 공화정 말기 노예 반란을 일으킨 스팔타쿠스를 보라. 로마의 몇 개 군단을 몰살시킬 정도로 탁월한 힘과 능력을 가지고 있었지만, 결국 그는 로마를 탈출할 수 없었다. 그는 남으로 시칠리로 건너가려 내려갔으나 바다에 막혔고 북으로 알프스를 넘어 탈출하려 했으나 거대한 설산에 막혔다. 그는 이탈리아 반도를 아래위로 오르내리기를 수차례 했으나 결국 로마군의 포위 속에 몰락하고 말았다.

양심의 역사적 실패는 양심이 역사의 이념을 오인한 것 때문이기도 하다. 아마도 항우가 그럴 것이다. 당시 역사는 유방이 택한 길을 가고 있었을 것이다. 그러나 설혹 역사의 이념을 올바로 인식했다고 하더라도 실패는 예외가 없다. 왜냐하면 도대체 한 개인의 영웅적 의지로 역사의 이념이 실현되는 것이 아니기 때문이다. 스팔타쿠스를 보라. 노예해방이 역사의 길이었다는 것은 이 시기부터 노예해방의 종교 기독교가 널리 확산하는 것을 보아도 알 수 있다. 하지만 역사의 이념조차 곧바로 실현되는 것은 아니며 우여곡절을 거치고 후퇴를 거듭하며 갑작스럽게 다가오기도 하니, 어찌 한 개인이 이룰 수 있는 것이 되겠는가?

역사의 이념을 실현하는 것은 공동체의 힘밖에 없다. 인민의 집단적 의지만이 역사를 추동할 수 있다. 하지만 낭만적 양심은 이런 공동체를 형성하지 못한다. 왜냐하면 생명력 개념은 개인의 자발적 의지라는 수준에 머무르는 것이기 때문이다.

이상에서 살펴보았듯이 낭만주의 철학은 생명력 개념을 통해 스스로 실행하는 자발적 의지 개념에 도착했다. 이 자발적 의지가 행위를 하면서 즐거움을 얻는 자주성 개념의 기초이니 낭만주의의 생명력 개념은 이런 점에서 칸트의 자율적 의무보다는 더 발전된 개념이다. 하지만 칸트의 자율적 의무가 도덕적 가치를 실행하는 자주적 의지였다는 점에 비교해 본다면 낭만주의의 생명력은 수동적인 의지 즉 정념의 상태를 벗어나지 못했다. 또한 낭만적 생명력은 개인의 자발성에 머무르고 이로부터 공동체를 형성할 가능성을 찾지 못했다. 낭만주의 생명력은 결국 무기력한 생명력으로 그치고 만다. 영웅의 비극은 그가 바로 영웅이었기 때문이다. 영웅이란 정념에 사로잡힌 위대한 개인이다.

5) 나폴레옹과 베토벤

양심적 의지가 현실에서 반복적으로 실패하면 금강석 같은 의지를 지닌 영웅도 무너지게 마련이다. 이제 양심적 의지가 무너지는 과정을 서술해 보자.

양심이 역사를 바꿀 수 있다고 아직 기고만장하고 있을 때부터 시작하자. 양심은 이때 자기가 양심적이라 믿는 동지와 더불어 소규모 단체를 형성한다. 앞에서 말했던 양심들끼리 서로서로 알아주는 소위 '양심의 공동체'이다. 이 공동체는 말이 공동체이지 매 순간 서로를 의심하면서 배제하는 의심의 공동체이기도 하다. 양심이 마음으로 전달되는 것이라면 의심 역시 마음으로 전달되는 것이기 때문이다. 그러므로 양심의 공동체에는 실제로 어떤 공동성이 존재하지 않으며 이 공동체는 각자 자기가 왕이라 믿는 공동체일 뿐이다.

믿음과 의심이 교차하는 양심의 공동체는 허약하기 짝이 없다. 한두 번 역사적 실패에 부딪히게 되면, 양심의 공동체는 무너진다. 역사는 기고만장한 양심의 정체성을 벗겨버리니 남아 있는 것은 무기력한 패배의식뿐이다. 패배자들은 서로의 모습을 보기 싫어한다. 왜냐하면 타인의 비참한 모습은 자기 자신의 패배를 확인해주기 때문이다. 패배자들은 타인의 배신에서부터 패배의 원인을 찾으니, 양심의 공동체가 사라진 잔해 곳곳에 증오의 꽃이 만발한다.

양심이 역사 앞에서 첫 번째 시련을 이기지 못하고 결국 행동에의 의지를 상실할 때 욕망이 다시 등장한다. 욕망은 양심처럼 미래에 실현될 객관적 가치 즉 이념을 고집하지 않는다. 욕망은 당장 현실에 실현될 수 있는 것, 다수의 인간이 욕망하는 것을 추구한다. 이념을 추구하는 자를 양심이라 했다면 현실적 욕망을 추구하는 자를 정치가라고 명명해 보자.

정치가의 욕망은 나름대로 자기를 실현하는 힘을 가진다. 그 힘이란 같은 것을 욕망하는 집단의 힘이다. 이런 집단은 욕망의 공동체이며 어느 시대에는 특정한 욕망을 중심으로 대규모 집단을 형성할 수 있다. 욕망 공동체의 목적은 오직 욕망을 효율적으로 실현하는 것이다. 이를 위해 합의의 절차, 기능적으로 분화된 조직, 엄격한 위계질서, 한마디로 관료적인 조직이 형성된다. 관료적 집단의 힘, 그것이 욕망을 실현하는 힘이 된다.

여기서 양심과 정치가, 소규모 양심의 공동체와 대규모 욕망 집단의 대립이 벌어지게 된다. 양심은 정치가를 비난한다. 양심은 정치가를 순수하지 못한 자이며 항상 자기의 이익을 등 뒤에 감추고 있다고 말한다. 반면 정치가 역시 양심을 비난한다. 정치가에게는 힘이 있다. 적어도 욕망하는 자들의 집단이 있기 때문이다. 반면 양심은 힘이 없으면서도 목소리는 높으니 정치가는 양심을 위선으로 고발한다. 양심은 정치가의 고발 앞에서 고개를 들지 못한다.

정치가도 실패하기는 마찬가지이다. 정치가가 추구하는 것은 현실적 욕망이다. 대중은 한때 이 욕망을 통해 정치가 주변에 집결할 수 있었다. 그러나 현실 자체가 끊임없이 변동하니 하나의 욕망이 성취되는가 싶으면 대중 속에 또 다른 욕망이 솟구친다. 한때 대중으로부터 영웅이라는 소리를 들었던 정치가가 어리둥절한 사이에 대중은 이미 다른 정치가를 향해 흩어져 간다. 결국 정치가에게 남은 것은 늙은 배우에게 남은 것과 똑같은 빛바랜 과거의 영광이다.

양심과 정치가 사이에 벌어지는 씁쓸한 대립을 가장 잘 보여주는 것은 나폴레옹이 황제가 되자 그를 위해 쓴 영웅 교향곡을 찢어버린 베토벤의 일화가 아닐까 한다. 베토벤은 나폴레옹의 현실적 힘을 알지 못했다. 나폴레옹의 배후에는 분배받은 땅을 지키려는 농민의 욕망이 깔렸었다. 무지에 관해서라면 나폴레옹 역시 마찬가지였다. 그는 한때 토지개혁 덕분에 그에게 열광했던 농민이 영원히 자기를 지지할 것으로 믿어 엘바 섬을 탈출했다. 하지만 그가 발견한 것은 이미 자기 땅을 갈면서 전쟁에 염증을 느낀 농민에 불과했다.

6) 낭만적 동경과 자살에의 갈망

거듭된 실패에 직면했을 때, 양심은 마침내 행위를 포기하게 된다. 포기에도 단계가 있다. 첫 번째 단계에서 그는 패배를 자신의 무능력 때문으로 생각하지 않는다. 그는 오히려 현실이 자신의 이념을 실현하기에 적절하지 못하다고 생각한다. 그는 자신의 양심을 실현할 수 있는 이상적인 조건을 그리워한다. 그런 이상적 조건은 자신이 사는 현실에서는 찾을 수 없으니 그는 이상향을 그리워하게 된다. 이게 바로 낭만적 동경이다. 낭만주의 작가 노발리스는 낭만적 동경을 『푸른 꽃』이라는 환상으로 그려냈다.[54]

이상향은 지구의 변방, 샹그릴라나 엘도라도에 설정되지만 아무도

---

54 노발리스의 작품 『푸른 꽃』에서 주인공 하인리히는 낯선 사나이가 들려준 푸른 꽃 이야기를 듣고 이를 꿈속에 보게 된다. 하인리히는 갈수록 말이 적어지고 깊은 생각에 빠지다가 마침내 푸른 꽃을 찾아서 아우구스부르크로 여행을 떠나게 된다. 이 이야기는 그 여행 중에 만난 일을 서사시적으로 그려놓은 이야기다.

그런 이상향을 찾을 수는 없다. 마침내 양심은 낭만적 동경을 거두고 자신의 내면에 파묻히기 시작한다. 아직 양심을 실현할 꿈을 버리지 못했을 때 그는 술집에 처박혀 주변의 모든 현실에 대해 비난하기 시작한다. 술 한 잔마다 현실을 욕하면서 자신이 현실을 욕하면 욕하는 만큼 자신의 이념이 더 실현되는 것처럼 즐거워한다. 그는 그가 술을 마시는 속도만큼 빨리 양심이 실현된다고 생각한다. 이런 행동도 한정이 있으니 그의 옆에서 같이 술을 들면서 그가 현실을 욕할 때마다 술잔을 채워줄 사람도 끝없이 되풀이되는 한탄에 그의 곁을 떠나고 만다. 그는 마침내 고독하게 남은 술을 들다가 드디어는 술집에서도 자취를 감추게 된다. 그는 고독 속에서 이념이 실현되지 않는 더러운 현실을 더는 견디지 못하고 죽음을 갈망하게 된다.

이런 낭만적 동경과 자살에의 갈망은 68혁명의 비극적 종말을 암시하는 도어즈 그룹의 가수 짐 모리슨의 자살을 통해서도 확인할 수 있다.

> "정겨웠던 친구여, 잘 있게
> 하나뿐인 나의 친구여, 잘 있게
> 그토록 잡고 싶었던 자유와의 투쟁과도 안녕
> 하지만 자네는 나를 따라오진 말게
> 온갖 비웃음과 음흉한 거짓의 세계, 안녕
> 견디기 어려웠던 암흑의 땅이여, 안녕
> 이 절망스러운 세상에서, 우둔하기 짝이 없는 인간들이
> 틀어쥐고 있던 무한한 자유가 눈앞에 보이는데
> 상상이나 할 수 있겠나? 그런 세상을"[55]

---

55 존 덴스모어(John Densmore), 『도어즈』, 김명환 역, 세광음악 출판사, 1993, 33쪽

그러나 양심이 몰락하면서 드디어 자주성의 본래적 면목이 출현하니, 이것이야말로 진정한 의미에서 자주성 즉 자주적 공동체 정신이다.

지금까지 1부 1장에서 자주성의 정치적 의미를 그리고 2장에서는 윤리적 차원에서 자주적 의지를 설명했다. 2부부터는 자주성에 이르기 위한 정신의 역사를 서술했다. 우선 3장에서 운명의 개념, 의무의 개념이 설명되었고, 이어 4장에서는 낭만주의적 양심의 개념이 설명되었다. 이제 3부에 들어가면 자주성의 최종 목표인 자주적 공동체 정신이 분석된다.

3부 자주성의 공동체

공동체 정신 1

자주적 공동체 정신에 이르기 과정은 사도 바울의 사랑 정신을 거쳐 가야 한다. 우선 양심의 절망에서부터 시작하자. 이런 양심의 절망을 벗어나는 길은 무엇인가? 공동체만이 양심의 목표를 실현할 수 있다. 하지만 어떻게 이런 공동체에 도달할 수 있는가? 중국 홍군의 예를 보자. 그리고 철학적으로 주체성 개념을 다시 분석해 보자.

1) 철저한 절망

낭만적 양심의 결정적 문제점은 그 불균형성에 있다. 양심이 추구하려는 목표는 청춘의 애타는 사랑이라든가 몇 푼 돈을 나누는 알량한 정의는 아니다. 양심의 목표는 한 사회에서 역사의 이념, 즉 객관적 가치이다. 그것은 미래에 역사적으로 실현될 사회의 원리를 말한다. 구체적으로 말하자면 자유와 해방이며 또 정의와 평등과 같은 것이다. 반면 이런 목표를 실현하려는 양심의 힘은 개인의 의지이다. 비록 그 의지가 아무리 단호하고 아무리 지칠 줄 모르는 힘을 지녔다고 하더라도 여전히 개인의 의지에 머무른다. 개인의 의지를 통해 역사를 들어 올릴 수는 없으니, 양심의 목표와 양심의 힘 사이에는 절대적인 불균형이 놓여 있다.

이런 불균형 때문에 양심은 절망에 빠지지 않을 수 없다. 앞에서 양심의 절망과 관련해서 낭만적 동경이나 자살에의 갈망을 살펴보았다. 만일 양심적인 인간이 절망에 빠지지 않았다고 말한다면 그것은 그의 목표가 양심의 진짜 목표가 아니기 때문이라 할 수 있다. 그는 많은 유혹을 받으면서도 한 인간을 끝까지 순수하게 사랑했을 수는 있다. 그는 자신의 직분을 실행하면서도 한 푼의 돈도 부정하게 사용하지 않았을 수도 있다. 그가 절망한 적이 없다면 그의 양심이 그저 그런 자그마한 양심에 만족하면서 머무르기 때문일 것이다.

또는 그가 양심의 진정한 목표인 역사의 이념 앞에 섰으면서도 절망을 모른다면 그것은 그가 그저 말로만 그치고 실제 행동에는 한 번도 나서지 않은 백면서생이기 때문일 것이다. 또는 소위 오인에 기초한다. 이 오인은 그가 벼락이라도 쳤으면 좋겠다고 생각하는데 우연히 정말로 하늘에서 벼락에 쳤을 때 발생하는 오인이다. 그는 이런 오인 때문에 자기의 힘이 세상을 들어 올릴 수 있다고 순진하게 믿거나 아니면 자기를 기만하며 그렇게 믿고 싶어 할 것이다.

그러나 그가 진정한 양심적 존재라면, 그는 역사의 이념 앞에 서지 않을 수 없을 것이며 스스로 행동으로 나설 수밖에 없다. 그때라면 그는 자신의 힘과 자신의 목표 사이에 존재하는 심연, 절대적 거리 앞에서 아득한 현기증을 느끼지 않을 수 없다. 그는 자신의 무기력 앞에서 철저하게 절망하게 될 것이다. 그러므로 절망에 빠지지 않은 자는 양심을 모른다고 감히 말할 수 있다.

그러나 도(道)의 순환은 끊임이 없다. 음이 극에 이르면 다시 양이 출현한다. 마찬가지가 아닐까? 그의 절망이 철저하지 않았다면 그는 절망을 헤쳐 나가지 못했을지도 모른다. 오히려 그의 절망이 그렇게 철저했기에 바로 그 절망의 끝에서 희망을 찾을 수 있었을 것이다. 생각해보라. 양심이 절망에 빠진 가장 근본적인 이유는 무엇인가? 그것은 양심이 끝까지 '개인의 의지'라는 아집(我執)을 놓지 않았기 때문이 아닌가? 철저한 절망은 개인의 의지라는 아집을 다시 말하자면 자신의 오만과 자신의 기만을 타파하는 무기이니, 어떻게 본다면 철저한 절망이야말로 그 자체가 진정한 희망이 아닐 수 없다.

2) 시라뇨 드 벨주락

역사상 아름다운 절망 중의 하나를 여기 소개하려 한다. 시인 김혁의 이야기이다. 그는 '불같은 인간'으로 전해진다. 그는 낭만적 시인 하이네처럼 혁명적인 시를 쓰고자 했다. 그는 작곡도 했다고 하니, 그의 시는 대개 노랫말에 가까운 것으로 보인다.

1920년대 후반 그는 동경을 거쳐 서울로 돌아왔고 곧이어 상해로 망명했으나, 동경과 서울 그리고 상해 그 어디에서도 희망을 찾지 못했다. 그는 한없는 절망 속에서 술에 빠져들었던 모양이다. 그는 나중에 당시 자신의 절망을 말하면서 상해에서의 한 가지 기억을 털어놓았다. 그가 상해에서 방황할 때 어느 날 중국 학생의 반일 시위에 뛰어든 모양이다.

시위 학생이 흩어진 다음 그는 혼자 집으로 돌아와 오늘은 어떻게 하고 내일은 어떻게 할 것인가 하고 혼자 생각에 빠졌다. 그 어떤 당파나 조직에도 참여하지 않은 무소속 청년이니, 어디에 모이라고 찾는 사람도 없었고, 내일은 어디에서 어떤 방법으로 싸워야 한다고 지시하거나 의논해주는 사람도 없었다. 무심하게 넘길 수도 있는 회상이지만, 생각해보면 이처럼 처절한 절망도 없다. 그런 절망감 때문에 그때의 기억

이 그의 뇌리에 그렇게 깊게 박혀 있었을 것이다. 그런 절망감을 어떻게 표현해야 할까? 남의 나라의 시위에 우연히 뛰어든 자의 절망을 어떻게 말해야 하나?

나는 어릴 때 남의 연애에서 바람잡이 노릇을 해 준 적이 많다. 정작 자기의 연애는 하지 못하고 남의 연애에서는 마치 자기 연애처럼 정성을 다했으니, 그때 내가 느꼈던 자조는 끝이 없었다. 나는 그런 절망감을 알기에 김혁의 회상을 결코 그냥 지나칠 수 없었다. 생각해보라. 김혁의 행동은 그가 내심으로 자기 나라를 위해서 하고 싶었던 행동이다. 하지만 그 행동의 목적은 남의 나라를 위한 것이다. 비유하자면 주인의 사랑을 대신하는 시라노 드 벨주락의 절망과 같다. 그는 자기의 사랑을 전하고 싶다. 여인 앞에서 읊고 있는 사랑의 시는 그 내심이다. 하지만 그 내심을 듣고 있는 여인은 그의 주인이 전하는 사랑의 말로 알고 있다. 여인은 자신의 진심을 타인의 진심으로 받아들이면서 눈물 흘린다. 이처럼 절망적인 것이 또 어디 있을까?

3) 이념의 공동체

그렇다면 양심이 추구하는 역사의 이념은 무슨 힘으로 실현될 수 있는가? 그 힘은 굳이 오래 고민하지 않더라도 누구나 간단하게 답을 내릴 수 있다. 역사를 움직이는 힘은 이념의 공동체라고 말이다. 이념의 공동체는 그 어떤 영웅의 힘보다 더 위력적이니 위대한 역사적인 사건에서 공동체의 힘이 어김없이 발견된다. 지배 계급이 지배를 지속하기 위해 일으킨 역사적 사건은 제쳐놓자. 억압받는 인민이 해방을 향해 내디딘 발걸음을 본다면 이념의 공동체가 투쟁하지 않은 적이 없었다. 이념 공동체의 투쟁이 아니었다면 역사가 한 걸음이라도 앞으로 나간 적이 있었던 것인가?

이념의 공동체에도 다양한 방식이 존재하며, 이는 각각의 역사적 조건에 따라 달랐으니, 중세 농민반란에는 천년왕국이라는 종교적 깃발을 중심으로 인민이 집결되었다. 근대 자본주의 혁명 시기에는 부르주아의 지식인의 당파적 지도력에 기초하여 혁명 대중이 인도되었다. 그리고 프롤레타리아 혁명이나 식민지 민족해방 투쟁에서는 전위 정당이라는 이념 공동체가 형성되었다. 이념 공동체는 더욱 발전하여 마침내 앞에서 언급한 만리장정을 이끈 중국 홍군과 같은 이념 공동체가 형성되었다.

장강을 건너고 설산을 넘으며 거대한 늪을 가로지르는 만리에 걸친 고난의 행군을 끝내 완수한 힘은 어디에서 나오는 것인가? 중국의 작가 웨이웨이는 무려 5권에 걸쳐 대장정을 그려냈다. 그는 남아 있는 모든 역사적 자료를 확인하고, 만리장정의 노정을 수차례 답사하면서, 철저하게 고증을 거쳐 이 소설을 서술했다고 한다.

그는 대장정의 최고 고비라고 할 루딩 교를 확보하기 위한 전투를 그려낸다. 홍군이 살아나려면 금사 강을 건너가야 한다. 뒤에는 장개석 군이 쫓아오고 강 건너에도 장개석을 따르는 군벌 군이 진을 치고 있다. 청말 태평천국 군대의 장군 석달개가 이끌던 부대도 바로 이 강을 건너지 못해서 전멸하고 말았다. 물살이 급하기로 유명한 금사 강을 건너기 위해서는 쇠줄만 남은 루딩교를 빼앗아야 한다. 홍군은 루딩 교를 빼앗기 위한 돌격대를 선발했다. 작가는 그 선발을 이렇게 서술한다.

"말이 떨어지기 바쁘게 한 인간이 벌떡 일어섰다. 2중대 중대장 랴오다주였다. 말수가 적고 앞에 나서서 말하는 일은 더욱 드문 인간이

었다. 그러다 보니 랴오다주나 그가 이끄는 2중대는 놀랄만한 공적 같
은 건 단 한번도 세운 적이 없었다. 남 보기에 그저 평범하고 수수한 부
대였다. 지금 전투력이 뛰어나다는 중대들도 머뭇거리는 참인데 랴오
다주가 이처럼 중요한 임무를 맡겠다고 나서니 놀라지 않을 수 없었
다."[56]

대대장 양정우 그리고 연대장 왕카이상은 기꺼이 2중대에게 임무
를 맡겼다. "놀랄 만한 공적 같은 건 단 한 번도 세운 적이 없던" 2중대
를 믿고 홍군 전체의 운명이 걸린 전투의 선봉을 맡긴다는 결단, 이것이
바로 홍군의 위대한 승리를 이끌었던 힘이 아닐까? 이런 믿음이 거꾸로
평범한 2중대를 위대한 홍군의 선봉으로 탄생하도록 한 것이 아닐까?
　중국 홍군의 위대한 힘을 보여주는 위와 같은 일화를 읽고 단순히
눈물을 흘리는 것으로는 부족하다. 어떻게 이런 서로에 대한 믿음이 인
간의 공동체 속에서 솟아 나올 수 있는지를 고민하지 않는다면 과거 역
사를 회고하는 것은 아무런 의미가 없는 것이다.
　사람들은 흔히 절망하면서 홍군의 이야기는 소설에 지나지 않으리
라고 믿는다. 그러나 생각해 보라. 위대한 절망이 간절한 염원을 낳는
다. 절망해 보지 않은 자만이 절망을 말한다. 진정으로 절망해 본 사람
은 희망을 정말 간절하게 찾는다. 그건 절망했기에 찾는 것이다. 희망을
바라는 인간의 간절함은 무쇠 바위도 녹이고 차가운 신의 침묵도 깨트
릴 것이다. 정의와 해방을 다시 말해 역사의 이념을 실현하려는 수많은
대중의 간절한 소망은 인간에게 본래 내재하는 정신을 새롭게 발견하
게 했다. 그것이 바로 이념 공동체를 형성하는 공동체 정신이다. 그 가

56　웨이웨이, 『소설 대장정』 4권, 131쪽, 보리

운데 최고의 형태가 곧 자주적 공동체 정신이다. 이 자주적 공동체 정신
은 헤겔이 절대정신이라고 불렀던 정신이다.

공동체 정신2

여기서 의무와 양심, 자율성과 자발성을 뒤이어 새로운 자주적 의지의 가능성을 논해야 한다. 그 자주적 의지는 공동체를 내적으로 형성하는 자주적 의지이며 곧 자주적 공동체 정신이다. 이와 같은 공동체 정신이 단순한 윤리적 요청도 아니고 종교적인 명령도 아니고 실제로 가능하다는 것을 밝히는 것이 우선 필요하다. 이를 위해 철학적으로 주체성의 개념이 도움이 된다.

앞에서 양심의 가능성을 논하면서 욕망은 일정한 복합체(계열)를 형성하고 이 복합체는 미분적인 힘 즉 생명력에 따라 생산된다고 했다. 이런 생각을 다시 한번 되풀이해보자. 생명력은 개인의 의지이다. 이런 개인의 의지도 사회 속에서 일정한 관계를 갖고 있다. 그렇다면 이런 관계는 어떻게 가능한 것인가? 그것은 개인의 의지 속에서 작용하는 미분적 힘 즉 공동체 정신을 통해서 설명된다. 공동체 정신 가운데 최고의 형태가 곧 자주적 공동체 정신이다. 이 정신의 효시는 사랑의 정신이니, 사랑의 정신은 바울의 기독교를 통해서 종교적으로 제시되었으며 헤겔은 이를 절대정신이라는 개념으로 철학적으로 수용한다.

1) 공동체 정신의 가능성

이제 우리가 함께 논해야 할 문제는 명백하다. 그저 개인의 이익에 따라 움직이는 것처럼 보이는 인간에게 공동체 정신이 가능한가? 앞에서 말한 홍군과 같은 믿음의 공동체가 정말 가능하다는 것인가? 인간의 내면 속에 공동체 정신이 내재한다는 말인가? 절망에 빠졌으면서도 간절하게 이념의 공동체를 메시아처럼 고대하는 사람은 이런 가능성의 문제부터 먼저 풀어야 한다.

어떤 사람은 굳이 그런 문제로 고민할 것이 무엇인가 하고 말한다. 인간이 동물이니 동물처럼 살면 되지 않는가 한다. 인간은 개인이니 각자의 이익을 인정하면 되지 않는가 한다. 하지만 그 결과가 얼마나 처참한 것인지를 알고나 하는 말일까? 그래서 역사의 이념이 등장한 것이 아닌가?

인간이 욕망을 지닌 동물에 지나지 않거나 인간이 오직 개인적인 자발성에 머무른다고 한다면 역사의 이념을 실현한다는 것은 불가능하다. 이런 불가능성을 알기에 그 때문에 처절한 절망에 빠졌기에 더욱 간절하게 희망을 간구한다. 절망 속에서는 살아갈 길이 없으니 닭의 모가지를 비틀거나 없다는 신이라도 만들지 않을 수 없다. 그런 마음으로 공동체의 가능성을 모색하지 않을 수 없다. 공동체의 힘만이 역사를 들어올릴 수 있기 때문이다. 공동체 정신만이 이념 공동체를 생성한다. 우리는 다시 공동체 정신의 가능성에 매달리지 않을 수 없다.

다행히 우리는 철학적으로 헤겔의 도움을 받을 수 있다. 공동체 정신이라는 개념은 헤겔의 『정신현상학』을 끌고 가는 가장 기본적인 개념이다. 헤겔은 낭만주의의 생명력 개념을 더욱 발전시킨다. 이를 통해 인간에게 공동체 정신이 존재한다는 사실을 발견한다. 그게 절대정신이다. 낭만주의 철학이 중도에서 멈추었던 것을 헤겔은 철저하게 전개해 낭만주의 자체를 극복했다고 볼 수 있다. 헤겔의 절대 정신 개념을 이해하기 위해 낭만주의 철학의 기초가 되었던 미분 기하학의 모델로 다시 되돌아가 보자.

2) 미분적 사유

미분량이 자기 반복적으로 누적되면서 크기에 새로운 변화가 생긴다. 이 관계를 철학적인 개념으로 풀이하자면, 미분함수는 철학에서는 개별적 사물에 공통된 것으로서 개념에 해당한다. 이런 미분함수가 생산한(또는 생성한) 결과 즉 적분함수는 개별적인 사물 사이의 계열적인 관계가 될 것이다.

개념과 개별적 사물의 계열 사이의 관계를 이렇게 이해하는 방식은 일반적인 이해방식과 정반대이다. 일반적으로는 개별자에서 추상(귀납)을 통해 공통성이 도출되며, 이것이 개념을 이룬다고 말해진다. 그런데 미분적 사유는 오히려 개념이 개별자를 생성하거나 생산한다는 것이다. 칸트의 선험철학이 이런 방식으로 개념과 개별자의 계열 사이의 관계를 전복시켰다.[57]

여기서 한 걸음 더 나갈 필요가 있다. 개별자를 규정하는 개념도 다시 일정한 관계를 갖고 있다. 이런 것을 개념의 체계라고 말할 수 있다. 일반적 이해방식에 따르자면 개념들에서 더 일반적인 개념이 추상되니, 전자가 특수 개념, 종개념이라면 후자는 일반 개념, 유개념에 해당한다. 대체로 이런 이해방식에 따르면 자연은 '개별자-종개념-유개념'이라는 방식으로 체계화된다.

그런데 미분적 사유는 종개념과 유개념 사이의 관계도 일반적 이해방식과는 반대로 이해한다. 다시 말해서 종개념에서 유개념이 추상된 것이 아니라, 유개념이 자기를 반복적으로 생산하는 가운데 종개념의

---

57 칸트는 개념이 개별적 직관에서 나오지 않고, 직관을 통해 주어지는 것은 이미 특정한 방식으로 제약된 감각으로 주장했다. 왜냐하면 개념 체계를 통해 직관 형식이 미리 규정되어 있기 때문이다. 개념이 직관을 규정한다는 주장을 소위 선험철학이라 한다. 유감스럽게도 칸트는 개념이 또 하나의 체계를 이루고 있다고는 생각하지 못했다. 설혹 그의 사유가 이미 하나의 개념 체계(판단의 범주표)를 전제한다고 해석하더라도 그는 이런 개념 체계가 다양하다거나 역사적으로 발전한다거나 하는 생각은 전개하지 못했다. 셸링이 개체를 생산하는 개념(생명력)에 머무른 것도 칸트적 사유에 멈추었기 때문이다. 개념 체계가 다양하며 역사적으로 발전한다는 생각은 헤겔에 이르러 출현했다. 헤겔은 개념 체계의 발전을 역사적으로 서술했으니 그것이 헤겔의 『정신현상학』이다. 헤겔적 사유에서 본다면 셸링의 미분적 사유는 다시 한 걸음 더 나가야 할 필요가 있었다.

계열이나 체계가 나온다는 것이다. 그것은 마치 미분적 사유에서 개념이 개별자의 계열적 관계를 생산하는 것과 마찬가지이다. 개별자의 계열을 미분하면 특수한 개념이 나오며, 특수한 개념의 계열 즉 체계를 다시 미분한다면 일반적 개념이 나온다.

이런 식으로 생각해보면 마침내 모든 것의 가장 밑바닥에 존재하는 것 즉 가장 근본적인 미분적 힘이면서 동시에 그 모든 것을 생산하는 토대가 되는 것이 존재한다. 그것을 철학에서는 실체(Substance)라고 한다. 이렇게 해서 '실체-개념(체계)-개별자(계열)'라는 생산의 관계가 성립한다. 거꾸로 말하자면 개별자 계열의 미분이 개념이며 그 개념 체계의 미분이 실체가 된다. 그러므로 실체는 '미분의 미분'이라고 규정할 수 있다.

3) 주체의 개념

세계를 미분의 미분이라는 방식으로 생각하게 될 때 흥미로운 결과가 나온다. 여기서 세계의 무궁한 다양성을 설명할 가능성이 생겨난다. 더구나 이를 통해 자연과 구별되는 존재로서 인간을 이해할 수 있게 되었다. 낭만주의자 셸링이 미분 개념을 도입하여 생명체를 설명했다. 이제 헤겔은 미분의 미분, 실체 개념을 이용하여 인간의 인식과 의지 곧 정신을 설명하게 되었다.

헤겔은 인식에 관해서 칸트의 선험철학에 의존한다. 개별적인 감각적 직관의 계열은 오성의 개념이 생산한 결과이며, 나아가서 이 오성의 개념의 체계는 다시 더 일반적인 자기의식이 생산한 결과이다. 헤겔은 자기의식이야말로 인식의 과정에서 실체에 해당하는 것이라 보고 자기의식을 주체라고 말했다.[58] 인식에서 직관과 개념 그리고 자기의식의 관계는 앞에서 설명한 '개별자-개념-실체' 관계를 잘 보여준다. 이 책은 주로 의지에 관한 분석이니만큼 인식에 관한 설명은 생략하도록 하자. 헤겔은 의지를 분석하는 데서도 마찬가지로 개별자-개념-실체라는 관계 또는 미분의 미분이라는 관계를 적용했다

이런 설명 속에서 우선 욕망은 개별자의 수준에 존재하는 의지가 된다. 이런 욕망의 계열 즉 복합체를 생산하는 미분적 힘이 곧 생명력이다. 생명력(활력, 자발성)은 자기를 반복적으로 생산하면서 다양한 욕망의 계열을 생산한다. 생명력은 말하자면 개념의 수준에 존재하는 의지가 된다. 생명력은 개인에게 내재하는 개인의 의지이다. 개인의 의지는 고립적으로 존재하지 않는다. 개인의 의지는 서로 일정한 방식으로 관계를 맺고 작용한다. 이 개인적 의지의 계열을 생산하는 것이 공동체 정신이다. 공동체 정신은 개인적 의지의 계열을 생산하는 미분적 힘이다. 공동체 정신을 통해 생산된 개인적 의지의 계열이 공동체가 될 것이다. 그러므로 공동체 정신은 의지의 차원에서 실체에 해당한다. 여기서 '실체로서 공동체 정신- 개념으로서 개인적 의지(의 계열)-개별자로서 욕망(의 복합체)'라는 삼중관계가 성립한다. 앞에서 내접이라는 개념을 설명했다. 그것에 따르면 개인의 의지에 내접하는 것이 공동체 정신이고, 욕망에 내접하는 것이 개인의 의지가 된다.

4) 공동체 정신

58 여기서 '주체(Subject)'는 '실체(Substance)'와 같은 의미이다. 둘 다 모든 것을 생산하는 토대를 의미한다. 하지만 사물의 편이 아니라 인간 즉 인식과 의지를 다루므로 실체라 하지 않고 주체라 한다.

그런데 여기서 결정적으로 중요한 문제가 등장한다. 앞에서 셸링의 주장을 설명하면서 욕망에 내접하는 생명력은 수동성을 가지므로 정념의 상태를 벗어나지 못한다고 말했다. 그게 바로 낭만주의 양심 개념의 한계였다. 그런데 이제 헤겔은 개인의 의지에 내접하는 공동체 정신이 수동성을 넘어서 능동성을 지닌다고 한다. 따라서 공동체 정신은 낭만적 정념의 한계를 넘어서 능동적인 의지 즉 진정으로 자주적인 의지가 된다. 이런 변화가 어떻게 일어나는가? 공동체 정신은 미분의 미분이며 개념의 실체에 해당한다. 이렇게 미분이 거듭되면 수동성에서 능동성으로 변화한다는 말인가? 그렇다면 그 이유는 무엇인가?

이 지점에서 헤겔의 사유가 무엇보다도 빛난다. 헤겔은 의지의 능동성에 관한 문제를 인식의 능동성에 비추어서 해결하려 한다. 우선 인식의 문제로 돌아가 보자. 알다시피 헤겔은 인식을 3단계로 구성했다. 직관과 개념 그리고 자기의식이다. 인식은 자기의식이 개념의 계열을 생산하고 이 개념이 직관의 계열을 생산하는 이중적인 생산의 관계를 이룬다. 직관에서 개념으로, 개념에서 자기의식으로 올라가면서 의식에게 능동성이 강화된다. 마침내 자기의식은 능동성의 토대이며 최고로 능동적인 것이다.

자기의식을 통해 능동성이 발전함과 더불어 소위 관념이라는 것이 출현한다. 개념의 단계에서는 아직 의식(지각)만 가질 뿐 자기의식이 없다. 자기의식의 단계에 와서 말 그대로 자기의식이 생긴다. 이런 자기의식을 통해 인간은 관념(Vorstellung)을 가지며, 자기 자신이 무엇을 보고 듣는지를 자각한다. 왜 자기의식이 관념 즉 자기의식을 가지는가? 헤겔의 답변을 간단하게 말하자면 개념은 개별적인 자아(나, Ich)에 속하는 것이지만 자기의식은 보편적인 자아(우리, Wir)에 속하는 것이다.

자기의식이란 자아가 보편적 자아가 되어서 자기 즉 개별적 자아를 바라보는 것이다. 의식이 대상을 바라보듯이 자기의식은 자기의 의식을 바라본다. 전자가 관념이 없는 지각을 발생시킨다. 후자는 지각에 대해 관념을 얻는다. 슬픔을 슬픔으로 인식하며 아픔을 아픔으로 인식한다. 관념이란 이렇게 이중적으로 바라보는 관계에 따라 발생한다.

자기의식과 관념, 인식의 능동성에 관해서 헤겔의 주장은 칸트의 선험철학을 더욱 발전시킨 것이다. 칸트의 선험철학이 '직관-개념'에 머물렀다면 헤겔은 다시 이 관계를 '개념-자기의식'에 적용했다. 나아가서 헤겔의 철학적 업적이라면 '직관-개념-자기의식' 사이의 관계를 의지에도 적용한다는 데 있다. 의지 역시 욕망과 생명력 그리고 공동체 정신이라는 3단계로 이루어진다. 이때 생명력은 욕망에 내접한다. 이때 생명력은 자발적이지만 아직 수동성에 머무르니 이것이 정념의 상태이다. 그다음 단계에서 공동체 정신이 생명력에 즉 개인의 의지에 내접하면서, 이 단계에 이르러 인식이 능동적이며 자각적(관념화)이 되듯이 의지도 자각적이며 동시에 능동적 의지가 된다. 왜냐하면 앞에서 자기의식에서 자아가 스스로 보편적 자아가 되어 자기를 바라보듯이, 공동체 정신에 이르러 의지는 스스로 타자(즉 공동체)의 의지가 되어서 자기의 의지를 조절하기 때문이다. 그러므로 공동체 정신이 되면서 의지도 자기를 자각하게 된다.

의지가 자각한다는 표현은 언뜻 이해하기 힘들다. 나는 지각을 자각한다. 날아오는 공을 바라보면서 나는 공에 대한 관념을 갖는다. 마찬가지로 내가 나의 개인의 의지를 바라보면서 그 의지에 대한 관념을 갖는 것일까? 헤겔은 이것이 가능하다고 한다. 나는 팔을 들면서 팔을 든다는 것을 의식한다는 말이 아니다. 그것은 팔의 활동에 대한 인식에 속하는 것이다. 그렇다면 내가 보편적 의지가 되어 나의 의지를 자각한다는 말은 어떤 의미인가? 헤겔은 의지가 수동적일 때 정념이 나오듯이 능동적일 때 자유라는 느낌이 든다고 한다. 이런 정념과 자유라는 느낌이 곧 의지가 지닌 관념이다. 헤겔은 이때 인식의 상태를 표현하는 의식이나 자기의식이라는 표현을 사용해서 정념은 의식의 상태에 있는 의지이고, 자유는 자기의식의 상태에 있는 의지라고 말한다.

5) 변증법적 유물론

상식적으로 사람들은 대체로 유물론적으로 생각한다. 다윈의 진화론은 물질에서 출발해서 복잡한 구조를 지닌 생물체가 어떻게 나오는지, 마침내 인간이 어떻게 출현하는지를 명확하게 설명한다. 그런데 철학적으로 본다면 오히려 관념론이 지배적이었다. 인간은 선사시대부터 영적인 존재가 세계를 지배한다는 믿음을 갖고 있었다. 철학이 다윈의 진화론을 수용할 수 있기 위해서는 오랜 발전을 거듭해야 했다. 철학의 오랜 발전 끝에 마침내 변증법적 유물론이 나오면서 철학은 과학의 발전과 합치하게 되었다.

앞에서 보았듯이 셸링은 미분적 힘이라는 개념을 통해 인간에게 내접하는 자발적 생명력을 설명했다. 그것이 자주적 의지의 기초가 된다고 했다. 헤겔은 주체 개념을 통해 즉 미분의 미분이라는 개념을 통해 개인적 의지에 내재하는 공동체 정신을 설명했다. 하지만 세계가 미분적 힘으로 이루어져 있다는 생각은 쉽게 납득하기 힘들다. 사람들은 이런 주장이 형이상학적인 주장이 아닌가 생각할 것이다.

헤겔이 미분의 미분이라는 개념을 통해 자기의식과 공동체 정신이 가능하다는 사실을 논증했다는 점에서는 탁월하지만 형이상학적이라는 비난을 받는다. 헤겔의 사유방식을 전도함으로써 변증법적 유물론이 나온다. 변증법적 유물론은 사물이 유기적으로 구성되고, 여기서 순환적인 복합체가 나오고, 다시 이것이 층차적으로 발전한다는 방식으로 세상을 설명한다. 변증법적 유물론은 과학과 부합하니 사람들이 쉽게 납득할 수 있는 철학이다. 이런 변증법적 유물론을 통해서도 공동체 정신의 가능성을 설명할 수 있을까? 순환적 복합체라는 자연 생성의 기본 원리가 여기서도 통하는 것일까?

공동체 정신은 어떻게 형성되는 것일까? 인간 사회에서 공동체가 그저 인간이 무리를 지어 살면서 출현한다고 할 수는 없다. 인간이 이루는 무리에는 고유한 원리가 있다. 그것이 분업이다. 그런데 이 분업의 방식을 조금만 더 살펴보면 항상 대립적인 것이 결합한다는 것을 알 수 있다. 혈연 관계를 보자. 이때 남자와 여자의 관계가 그런 관계이다. 노예제 사회에서는 주인과 노예가 그런 관계이며, 중세 사회에서는 영주와 농노, 근대 사회에서는 자본가와 노동자가 그런 관계이다. 심지어 공산주의 사회조차도 마찬가지이다. 이 사회 역시 크게 생산재 생산 부문과 소비재 생산 부문이 대립하면서도 관계한다. 모든 사회 공동체는 이처럼 대립의 통일로 이루어지며 순환적인 복합체이다.

모든 사회 공동체가 이처럼 순환적 복합체이므로 이런 인간 관계를 통해서 공동체 정신이 형성될 수 있다. 욕망의 순환적 복합체를 통해 자주적 의지가 출현하듯이 개인의 순환적 복합체인 사회 공동체를 통해 자주적인 공동체 정신이 출현할 수 있다.

순환적 복합체의 방식에 따라서 계급 사회가 있고 평등한 사회가 있다. 노예제 이래로 인류는 계급적인 사회 공동체 속에 살아왔다. 이런 계급적 공동체는 불안정하다. 모순과 대립이 통일과 조화보다 더 크게 작용하기 때문이다. 이 속에서 이미 공동체 정신은 출현했지만 그런 공동체 정신은 수동적이고 정념의 수준에 머무른다. 지속적인 공동체는 비계급적인 사회이어야 한다. 순환적인 복합체이면서도 비계급적 사회 공동체에 이를 때 비로소 공동체 정신은 능동적이고 자각적인 방식으로 출현할 것이다. 공산주의 사회는 모든 억압과 계급이 철폐된 사회가 될 수 있으며 여기서 능동적이고 자가적인 공동체 정신이 출현할 것이다.

6) 선험적 설명과 진화론적 설명

헤겔을 통해 오랫동안 비밀에 싸인 공동체 정신이 해명되었다. 헤겔은 미분의 미분이라는 미분 기하학적 사유를 통해서 생명력을 넘어 공동체 정신에 이르렀다. 미분 기하학적 설명은 칸트가 도입한 선험철학에서 시작했으니, 이런 설명을 선험적 설명이라 해도 될 것이다. 그런데 앞에서 변증법적 유물론은 순환적 복합체라는 개념을 통해서 공동체 가능성을 설명했다. 이는 물체의 유기적 구성이 발전하고 더욱이 층차적으로 새로운 단계로 나가는 것을 통해 자연을 설명하는 진화론적 설명이다.

그렇다면 선험적 설명과 진화론적 설명 사이에 어떤 관계가 있는가? 결론부터 말하자면 이 두 가지는 같은 것이 된다. 역사적으로 본다면 먼저 선험적 설명이 칸트, 헤겔을 통해 제시되었다. 마르크스는 이런 선험적 설명을 전복해서, 아니 마르크스 자신의 표현에 따르자면 전도된 설명을 바로 세워서 유물론적 설명을 제시했다. 만일 이런 선험적 설명이 없었다면 그것을 뒤집어 바로 세우는 것조차 불가능했을 것이다.

엄밀하게 말하자면 마르크스의 전도는 이미 헤겔이 시작했다. 헤겔은 이 관계를 간단하게 이렇게 설명한다. 선험적 설명을 시간에 펼치면 진화론적 역사가 되며 진화론적 역사를 사유 속에서 압축하면 선험적 설명이 된다.[59]

헤겔의 설명을 따라서 자주적 의지에 관한 유물론적 설명과 선험적 설명도 서로 통합될 수 있다. 우선 미분의 미분이라는 선험적 설명을 보자. 욕망의 미분이 생명력이고, 이 생명력의 미분이 공동체 정신이다. 이런 관계를 시간의 스크린에 투사한다고 해 보자. 이는 미분적 관계를 최종적인 적분함수를 통해 표현하는 것에 해당한다. 우선 일차 미분인 생명력이 적분되면 욕망의 순환적 복합체인 개인적 의지로 나타날 것이다. 그러면 공동체 정신은 시간의 스크린에 어떻게 비추어질 것인가? 공동체 정신이 미분의 미분에 해당하니 시간의 스크린에 비추어진다면 적분의 적분이 되어야 한다. 이런 적분의 적분은 순환적 복합체인 개인적 의지가 또 순환적으로 복합되어 있는 사회 공동체의 형태로 비추어지지 않을까? 선험적 설명이 시간의 평면에 투사되면 곧 유물론적 설명이 된다.

이번에는 거꾸로 생각해 보자. 유물론적 설명에 따라 어떤 개별자가 순환적 복합체가 되는 과정을 보자. 순환적 복합체가 되려면 서로 마주

---

59 헤겔은 설명의 방식에서 형태(Gestalt)와 계기(Moment)라는 두 차원을 구별했다. 형태는 역사적 설명이다. 발생적인 진화적인 설명에 해당한다. 계기는 논리적 설명이며 선험적으로 구성되면서 체계를 형성한다. 이 두 가지는 역사와 체계라는 방식으로 결합한다. 헤겔의 저서 가운데 『논리학』은 계기에 따른 설명이다. 반면 『정신현상학』은 형태에 따른 설명이다. 『논리학』과 『정신현상학』은 서로 전도된 관계를 이룬다.

보는 두 대립된 힘이 있어야 한다. 이 힘은 어떤 개별자에 내접하는 미분적 힘 즉 생명력을 말한다. 미분적 힘은 두 대립된 욕망(예를 들어 원심력과 구심력)의 비례(dx/dy)로 구성된 것이기 때문이다. 욕망의 순환적 복합체는 미분적 힘인 생명력이다. 또한 공동체는 서로 대립된 개인적 의지의 비례로 이루어진다. 이런 비례가 곧 개인적 의지의 미분적 힘인 공동체 정신이다. 즉 유물론적 설명은 선험적 설명으로 환원할 수 있다는 것이다.

이렇게 해서 우리는 두 가지 길로 공동체 및 공동체 정신에 도착했다. 한 가지는 유물론과 진화론의 길을 따라서 도착한 개인적 의지의 순환적 복합체인 공동체라는 개념이다. 다른 한 가지는 선험적인 사유, 미분 기하학적 사유에 따라서 도착한 공동체 정신이라는 개념이다. 공동체 정신은 능동적인 의지이며 공동체를 형성하는 미분적 힘에서 출현한다. 개인의 의지, 생명력은 완전한 능동성을 갖지 못하며 정념에 머무를 뿐이다. 개인의 의지로서는 완전한 자주성에 도달하지 못하며 공동체 정신은 정념에 머무를 수 없다.

바울사상1

    자주적 공동체 정신에 이르기 위해서는 바울의 혁명을 통해 나가야 한다. 바울은 사랑을 기독교의 근간으로 세웠다. 그런데 바울의 사상은 두 가지 사상으로 분열되어 있다. 하나는 전통적인 신 개념에 기초한 사상이다. 이 신은 곧 세계를 창조한 신, 이 세계를 주재하는 신이라는 개념이다. 이 신 개념이 유대교에서부터 오늘날까지 기독교의 신 개념이다. 그러나 새로운 신 개념이 있다. 이 신 개념에 의하면 신은 성령이다. 이런 성령은 사랑의 힘 그 자체이다. 이 신은 인격의 신격화이다. 하나님 아버지란 이런 사랑의 인격에 대한 비유적 표현일 뿐이다.

1) 종교의 출현

헤겔은 개인적 자발성을 넘어서는 공동체 정신의 가능성을 절대정신이라는 개념으로 제시했다. 자주적 의지가 욕망에 내접하는 미분적 힘이듯이, 공동체 정신은 개인적 의지(자발성)에 내접하는 미분적 힘이다. 그런데 처음에는 내접하는 공동체 정신은 인간 세계를 초월하는 외부의 힘에서 주어지는 것으로서 간주한다. 이것을 헤겔은 정신의 소외라고 말한다. 이렇게 내재하는 공동체 정신이 소외된 채로 출현할 때 그게 세계를 창조하고 주재하는 신이다. 이것은 비유하자면 보통사람에게 내재하는 법이 마치 편집증 환자의 환상 속에서 외적으로 그를 지배하는 박해자로 나타나는 것과 같다. 다만 차이가 있다면 종교에서 공동체 정신은 인간을 박해하는 존재가 아니라 오히려 인간을 구원하는 메시아적인 존재로 출현한다.

신이 곧 공동체 정신이므로 헤겔은 공동체의 내적인 구조가 변화하면 그 공동체가 모시는 신 역시 바뀌게 된다고 주장했다. 헤겔에게서 신은 자연신, 민족신 등 다양한 형태로 존재하지만, 그 가운데서 기독교 신이 최고의 신이다.[60]

그런데 왜 내재하는 정신이 초월적으로 출현하는가? 정신이 소외되는 근거는 무엇인가? 헤겔은 그 근거를 간단히 인간이 절망에 빠져 있기 때문이라고 본다. 절망이란 무엇인가? 자신을 아직 욕망과 개인적 의지의 수준에 두고 있기 때문이다. 스스로의 힘으로 절망을 벗어날 수 없다. 그는 이런 절망을 벗어나기 위해 간절하게 메시아를 바라니, 이 메시아가 곧 초월적 신이다. 메시아를 바란다는 것은 절망을 벗어나고자 하는 간절함 때문이다. 그러나 그 자신은 여전히 욕망과 개인적 의지에 머무르기에 내적 공동체 정신이 자기 밖의 메시아로 출현한다. 그러므로 정신의 소외가 일어나는 근거는 두 가지이다. 즉 절망 때문이며 동시에 절망에 머무르기 때문이다.

그가 절망하지 않는다면 공동체 정신을 간절하게 바라지 않는다. 그가 절망의 근거인 개인적 욕망에 사로잡혀 있으니 메시아를 갈구한다. 비로소 그가 절망의 근거인 개인적 욕망을 벗어던지면 신적인 존재

---

60 일반적 해석에 따르면 헤겔의 철학은 변신론이다. 즉 창조하는 신의 모습을 개념적으로 표현했다는 말이다. 그러나 나는 헤겔의 신 개념은 『정신현상학』에서 나오는 대로 공동체 정신의 절대화로 파악한다. 헤겔에게는 창조주라는 개념이 없다. 헤겔이 신을 공동체 정신으로 환원하자, 헤겔 좌파인 포이에르바하가 신은 인간 본성의 외화라고 주장하면서 무신론이 전개된다.

는 거꾸로 공동체 정신으로 전환될 것이다. 하지만 인간의 정신이 그 단계까지 발전하기에는 역사가 더 전진해야 했다.

2) 종교의 모순

이미 말했듯이 현실 속에서 철저한 절망은 메시아의 구원을 갈망하게 하니 일반적으로 종교는 여기서 시작된다. 메시아에 대한 간절한 갈망은 특히 유대교 및 기독교의 근본적인 특징을 이룬다.

유대교에서 메시아의 구원에 이르는 과정에는 하나의 드라마, 종교적 드라마가 있다. 여기서 주인공은 한 개인일 때도 있지만, 대개는 한 민족 곧 유대민족이 된다. 우선 세상은 고통으로 가득하다. 고통은 세상을 지배하는 악인(대개는 다른 지배 민족) 때문이다. 그런데 왜 악인에게 그런 힘이 있는가? 그것은 신과의 약속을 깨뜨린 유대민족의 죄에서 비롯된다. 이런 죄를 처벌하기 위하여 신은 악인에게 힘을 부여했다.

하지만 신의 약속이 남아 있다. 신은 자기가 선택한 유대민족이 그동안의 죄를 회개하고 자신과의 약속을 실천한다면 마땅한 보상을 내릴 것이다. 그것은 곧 고통에서의 해방이며 행복의 약속이다. 이것이 구원이다. 이 과정에서 유대민족을 구하기 위해 메시아를 보낼 것이다. 그는 신을 대신하여 악인을 제거하고 유대민족을 구원할 것이다.

이와 같은 드라마에는 여러 가지 철학적 전제가 담겨 있다. 우선 신이 세상을 지배한다는 전제이다. 유대민족의 신은 전지전능한 절대적이고 유일한 신이다. 신의 지배는 인간의 행위에 대한 심판으로 나타난다. 악인이 세상을 지배하는 것이나 메시아를 통해 행복이 실현되는 것이나 모두 신이 세상을 지배한다는 것을 보여주는 것이다.

이런 과정에는 또한 신과 인간의 사이의 약속이라는 전제가 있다.

신은 율법을 부과하며, 인간이 그 율법을 얼마나 지키는가에 따라서 대가를 부여한다. 이와 같은 신과 인간 사이의 약속은 무척이나 합리적이다. 이는 사회(법, 국가)와 인간 사이의 계약 관계를 신과 인간 사이에 적용한 것으로 보인다(거꾸로 일수도 있지만). 인간에 대해 사회가 하는 역할을 신이 대신한다. 사회의 심판은 대개 불공정하지만, 신이라면 언제나 정의롭게 심판을 내릴 것이다.

일반적으로 종교 특히 유대교가 지닌 이 두 가지 기본 전제는 서로 모순된다. 그것은 신과 인간 사이의 약속 속에 인간의 자유가 전제되고 있기 때문이다. 이 전제는 신이 세상을 지배한다는 주장과 서로 대립한다. 신은 왜 인간에게 자유를 부여했는가? 신이 인간을 지배한다면 굳이 자유를 허용하여 섭리의 역사를 뒤죽박죽으로 만들 이유는 없었다. 아니 역사조차 굳이 필요하지 않을 것이다. 거꾸로 신이 인간의 자유를 허용할 정도라면, 인간을 처벌할 힘도, 구원할 힘도 없다고 보아야 하지 않는가? 이 세상에 정의로운 자가 고통당하며 아무 죄가 없는 어린이가 죽어간다. 과연 신은 악인을 처벌하고 정의를 세울 힘을 갖고나 있는 것인가?

3) 마르키온

이런 유대교에 혁명이 일어났다. 그 혁명은 예수로부터 시작했다. 그러나 예수 사후 예수가 일으킨 혁명은 모호해졌다. 우선 가톨릭은 신과의 약속을 실천하는 도덕성을 강조한다. 이는 율법을 강조하는 유대교로의 복귀이다. 기독교는 유대교와 다만 율법의 내용에서 다를 뿐이다. 도덕적 실천을 강조하다 보니, 죄에 대한 처벌이 강조되었다. 거꾸로 의로운 행위를 한 자에 대한 보상도 강조하게 된다. 이런 가톨릭은 로마

시대 윤리적인 실천을 강조했던 스토아주의의 영향 때문으로 보인다. 가톨릭은 기독교의 로마화라고 말할 수 있겠다.

반면 루터에서 시작되는 개신교는 다시금 신의 세계 지배를 강조하는 메시아주의로 복귀한다. 이제 모든 것을 신의 처분에 맡기고 오직 재림의 날만 기다리는 개신교가 시작되었다. 개신교는 당시 시대를 반영하는 것이었다. 루터 시대 중세 사회가 무너지면서 페스트가 돌고 토지를 박탈당한 농민은 도시 변두리에서 유랑하면서 살았다. 소외된 삶이 절망감을 만연시켰으며 이 속에서 메시아주의가 다시 출현했다. 루터의 종교개혁은 그런 역사를 반영하며 종교개혁이후 농민반란이 이어지는 것도 그런 이유 때문일 것이다. 가톨릭이나 개신교는 예수가 일으킨 진정한 혁명을 무시했다. 그 진정한 혁명은 곧 사랑의 정신이다. 하지만 사도 바울의 사상 가운데는 예수가 일으킨 진정한 혁명이 보존되어 있었다. 바울 역시 가톨릭 시대에 무시되었다. 개신교에 와서도 바울의 사상은 주로 메시아주의적인 측면에서만 해석되었다. 바울사상의 진정한 핵심인 사랑의 정신은 예수의 정신만큼이나 간과되어 왔다.

그런데 바울이 예수의 혁명을 증언했듯이 바울의 사상을 증언한 신학자가 있었다. 그가 바로 기원후 2세기 등장한 사상가 마르키온이다. 그는 바울이 주재했던 안디옥 교회 출신이기에 바울의 사상을 누구보다 정확하게 이해했다. 그의 사상은 4-5세기까지 중동 지역에 널리 퍼졌으며 기독교 초기에는 로마 가톨릭을 능가했다. 하지만 로마 가톨릭은 신흥 세력인 게르만과 손잡고 마르키온 세력을 이단으로 몰아냈다. 하지만 바울이 남긴 「로마서」가 남아 있는 한, 바울의 사상을 역사에서 아주 지워버릴 수는 없다. 바울을 지울 수 없는 한 그를 증언한 마르키

온이 부활하지 않을 수 없다. [61]

　　마르키온의 사상은 근대 철학에 들어와서 부활하기 시작했다. 낭만주의 철학자 셸링은 마르키온을 주제로 박사 논문을 작성했다. 최근에 이르러 그의 사상은 새롭게 부활했다. 20세기 초 독일의 신학자 하낙

　　61　마르키온(Marcion of Sinope: c. 85 -c. 160); 마르키온은 폰투스 주교의 아들로 태어났다. 그는 젊었을 때 선원이나 선주로 활동했다고 하며, 로마 교회에 20만 세스터스를 기부할 정도로 부를 쌓았다. 그러나 로마 교회와 갈등하게 되면서 최종적으로 파문당했다. 파문 이후 그는 소아시아로 가서, 그를 따르는 교회를 지도했다.

　　그는 기독교 복음을 최초로 편집했다. 그게 마르키온 판 성경이다. 이 성경은 주로 누가복음과 바울의 서신을 중심으로 하는 성경이다. 마르키온은 바울만이 예수의 종교사상을 진정으로 계승한 사도로 인정한다.

　　마르키온의 사상에서 핵심적인 것은 유대교 전통에서 내려온 창조주를 비판하는 것이었다. 그는 대략 144년경 창조주에 대립하는 사랑의 신, 예수가 아버지라고 부른 신, 즉 인격성(사랑, 자비)으로서의 신 개념을 제시했다고 한다. 창조주가 세계에 내재하는 신이라면 사랑의 신은 세계의 절대적인 타자로서 신이다. 그는 사랑의 신과 창조주 사이에 대립은 마침내 예수를 통해 사랑의 신이 승리함으로써 끝나게 되었다고 본다.

　　마르키온은 믿음을 사랑의 신과의 온몸을 통한 합일이라고 보았다. 이 때문에 그는 중세에는 그노시스트로 알려졌지만 그노시즘에서 합일은 다만 지적인 인식에 그쳤다면 그에게서 합일은 오히려 의지를 통한 것이며 따라서 믿음을 통한 합일을 통해 사랑의 실천을 강조한다.

　　그의 사상은 주로 소아시아에서 널리 퍼져 한때 로마 가톨릭을 위협할 정도였다. 그 때문에 그는 초기 로마의 교부 특히 터툴리안(Tertullian)을 통해 격렬하게 비판받았다. 로마 교회가 성경을 편집하게 된 동기도 마르키온의 성경에 대결하기 위해서라고 한다. 그를 추종하는 교회를 추방하는 가운데 로마 가톨릭의 독재권이 강화되었다.

(Adolf von Harnack) 역시 마르키온에 관심을 가졌다. [62]

4) 두 가지 신의 개념

우선 마르키온의 독특한 신 개념부터 검토하는 것이 필요하리라. 일반적으로 유대교 그리고 가톨릭이나 개신교 모두에게 공통된 신 개념이 있다. 그 신은 바로 창조주라는 개념이다. 창조주는 세계를 창조했으며 창조는 아직 완성되지 않았다. 신은 창조의 완성을 향해서 계속 창조하여 나간다. 그런 가운데 신은 자연 세계를 지배할 뿐만 아니라 인간 사회도 지배하게 된다. 창조주 신은 이 세계의 주재자이다. 세계는 창조의 완성을 향하여 극적인 방식으로 발전한다. 이 드라마 속에는 신의 메시아적인 구원도 들어 있으며 신과 인간 사이의 율법과 보상과 처벌도 들어 있다.

이런 창조 신의 개념은 바울의 사상 속에서도 여전히 영향을 미치고 있다. 그러나 바울은 예수의 혁명을 이어받아서 새로운 신 개념을 제시했으니, 이 새로운 신 개념은 마르키온을 통해 더욱 분명하게 나타나게 된다.

마르키온의 신은 철학자의 신처럼 세계의 기초가 되는 실체가 아니다. 또는 그 신은 인간의 모습을 하고 인간처럼 생각하고 행동하는 존재도 아니다. 이 신은 자의적으로 세계를 창조하고 주재하는 신, 그러므로

---

62   하낙(Carl Gustav Adolf von Harnack: 1851 – 1930); 독일 개신교 신학자, 교회 역사가이며 1-3 세기 교회사를 주로 연구했다. 그는 20세기에 정통 개신교를 복권시킨 칼 바르트의 스승이다. 그는 마르키온에 대한 연구서로 유명하다. (Marcion, 『The Gospel of the Alien God』)

이 세계에 자신을 실현하고, 그 실현을 통해 세계에 내재하는 신이 아니다. 마르키온의 신은 이 세계를 넘어 세계를 초월한 신이며 세계에 나타나지 않고 내재하지 않는 신이며, 절대적인 타자의 신이다. 이 신은 이 세상에 가득 차 있는 정신이니 이를 성령이라 한다. 물질적인 창조가 아니라 정신적인 방식으로 이 세상을 지배한다. 이 신은 두려움과 떨림의 체험 속에 인간에게 나타나니 이미지(우상)으로 나타나지 않으며 다만 언어, 계시를 통해 말할 뿐이다. 그 명령은 윤리적 명령이며, 곧 사랑의 명령이다. 신 개념에 따르자면 신은 인격적인 신이다. 인간처럼 생각하고 행동한다는 의미에서 인격신이 아니라, 인간의 인격 자체가 신이 되었다는 의미에서 인격의 신격화이다. 충만한 사랑, 그것이 그의 신이다. 이게 곧 로고스, 말씀으로서의 신이다.

　　창조하는 신이 아니라 윤리적이고 인격적인 신을 지지할 근거를 발견하기는 어렵지 않다. 무엇보다도 성경에서 신이 절대로 자기 자신의 모습을 나타내지 않는다는 것에 주목해 보자. 모세가 신을 만났을 때 나뭇가지에 붙은 불 속에서 하나님의 말씀, 윤리적 명령을 들은 것이 단적인 증거이다. 그 이후 많은 선지자도 신을 모습으로 만나지 않고 말씀으로 만난다. 유대교 기독교는 신의 모습을 그림으로 나타내는 것을 엄격하게 금지했으며 신을 그리거나 조각한 모든 것을 우상숭배라고 해서 배척했다. 이런 점은 그리스 로마의 신이 자주 인간과 자연의 모습으로 눈앞에 나타났고 많은 신상이 만들어졌던 것과 비교해 보면 근본적인

차이라 할 수 있다. [63]

5) 성령과 창조 신

공동체 정신 곧 성령과 초월적 존재인 신 존재 사이의 관계는 헤겔의 소외 개념 말고도 다른 방식으로 이해하는 것도 가능하다. 공동체 정신은 개인에게 내접하는 것이다. 내접이란 내재하면서도 초월한다는 이중적 특성을 지니고 있다. 그런데 인간의 사유는 자주 이런 내접하는 존재를 초월하는 존재로 오인한다. 사유는 보통 인과적 원인 개념을 통하여 전개되기 때문이다. 사유는 내접하는 어떤 것이 있으면 그것의 원인이 되는 존재를 외부에 상정한다. 이런 사유의 특징은 사회에서 혼란이 생기면 내적인 모순이 출현하는 것이 아니라 외부에서 적이 침투하기 때문이라고 설명하는 데서도 나타난다. 이런 사유 덕분에 나치 시대 유태인이 박해받았다. 당시 독일의 내적이 모순을 나치는 외부적 존재인 유대인이 음모를 꾸미면서 생기는 것으로 선전했고 사람들은 이를 쉽게 믿었다.

헤겔적인 소외이든, 인간 사유의 전도이든 간에 그 결과 예수가 발견한 성령이라는 개념은 그 이후 신적인 존재라는 개념으로 넘어갔다.

---

63 창조하고 지배하는 신에 익숙한 사람에게 새로운 신의 모습을 이해하기 어려울지 모른다. 하지만 이를 이해하기 위한 몇 가지 단서가 있다. 예를 들어 유교와 같은 종교를 보자. 유교는 세계를 주재하는 귀신에 대해 말하지 않는다. 유교는 오직 인간에게 윤리적 명령을 명령할 뿐이다. 유교 가운데는 자기를 합리화하여 윤리적 명령을 자연적 질서로 설명하려 한 적도 있다. 하지만 원래 유교는 윤리적 명령을 신성한 종교적 명령으로 간주했다. 이때 유교적 신은 오직 인격적인 신일 뿐이다. 유교는 그 윤리 즉 삼강오륜을 신격화했다. 유교의 예를 들어 본다면 우리에게는 창조의 신이라는 개념보다는 오히려 윤리적이고 인격적인 신이라는 개념이 더 익숙하다.

심지어 바울조차도 자주 이 두 가지 개념 가운데서 혼란을 겪었다. 그 결과 바울의 글을 통해 본다면 바울의 사상도 위에 소개한 두 가지 신의 개념을 통해 이중적으로 해석할 수 있다. 거기에는 두 가지 신의 개념, 두 가지 믿음의 개념, 두 가지 구원의 길이 있다. 바울의 분열된 모습은 그가 그의 시대 일반화된 종교사상에서 벗어나려는 가운데 발견되는 혼란으로 보인다. 바울은 예수 그리스도에서 시작된 혁명을 자기 사유 속에 담으려 했으나 바울 역시 그 시대 일반화된 종교적 관념을 이용하면서 혼란을 겪지 않을 수 없었다. 새로운 사상은 항상 과거의 개념으로 파악된다는 사상사의 일반적 법칙을 바울도 피할 수 없었다.[64] 그러므로 바울의 사상 가운데 진정한 바울은 구시대 종교사상과 단절하는 가운데서 발견된다. 우리도 마르키온처럼 바울의 사상 가운데 구시대 종교사상과 단절하고 바울의 사상 가운데 혁명적 사상을 발굴하도록 하자.

---

64 프랑스 철학자 알뛰쎄에 의하면 사상사에서 이런 혼란의 대표적인 예는 마르크스라 한다. 마르크스는 새로운 사상을 깨달았으나 이를 아직 헤겔적인 개념으로 표현할 수밖에 없었다. 특히 초기 철학적인 저서가 그런 헤겔의 개념을 벗어나지 못했다고 한다. 그러므로 알뛰쎄는 마르크스를 읽을 때 징후적 독해가 필요하다고 본다. 즉 헤겔적 개념틀의 경계선 위에 존재하는 주변적인 것을 통해서 마르크스가 깨달았던 새로운 사상에 접근해야 한다는 주장이다. 바로 이 주변적인 것이 새로운 사상을 알리는 징후가 된다. 같은 생각을 바울의 사상 속에서도 심지어 예수 그리스도의 말들 속에서도 적용할 수 있을 것으로 보인다. 바울 역시 징후적으로 독해해야 한다.

바울사상2

　낭만적 양심의 절망에서 공동체 정신에 이르는 과정에 기독교 특히 바울의 사상적 혁명이 존재한다. 그는 율법을 비판하고 믿음과 의로움, 사랑의 정신을 기독교의 기본으로 세웠다. 이 사랑의 정신이 자주적 공동체 정신의 근간이라 하겠다. 사랑의 정신을 이해하기 위해 그가 왜 율법을 비판했으며 왜 믿음을 강조했는가를 이해해야 한다. 우선 율법주의에 대한 바울의 비판에서부터 시작해 보자. 일반적으로 바울은 유대교의 율법을 비판하고 새로운 율법을 포고했다고 생각된다. 그러나 바울의 사상은 다른 방식으로 이해할 수도 있다. 그는 율법의 훈육주의를 비판한 것이다. 사랑은 훈육과 대립하는 자주적 의지이다.

1) 믿음을 통한 구원

바울을 이해하는 출발점은 바울이 율법을 부정한 데 있다. 바울이 율법을 부정하고 믿음을 강조한다는 것은 잘 알려진 주장이다. 그의 말을 직접 들어보자.

"우리가 우리를 얽어매던 것에서 죽어서, 율법에서 벗어났습니다."
(「로마서」 7장 6절)[65]

---

65   이하 성경 인용은 표준새번역에 기초한다.

그런데 바울이 율법을 완전히 부정하는 것은 아니라는 점은 틀림없다. 어떤 때 그는 율법의 완성을 주장한다.

> "그것은, 육신에 따라 살지 않고 성령을 따라 사는 우리에게서 율법이 요구하는 바가 완성되게 하시려는 것입니다."(「로마서」 8장 4절)

이와 같은 모순적 주장을 이해하기 위해 우선 일반적인 바울 해석을 들어 보자. 그 해석에 따르면 바울은 율법을 둘로 나누었다. 바울이 부정하는 것은 유대교가 전통적으로 보존해온 율법에 한정된다.

그는 유대교 할례를 예로 들어, 표면적으로 할례 하는 것이 중요한 것이 아니라 마음으로 할례 하는 것이 중요하다고 한다. 율법에는 외면적인 법이 있고 진정한 법이 있다. 바울은 진정한 법이 중요하다고 말하면서 이 법은 '마음에 자연적으로 새겨져 있는 법'이라 한다.

표면적인 율법은 유대인에게 한정된 신의 약속이다. 반면 마음에 새겨진 율법은 모든 인류에게 일반적으로 적용되는 신의 약속이다. 한정된 율법이 '육신의 법'이라면 일반적 율법은 '속 인간의 법' 또는 '하나님의 법'이다. 심지어 바울은 '죽음의 법'과 '성령의 법'이라는 말을 쓰기도 한다.

> "예수 안에서 생명을 누리게 하는 성령의 법이 여러분 각자를 죄와 죽음의 법에서 해방하여 주었기 때문이다."(「로마서」 8장 2절)

바울은 인간이 이 두 가지 법 가운데에서 분열되고 있다고 말한다. 마음은 하나님의 법을 원하지만, 육신은 죽음의 법을 원한다. 내가 육신에 사로잡혀 있으면, 나는 내가 원하는 대로 하지 못하고 나도 모르게 해서는 안 되는 일을 하게 된다.

"나는 내가 하는 일을 도무지 알 수 없습니다. 내가 해야 하겠다고 생각하는 일은 하지 않고, 도리어 해서는 안 되겠다고 생각하는 일을 하고 있으니 말입니다. 그런 일을 하면서도 그것을 해서는 안 되겠다고 생각하는 것은 곧 율법이 선하다는 사실에 동의하는 것입니다. 그렇다면 그와 같은 일을 하는 것은 내가 아니라 내 속에 자리 잡고 있는 죄입니다."(「로마서」 7장 15절)

이런 식으로 법을 둘로 나눈다면, 전통적인 이원론이 되살아나게 된다. 육신의 법은 그 자체가 사악한 법이고 반면 마음의 법은 그 자체가 선한 법이다.

하지만 이런 이분법적 해석은 무리가 많다. 유대의 법 그 자체가 사악한 것은 아니다. 유대교의 법 속에는 시대에 뒤진 법도 있기는 하지만 선한 내용을 가진 것도 많다. 특히 희년이 되면 노예를 해방해 준다는 율법은 인류역사상 노예해방을 최초로 언급한 위대한 법이 아닐 수 없다.

또한 바울이 하나님의 법이나, 성령의 법이란 표현을 사용할 때 그 '법'의 의미가 율법이란 말의 '법'과 같은 의미인지 모호하다. 여기서 법이라는 말은 의제적인 표현에 가깝게 보이며, 자주 법이라는 표현 대신에 정신, 복음, 성령이라는 말이 사용된다.

"육신에 속한 생각은 죽음입니다. 그러나 성령에 속한 생각은 생명

과 평화입니다."(「로마서」 8장 7절)

2) 율법주의 비판

이상의 비판에서 보듯이 이분법적 해석에는 문제가 많다. 그렇다면 율법에 관해 모순적인 바울의 주장을 어떻게 이해할까? 관점을 바꾸어 보자. 앞에서 윤리학에 두 측면이 있다고 했다. 윤리학에는 가치와 의지, 가치론과 덕의 윤리가 구분된다. 바울의 말도 이 두 측면에서 나누어 보는 것이 어떨까? 그러면 율법에도 율법이 추구하는 가치 즉 내용과 율법을 실행하는 의지 즉 형식이 구분된다.

바울이 주장하는 율법의 내용에서 변화가 일어난 것만은 틀림없다. 바울이 주장하는 율법 즉 하나님의 율법은 내용상 예수의 산상수훈을 중심으로 새롭게 포고된 내용이다. 그러나 바울의 주장 가운데 핵심은 율법의 내용상 차이는 아니다. 내용상 차이와 무관하게 그는 율법을 실행해온 전통적인 방식 즉 율법주의를 비판하는 것으로 볼 수 있다. 율법주의란 바리새인의 율법관을 말하며 다시 말해서 율법을 훈육 즉 보상과 처벌을 통해 실행하게 하는 방식이라 할 수 있다.

바울은 율법이 탐욕을 일으킨다는 난해한 주장을 펼치는데, 이 주장을 분석해 보면 그가 율법주의를 어떻게 비판하는가를 알 수 있다.

"죄는 계명을 통하여 틈을 타서 내 속에서 온갖 탐욕을 일으켰습니다. 율법이 없으면 죄는 죽은 것입니다."(「로마서」 7장 8절)

"나를 생명으로 인도해야 할 그 계명이 도리어 나를 죽음으로 인도하는 것으로 드러났습니다."(「로마서」 7장 10절)

선한 율법이 죄를 들어오게 하는 이유는 무엇인가? 그것은 율법의 내용 때문이 아니라 율법이 실행되는 방식 때문이 아닐까? 율법주의의 논리를 검토해 보자. 율법은 선한 행동을 요구한다. 율법은 선한 행동을 하도록 처벌과 보상을 가한다. 지상에서 처벌과 보상이 이루어지지 않는다면 천상에서 처벌과 보상이 이루어질 것이며, 또는 심판자나 메시아가 나타나서 처벌과 보상을 실행한다. 그런 점에서 율법은 인간의 법과 마찬가지이다. 인간도 법을 처벌과 보상을 통해 지키도록 만든다.

처벌과 보상은 인간의 욕망하는 힘을 전제로 한다. 처벌은 욕망을 차단함으로써 고통을 일으키고 보상은 욕망을 만족하게 해서 즐거움을 준다. 결국 처벌과 보상은 욕망에 기초하는 것이니 처벌과 보상을 강화할수록 욕망하는 힘도 증가할 뿐이다. 증가한 욕망은 자기 고유의 힘 때문에 율법과 어긋나는 일을 더욱 자주 저지른다. 그러므로 바울은 율법이 오히려 탐욕을 불러일으키고 끝내 죄를 들어오게 한다고 말한 것이 아닐까? 신의 처벌과 보상은 결코 성공할 수 없는 기획, 자기 모순적인 기획이다. 왜냐하면 선한 법을 지키도록 욕망을 강화하니, 법을 위반하는 힘도 강화되기 때문이다. 바울은 유대의 법이든 하나님의 법이든 신의 처벌과 보상이라는 개념 즉 율법주의를 반대한다.

3) 죄란 무엇인가

그렇다면 죄라는 개념을 다시 생각해 볼 필요가 있다. 바울은 곳곳에서 아담이라는 한 인간 때문에 죄가 세상에 들어오고, 이 죄 때문에 죽음이 퍼져나갔다고 말한다. 그런 점에서 그는 원죄라는 개념을 인정하는 것으로 보인다.

그러나 위에서 율법이 죄를 들어오게 한다는 주장은 이런 원죄설과
는 전혀 무관하다. 인간에게 욕망이 있다는 것은 자연적인 일이다. 그런
데 율법주의를 통해 욕망을 강화하여 탐욕을 일으키니 강화된 욕망은
거꾸로 율법을 지배한다. 이처럼 율법을 지배하기까지 이른 욕망, 그것
이 죄가 된다. 자연적인 욕망 자체가 아니라 율법을 통해 강화된 욕망이
죄가 된다.

율법의 이와 같은 특성은 앞에서 자유주의를 비판할 때 제시된 주
장을 상기하게 한다. 자유주의는 개인의 욕망에서 출발하며 상호 합의
를 통해서 법을 결정한다. 그러나 이런 법을 지키는 힘은 욕망에서 나온
다. 사람들은 자기에게 이익이 된다면 법은 실행하지만, 자기에게 이익
이 되지 않는다면 법을 실행하지 않는다. 법의 실행을 이처럼 욕망에 의
존하려 할 때 보상과 처벌의 규정이 제시된다. 하지만 보상과 처벌 자체
가 욕망에 기초하는 한, 이 욕망은 법을 더 강하게 위반할 것이다. 그것
에 따라 더욱 강한 보상과 처벌이 등장한다. 이것이 자유주의가 가진 모
순이었다. 단적인 예를 들어보자. 음주운전을 방지하기 위해 얼마전까
지만 해도 벌금을 매겼다. 그것으로 음주운전을 막지 못하자 구속했다.
머지않아 음주운전하는 사람의 손을 자르는 무시무시한 형벌이 나오게
될 것이다. 처벌로 범법을 막는다는 것은 불가능하다. 이런 현상은 "율
법을 틈타 죄가 들어온다"고 한 바울의 주장과 일치한다. 바울의 말을
반복하자면 "자유주의를 틈타 범죄가 들어온다"고 말할 수 있다.

바울은 율법주의를 거부한다. 그는 단순히 과거의 율법을 거부하는
것은 아니다. 심지어 새로운 법조차 율법적 방식으로 추구되어서는 안
된다는 것이다. 그렇다면 새로운 법은 어떤 힘을 바탕으로 해서 실현될
수 있다는 것일까?

바울사상3

　　보상과 처벌을 통해 하나님의 법을 실행하려는 율법주의는 결국 욕망을 강화할 뿐이다. 그게 죄가 생기는 이유이다. 하나님의 법을 실현하는 다른 방식은 없는가? 바울은 이제 믿음을 통해 하나님의 법을 실현하려 한다. 믿음이란 무엇인가? 신적 존재 즉 그 절대성과 유일성을 사유를 통해 믿는 것이 믿음인가? 바울은 믿음을 오히려 하나님, 예수 그리스도, 성령과의 합일이라 하지 않았던가? 성령은 정신 즉 무언가를 할 수 있는 실천적 의지를 말한다. 신적 존재를 사유로 믿는다고 의로운 인간이 되는 것이 아니라 실천적 능력인 성령과의 합일에 이르러야 의로운 인간이 된다. 곧 말하겠지만 여기서 성령이 곧 그리스도의 정신, 사랑의 정신, 자주적 공동체 정신이다.

1) 대속

율법은 오히려 탐욕을 일으킨다. 율법은 보상에 의존하고, 결국 욕망을 자극하니, 율법적 힘으로는 하나님의 법 자체를 실행하지 못한다. 그렇다면 하나님의 법은 어떻게 실행할 수 있을까? 바울은 율법 대신 믿음을 내세운다.

"그러나 이제 율법과는 상관없이 하나님의 의가 나타났습니다. 그것은 율법과 예언자들이 증언한 것입니다. 하나님의 의는 예수 그리스도를 믿는 믿음을 통하여 모든 믿는 인간에게 옵니다."(「로마서」 3장 21절)

믿음이란 어떤 것일까? 여러 해석이 있지만, 우선 일반적인 해석을 따라가 보자. 믿음이란 하나님(즉 유대의 민족 신인 여호와)이 절대적으로 전지전능한 존재이며 유일한 신으로 생각한다는 믿음이다. 이런 믿음은 아직 이성적으로 증명된 것은 아니기에 '믿음'의 수준에 있을 뿐이다. 과학적으로 말하자면 상당한 가설로 받아들일 만한 믿음이다.

신의 존재(절대성, 유일성)에 대한 믿음의 근거는 무엇인가? 예수의 부활은 곧 예수가 신적인 존재 곧 그리스도라는 절대적인 근거가 된다. 오직 신적인 존재만이 이렇게 부활할 수 있기 때문이다. 예수 그리스도에 대한 믿음은 예수가 하나님과 동격이라는 믿음 즉 삼위일체설로까지 발전했다.

이런 믿음을 가진 자는 '의로운'(칭의, 稱義, justification) 존재가 된다. 여기서 '의로움'이라는 말은 하나님의 인정을 받는다는 의미로 사용된다. 이렇게 인정을 받으면 그는 앞으로(심판의 시기에) 구원을 받을 수 있다. 믿음은 구원을 위한 필요충분 조건이다.

> "그러므로 지금 우리가 그리스도의 피로 의롭게 되었으니, 그리스도로 말미암아 하나님의 진노에서 구원을 받으리라는 것은 더욱 확실합니다."(「로마서」5장 9절)

의로운 존재로 인정받는 것은 오직 믿음에 기초할 뿐이다. 율법을 지키는 어떤 실천적 노력도 필요치 않다. 의로운 존재로 인정받는 일은 하나님의 무상(無償)의 은총에 해당한다.

이런 은총은 예수의 죽음 때문에 가능하다. 예수의 죽음 이전에 하나님은 인간의 죄가 미워서 고통스러운 처벌을 부과했다. 예수는 모든 인간의 죄를 대신하여 자신을 희생시켰다. 예수의 죽음은 곧 대속의 사건이다. 그 결과 하나님은 마침내 인간을 용서하는 은총을 베풀게 되었다는 것이다. 물론 이런 은총은 믿는 자에게만 한정된 것이다.

"그리스도 예수 안에 있는 속량을 힘입어서 하나님의 은혜로 값없이 의롭게 하여 주심을 받습니다."(「로마서」, 3장 24절)

2) 일반적 해석에 대한 비판

'대속', '믿음', '은총', 이 세 가지는 곧 기독교 특히 개신교의 가장 근본적인 교리이다. 이런 믿음의 예로서 바울은 아브라함을 들고 있다. 바울은 아브라함을 믿음의 조상이라 한다. 그 이유는 무엇일까? 그는 하나님이 전지전능하며, 이 세상의 유일한 신이라는 믿음을 마음속에 미리 갖고 있었다. 아브라함에게 믿음이 이미 먼저 있었다. 그러기에 그는 아들을 바치라는 이해할 수 없는 하나님의 명령을 기꺼이 받아들일 수 있었다.

하나님은 아브라함의 믿음을 보고 그를 의로운 인간으로 인정해 주었다. 아브라함이 하나님의 명령을 지키는 행위를 하기 이전부터 아브라함은 믿음을 통해 그렇게 인정받았다는 것이다. 바울은 믿음만 갖고 의로운 인간으로 인정받았다는 것이 아브라함이 남보다 뛰어난 점 즉 그의 자랑거리라고 주장한다.

믿음에 대한 위와 같은 해석이 가장 일반적인 해석이지만 이런 해석에 머무른다면 기독교는 모든 것을 신에 의존하고 메시아의 재림만을 기다리는 지극히 수동적인 종교로 머무르고 말 것이다. 기독교가 이런 종교라면 다른 원시적 기복 종교와 다를 바가 없게 된다. 오늘날 개신교가 기복 종교로 전락하는 것도 이 때문이 아닐까? 지금 기독교의 현실을 보자. 처벌이나 보상에 관한 목사의 설교는 날이 갈수록 선정적으로 되니 거의 포르노의 경지에 이르고 있다. 벌거벗은 채 트럭을 타고 북한의 위협을 떠들며 하나님의 심판을 외치는 반공 목사가 기독교 내에서 낯선 모습이 아니다. 심판의 날에 신의 처벌과 보상에 눈이 멀어 사람들은 교회에 꾸역꾸역 모여든다. 그들은 오직 그 날이 오기를 기다리고 있지만 그게 이 세상과 무슨 상관이 있단 말인가? 심판의 날은 지난 2천 년간 끊임없이 늦추어져 앞으로 몇백만 년 뒤에 올지 모르는 일이다.

더군다나 이런 해석에서 가장 중요한 고리가 믿음이지만, 어떤 사람에게 그런 믿음이 정말로 존재하는가가 늘 문제가 된다. 의로운 인간으로 인정받느냐, 구원을 받느냐가 믿음의 존재 여부를 통해 결정되는 것이니 믿음의 존재 여부를 확인하는 것은 사활이 걸린 일일 것이다. 그걸 알아야만 지금까지 믿음의 정도가 구원을 받을 만큼 충분한지 아니면 믿음을 강화하기 위해 더욱 노력해야 할지를 결정할 수 있기 때문이다.

신적인 존재를 믿고 있는 많은 기독교인이 정말로 신의 절대성과 유일성, 예수의 신격을 믿고 있을까? 많은 기독교인을 보면 말로 진실한 믿음을 표현한다. 하지만 나 역시 자주 술자리에서 감상적으로 그런 믿음을 표현할 때가 있다. 물론 나는 진정으로 믿는 것은 아니다. 이런 나의 감상적 믿음과 기독교인의 진정한 믿음과 어떤 차이가 있는 것일까? 그들은 자기 가슴을 열거나 아니면, 자기 두뇌를 헤쳐 보면 분명 그런 믿음이 존재한다는 것을 알 수 있다고 주장한다. 하지만 그나 나나 똑같이 가슴을 열거나 두뇌를 헤치는 기술이 없는 한 그런 주장에는 의미가 없다.

그러면 믿는 자의 행위를 보면 그가 믿음을 가졌는지 아닌지를 알 수 있을까? 우선 이런 믿음을 가진 사람은 행위에 관해 관심을 가지지 않는다. 신적 존재를 마음으로만 철저하게 믿는다면 이미 구원을 받는데 굳이 더 무슨 행위가 필요할 것인가? 설혹 신이 내려준 법에 따른 행위를 하더라도 그 사람에게서 행위가 목적이 아니다. 그 행위는 어디까지나 자기의 믿음을 입증하는 징표에 불과하다. 그는 다른 징표를 통해 자기의 믿음을 입증할 수 있다면 굳이 그런 행위를 할 필요는 없다고 생각한다.

설혹 행위가 중요하다 하더라도, 믿음이 신의 존재에 대한 사유 속에서의 믿음이라면, 그런 믿음을 가지지 않는 사람도 믿음을 가진 사람과 똑같이 행동할 수 있다. 그는 교회에 충실히 나가고 많은 헌금을 하면서 성직자를 존경하고 이웃에게 자선을 베풀 수도 있다. 그러나 신의 절대성이나 예수의 신격은 믿지 않는다. 실제로 많은 기독교인이 그렇지 않을까?

물론 하나님이라면 그가 그런 믿음을 가진 것인지 아닌지를 발견할 수 있을지 모른다. 하지만 하나님의 판정은 심판의 날에 내려지는 것이니, 하나님의 심판 앞에 섰다면 믿음이 확인되더라도 이제 의미가 없다. 이미 심판이 내려지니, 그의 믿음을 강화하는 어떤 노력도 불가능하기 때문이다.

신적 존재에 대한 믿음이 사유 상태에 그치는 것이라면 그것을 가진 것과 안 가진 것이 그 자신의 삶에, 또한 세상에 아무런 의미가 없을 수도 있다. 나 역시 우주인이 존재한다고 철저하게 믿고 있다. 누가 내게 우주인이 없다고 말한다면 나는 우주인이 존재한다는 증거를 수백 가지라도 더 댈 수 있다. 나는 누가 우주인의 존재를 조롱한다면 술자리의 술상을 엎더라도 그와 단연코 대결할 것이다. 그렇다고 내가 우주인과 통신하려고 노력하는 것은 아니다. 우주에 나가려고 여비를 모으는 것도 아니다. 나는 영화 「ET」를 보고 그저 정말 그럴듯하다고 감동하는 정도이다. 우주인이 존재한다는 나의 믿음이 나의 삶에, 이 세상에 어떤 의미가 있는 것일까?

이런 비판 때문에 믿음에 관한 일반적인 해석에 머무를 수 없게 된다. 일찍이 2-4세기 마르키온은 바울의 믿음에 대해 전혀 다른 해석을 내놓았다. 이제 그의 해석을 따라 바울의 믿음에 대한 다른 해석을 살펴보기로 하자.

3) 성령과의 합일

바울은 믿음이라는 말을 쓰면서 성령을 통해 예수와 하나가 된다는 주장을 자주 펼친다.

"그러므로 우리는 그분의 죽으심과 연합하는 세례를 받음으로 그분과 함께 묻혔습니다. 이것은 그리스도께서 죽은 인간 가운데서 아버지의 영광으로 살리심을 받은 것과 같이 우리도 새로운 생명 가운데서 살아가게 하려는 것입니다."(「로마서」 6장 4절)

"여러분은 스스로가 죄에 대해서는 죽은 인간이요, 하나님께 대하여서는 그리스도 예수 안에서 살아 있는 인간이라는 것을 알아야 합니다."(「로마서」 6장 11절)

여기서 바울은 '그분의 죽으심과 연합되어 있다'거나 '예수 안에서 살아 있다'고 말한다. 예수 그리스의 죽음과 부활에 따라 우리도 죽었다가 부활한다는 것이다. 이런 연합을 통해 그리스도와 함께 죽은 것은 우리의 죄이며, 그리스도와 함께 살아나면서 우리는 새로운 생명을 받는다. 이 새로운 생명은 곧 성령이 된다.

> "그것은 육신에 따라 살지 않고 성령에 따라 사는 우리에게서 율법이 요구하는 바가 완성되게 하시려는 것입니다."(「로마서」 8장 4절)

> "누구든지 그리스도의 영이 없으면 그리스도의 인간이 아닙니다. 또한 그리스도께서 여러분 안에 살아 계시면 여러분의 몸은 죄 때문에 죽은 것이지만 영은 의 때문에 생명을 얻습니다." (「로마서」 8장 10절)

성령과의 합일이 곧 믿음을 갖는 것이며, 이를 통해 죄를 벗어나게 된다. 그런데 이런 성령과의 합일로서 믿음이란 어떤 의미인가? 그것은 단순히 사유를 통해 신적 존재를, 즉 그 유일성과 절대성을 믿는 것은 아니다. 왜냐하면 성령이란 원래 정신이라는 말이며[66], 이는 곧 어떤 실천적 의지를 또는 실천적 능력을 말하기 때문이다. 따라서 성령과의 합일, 즉 믿음이란 어떤 능력이며 무엇인가를 실천할 수 있는 능력이며 곧 율법을 실행할 수 있는 능력을 말한다.

성령과의 합일을 통해 인간은 의로운 존재가 된다. 따라서 의로운 인간 역시 하나님에서 인정받거나 구원을 받게 될 존재를 의미하지 않

---

66 독일어 'Geist'는 일반적으로 정신이라 번역된다. 그런데 성경에서 성령을 독일어 번역자는 'Geist'로 번역한다. 그런 것을 보면 성령은 곧 정신을 말한다는 것을 알 수 있다. 정신이란 인식과 실천, 가치와 의지를 모두 포괄하는 개념이다. 덧붙여 말하자면 사유는 인식만을 의미하며, 영혼은 정신이 독립적으로 존재한다는 의미이다. 의식이나 자기의식은 정신의 자각 정도를 가리키는 말이다.

는다. 의로운 인간이란 율법을 실행할 수 있는 능력을 갖춘 존재이고 이 현실 세계를 정의로운 세계로 변화하게 할 자를 말한다.

믿음은 곧 성령과 합일이며 곧 실천적 능력을 갖춘 존재라는 주장은 「고린도 전서」에도 계속된다. 여기서는 합일을 지시하기 위해 다양한 새로운 표현이 이용된다. 예를 들어 '그리스도와의 친교'(「고린도 전서」 1장 9절) 라거나, '그리스도의 마음'(「고린도 전서」 2장 16절)과 같은 말이 그런 말이다. 이런 표현은 마침내 인간이 '하나님의 집'(「고린도 전서」3장 9절), '하나님의 성전'(「고린도 전서」3장 16절)이라는 주장에서 절정에 이른다.[67]

4) 믿음의 수동성

성령과의 합일로서 믿음은 곧 어떤 의지를 지닌 능력이라는 특징과 더불어 또 하나의 특징을 갖고 있다. 믿음은 예수 그리스도와의 연합이

---

67 성령과의 합일이라는 개념은 우리나라 기독교 역사에서 이미 등장한 적이 있다. 원래 유학에서 천인합일이라는 개념이 전승되어 왔다. 특히 양명학은 양심을 통해 즉각적으로 합일에 이르고자 했다. 동학사상에 이르러 인내천이라는 개념도 이런 전통에 속한다. 물론 천이라는 개념에 관한 해석은 각기 다를 것이다. 오히려 유학의 천보다는 동학의 천이 기독교의 성령 개념에 더 밀접하다.

그런데 조선 시대 말기 서북 지역에서 독특한 기독교가 출현했다. 그것은 양명학적인 전통에 비추어 기독교적 개념을 재해석함으로써 출현한 기독교 분파이다. 이때 출현한 기독교는 사랑을 실천하는 행동을 강조하는 기독교였으며, 민족의 해방을 우선적인 사명으로 설정한 기독교였다. 안창호 선생이 대표적이며 김일성 주석의 아버지 김형직 선생도 사상적으로 이 흐름에 속한다.

이 서북 기독교 분파는 일제강점기 초기에 신민회 사건이나 조선국민회 사건에 관련되어 많은 옥고를 치렀으며 남만주지방(정의부 중심으로)에서 무장 투쟁에 적극적으로 뛰어들었다. 이런 서북지역의 기독교는 후일 유명모 선생의 기독교로 그리고 마침내 함석헌 선생의 씨알 사상으로까지 흘러내려 갔다.

며, 성령과 합일하는 것이지만 이런 연합과 합일은 믿는 자의 주관이 마음대로 선택할 수 있는 것은 아니다. 오히려 이런 연합과 합일은 전적으로 예수 그리스도와 성령의 편에서 주도적으로 움직여 믿는 자에게 다가오고 주어지는 것이니, 이 관계는 수동적인 관계라는 것이다. 믿음은 하나님의 은총에 속한다.

이런 점에서 본다면 성령이 다가오는 것은 마치 잠이나 사랑에 빠지는 것과 같다. 내가 아무리 잠들고 싶어도 내가 스스로 잠들지는 못한다. 내가 아무리 사랑하고 싶어도 나 스스로 누구를 사랑하고 말고 할 수는 없다. 나는 나도 모르는 새 잠이 들며 또는 나도 모르는 사이에 누구에게 사랑을 느낀다. 잠과 사랑은 나를 멀리서 덮쳐 오는 것으로 보인다. 하나님의 은총도 그와 같이 주어진다. 이런 수동성 때문에 성령은 믿는 자에게 타자적(他者的)이다. 이 타자는 낯선 타자이지만 어떤 초인간적 존재를 말하는 것이 아니다. 그것은 인격성 자체, 사랑 자체로서 성령을 말한다.

은총이 수동적이라 해서 성령이 누구에게는 다가가고 주어지며 누구는 지나치며 거부하는 등 자의적인 것은 아니다. 이렇게 생각한다면 믿음은 신의 자의적인 선택을 통해 결정되는 운명과 다를 바 없게 된다. 오히려 성령은 그 누구에게나 아무런 차별 없이 주어져 있다. 이런 점에서 은총은 일반적인 것이다. 이 일반적 은총은 이미 이 세상 모든 곳을 성령으로 가득 채우고 있다.

그러나 이 은총을 받아들이는 것은 또 다른 일이다. 다만 믿음을 가진 자는 성령을 향해 자신의 마음의 문을 열기에 성령을 받아들일 수 있다. 반면 믿음이 없는 자는 마음의 문을 닫아걸고 있기에 이미 다가와 있는 성령을 받지 못한다. 그는 말하자면 성령 속에 들어 있으면서도 그 성령을 알지 못하니 강물 한가운데 들어가서 목이 마르다고 하며, 은총 속에서도 그 은총을 외면하고 있다.

그것은 마치 강의 수문을 열면 가득 찬 강물이 절로 밀어닥쳐 오는 것과 같은 이치이다. 어쩌면 이 표현에서 '수문을 연다'고 하기보다 마치 강물을 막아 놓은 '둑이 무너진다'고 하는 표현이 더 적절할지 모른다. 왜냐하면 이미 가득 차 있는 강물은 압력을 가하며 조그만 틈만 있으면 그 틈을 뚫고 밀어닥쳐 끝내 둑을 열기 때문이다. 그러니 마음의 문을 열도록 하는 것도 성령 그 자신일 것이다.

마음의 문을 여는데 믿은 사람의 능동적 작용이 있지만 그렇다고 믿는 자가 자의적으로 원한다고 해서 저절로 성령에 도달할 수 있는 것은 아니다. 왜냐하면 하나님의 은총이 없었다면 그런 강물이 가득 밀려오지 않았을 것이기 때문이다. 메마른 강에서 아무리 문을 열든 밀려올 물은 없다. 비로소 하나님의 은총을 통해 강물이 가득 차 있기에 믿음의 문만 열면 강물이 밀려들어 온다.

5) 희망

이런 성령과의 합일이라는 개념에서 볼 때 예수는 어떤 존재가 되는가?

"우리는 모든 피조물이 이제까지 함께 신음하고, 해산의 고통을 함께 겪고 있다는 것을 압니다....우리는 이 소망으로 구원을 받았습니다. 눈에 보이는 소망(희망)은 소망(희망)[68]이 아닙니다. 보이는 것을 누가

---

68 여기서 소망으로 번역된 말의 독일어 원어는 희망 Hoffnung이다. 소망은 보통 영어 wish의 번역인데, 왜 이렇게 번역했는지 모르겠지만 맥락상 '희망'으로 해야 마땅하다.

바라겠습니까? 그러나 우리가 보이지 않는 것을 바라며, 참으면서 기다려야 합니다."(「로마서」 8장 22절, 24-25절)

바울은 예수 그리스도가 우리의 희망이라고 말한다. 위의 구절이 지닌 근본적인 뜻은 예수 그리스도가 절망 속에 있는 우리에게 희망을 불어넣었다는 것이다. 어떻게 예수 그리스도가 우리에게 희망을 주었는가? 일반적 해석에 따르면 이 희망은 예수의 죽음으로 사람들이 원죄에서 "속량을 받았기" 때문이다. 그런 예수의 '속량' 즉 대속으로 인간에게 희망이 생겼다는 것이다. 이 희망은 신의 심판의 날에 처벌받지 않고 구원받는 데 대한 희망이다.

예수의 삶과 죽음을 대속으로 이해하는 것은 창조주의 섭리가 펼쳐지는 구원의 드라마와 연관된다. 하지만 창조주 개념이 부정되면 이런 대속의 드라마도 사라진다. 그러면 예수의 삶과 죽음은 다르게 해석해야 한다. 예수의 삶과 죽음은 성령과 합일에 이르러 스스로 성령을 실천한 존재가 된다. 예수는 다른 선지자와 마찬가지 존재가 되며 신이 보낸 신의 아들이 아니라 인간의 아들로서 신으로 된 존재가 된다.

그러나 예수는 다른 선지자와 근본적인 차이가 있다. 다른 선지자가 신의 말씀을 전하면서 신의 처벌과 보상이라는 대가를 주장했다. 그런 점에서 다른 선지자는 성령의 본래 의미를 제대로 이해하지 못했다. 다른 선지자는 자신이 만난 신이 곧 창조주라고 생각했다. 그러나 예수는 새로운 신을 전했다. 그 신은 곧 성령이다. 예수는 이 성령이 처벌과 보상이 아니라 성령과의 합일을 주장한다. 예수는 스스로 믿음을 통해 성령과 합일했으며 의로운 인간으로서 성령을 그대로 실천했고 그 때문에 마침내 죽음에 이르게 된다. 예수는 자신의 죽음으로써 새로운 성령이 우리에게 이미 가까이 다가와 있다는 것을 증언했다. 그러므로 예수는 새로운 하나님을 최초로 선포한 선지자가 된다.

예수의 믿음 그리고 이에서 나온 사랑의 실천 즉 그의 죽음이 온 세계로 퍼져나가는 믿음의 너울이 일어난 출발점이다. 이 믿음의 너울을 통해 사랑이 전달된다. 이 너울로부터 사도들의 믿음이 생겨났으며, 사도들이 실천한 사랑은 더 큰 너울을 그리며 세상으로 퍼져나간다. 이 너울로부터 신자의 믿음이 생기고 또 신자의 사랑이 일어난다. 이런 믿음과 사랑의 너울을 통해 마침내 온 세상이 성령으로 가득 찰 것이다. 그게 곧 하나님의 나라이다. 예수가 희망인 이유는 여기에 있다. 예수가 믿음의 너울을 일으킨 진원지이고 하나님의 나라를 실현하는 출발점이기에 예수가 곧 희망이다.

예수 그리스도 덕분에 희망이 생겼다. 예수 그리스도를 따라서 먼저 마음의 문을 연 사람이 사도이다. 사도는 예수 덕분에 믿음을 얻고 성령과 합일에 이르게 되었다. 그다음은 사도의 일이다. 즉 사람들의 마음의 문을 열어 신자를 얻고 교회 공동체를 형성하는 일이다. 신자의 마음을 열기 위해 사도는 무엇을, 어떻게 해야 하나? 「로마서」와 「고린도서」, 「사도행전」 등을 읽으면 바울이 얼마나 노심초사 사도의 역할에 대해 고민했는지가 드러난다.

바울사상4

믿음에 두 가지 의미가 있었다. 신적 존재에 대한 믿음에서 심판을 기다리는 삶이 출현한다. 이런 믿음은 사유에 머무를 뿐이다. 반면 믿음을 성령과의 합일로 본다면 전혀 다른 결론이 나오게 된다. 이런 합일에서 곧 하나님의 법을 실천하는 의로운 인간이 나오며, 사회는 의인의 실천을 통해서 하나님의 나라로 바뀌게 된다.

그런데 성령이란 어떤 정신을 말하는 것일까? 성령은 사랑의 정신이다. 사랑은 의지의 측면에서 정의와 대립한다. 정의가 상호적이고 욕망에 기초한다면 사랑은 일방적이며 자주적이다. 사랑은 가치의 측면에서도 정의와 대립한다. 정의가 고유한 몫과 책임을 전제로 하는 것이라면 사랑은 몫과 책임을 규정할 수 없다. 사랑은 교환이 아니니 객관적 가치라는 것이 없기 때문이다. 그러므로 사랑은 무한한 책임을 지닌다.

1) 심판의 날

바울은 믿음을 통해 의로운 존재가 된다고 주장했으며 이런 주장에 대해 두 가지 해석이 가능하다는 것을 보았다. 하나의 해석은 믿음이란 곧 신적 존재를 사유 속에서 믿는 것이며 다른 하나는 믿음이란 곧 성령과의 합일이다. 이제 믿음을 통해 구원이 어떻게 일어나는가 하는 문제로 이행해 보자. 이 구원의 문제에 관해서도 앞의 두 해석에 따라 두 가지 해석이 가능하다. 우선 일반적인 해석을 들어 보자.

바울의 글 가운데에는 예수의 재림과 심판의 날 즉 '그날'이 멀지 않았다는 표현이 자주 등장한다. '그날'은 곧 심판의 날이다.

"여러분은 지금 어느 때인지 압니다. 잠에서 깨어나야 할 때가 벌써 되었습니다. 지금은 우리가 처음 믿을 때보다 우리의 구원이 더 가까이 왔습니다."(「로마서」 13장 11절)

그러기에 바울은 미혼자나 과부에게 "곧 닥칠 재난 때문에, 인간이 현재 상태로 살아가는 것이 좋다고 생각합니다"라고 말한다. 그리고 "때가 얼마 남지 않았으니" 무엇이 있어도 마치 없는 인간처럼 살라고 말한다. 왜냐하면 그런 무엇이란 세속적인 사물(예를 들어 결혼 여부, 사회적 신분, 재산 등)들이지만 그때가 되면 "이 세상의 모습은 사라져 버리니" 아무런 의미가 없기 때문이다.

유감스럽게도 바울이 곧 닥친다고 했던 그 날은 아직도 도래하지 않았다. 하지만 기독교인에게 그 날이 늦어진다는 사실은 중요하지 않다. 시간이야 어떻든 그 날은 반드시 오게 되며, 그 날에 심판이 내려진다는 것도 명확하다. 이 심판은 물론 전지전능한 절대적 존재인 신, 그를 대리하여 이 지상에 재림한 예수를 통해 내려지는 것이다.

2) 기독교의 타락

예수의 재림과 심판의 날은 정말 다가오는가? 신의 존재를 믿는 사람에게 그런 물음을 한다는 것 자체가 잘못이다. 문제는 재림의 날 내려지는 심판의 의미에 관해서만 제기될 수 있을 것이다. 바울은 그날 심판은 '업적에 따라' 달라진다고 말한다. 하나님의 심판은 공정하다.

"누구나 그 터 위에 금이나 은이나 보석이나 나무나 풀이나 짚으로 집을 지으면 각 인간의 업적이 드러날 것입니다. 그 날이 그것을 밝히 보여 줄 것입니다. 그 날은 불로 나타나기 때문입니다. 그래서 그 불이 각 인간의 업적이 어떤 것인가를 검증하여 줄 것입니다."(「고린도 전서」 3장 13절)

"하나님께서는 각 인간에게 그가 한 대로 갚아 주실 것입니다. 참으면서 선한 일을 하여 영광과 존귀와 불멸의 것을 구하는 인간에게는 영원한 생명을 주시고, 이기심에 얽매어 진리에 거스르고 불의를 따르는 인간에게는 진노와 분을 내리실 겁니다."(「로마서」 2장 6-7절)

이 구절을 읽어 보면 하나님이 인간이 행한 업적에 대응하여 심판을 내리는 것으로 보인다. 심판의 날에 그 '업적'에 따라서 어떤 인간은 "삯을 받을 것이요", 어떤 인간은 "마치 불 속을 거쳐서 살아나오듯 할 것"이다.(「고린도 전서」 3장 14절-15절)

위의 글은 모두 업적을 강조한다. 그렇다면 오직 믿음을 통해 구원된다는 앞에서(루터와 개신교)의 해석과 어울리지 않는다. 그러기에 업적이란 말은 다른 말로 해석해야 한다. 즉 '선한 일'은 그 자체로서 의미가 있는 것이 아니라 '불멸의 것을 구하는' 마음을 평가하는 기준으로서만 의미가 있다. 업적은 믿음을 판단하는 간접적 자료에 불과하다. 심지어 악한 일을 저질렀다고 하더라도, 신의 존재를 믿는 마음이 강한 인간은 구원되지만 선한 일을 했으나 마음으로는 믿음이 없는 인간은 구원받을 수 없다.

그런데 이런 식으로 구원을 받는다는 것은 어떤 의미가 있을까? 불교라면 윤회에서 벗어나서 고통으로 가득 찬 이 세상에 다시 태어나지 않게 될 것이다. 그러면 기독교에서 구원은 무엇인가? 그것은 일단 지상에서 저지른 죄에 대해 처벌받지 않는 일일 것이며 저 천상에서 행복하게 살아가는 것일 것이다. 혹은 이 지상에서 온갖 행복을 직접 누릴수도 있을 것이다.

하지만 구원에 대한 이런 해석에 대해 기독교 내부에서 비판적인 목소리가 그치지 않는다. 구원을 심판의 날에 처벌받지 않고 행복한 삶을사는 것이라고 본다면 구원은 어디까지나 개인의 것이다. 혹은 한 민족이 전체적으로 구원을 받아 노예 상태에서 벗어나거나 다윗의 왕국처럼 전 세계가 부러워하는 나라가 될 수도 있을 것이다. 여기 한 개별 민족의 일이다.

신적 존재에 대한 믿음을 통해 한 개인이나 한 민족이 구원되었다고하더라도, 그것을 통해 죄가 사라지는 것일까? 죄에는 두 가지가 있다.한 개인의 윤리적 차원에서의 죄도 있지만, 사회가 구조적으로 만들어내는 죄도 있다. 한 무도한 민족이 저지르는 죄도 있지만 전 세계의 구조적 차원에서 일어나는 죄도 있을 것이다. 그런데도 한 사회 내에서 착취와 억압, 전 세계적인 차원에서의 지배와 약탈은 다 무시되고 만다.설혹 개인이 또는 한 민족이 구원되었다고 하더라도 사회적인 죄, 전 세계적인 차원에서의 죄는 여전히 존재하고 앞으로도 지속하니, 오늘 구원받은 개인과 민족이 내일 다시 처절한 고통과 압제 속에 처할지 모르는 일이다.

설혹 사회적 죄, 세계의 구조적 죄는 내버려 둔채로, 전체 사회가 죄악 속에 들어 있고 전 세계가 파멸의 위협에 처해 있는데도 나와 나의민족만이 처벌을 면하고 행복을 얻는다면 그게 무슨 의미가 있는 것일까? 불교에서 보살은 전 중생이 고통에 처해 있는 한 스스로 구원을 거부한다. 중생과 함께 고통을 나누겠다는 것이니, 이런 보살의 정신이 기독교 정신보다 더 탁월한 것이 아닐까?

3) 성령과 사랑

이제 일반적인 해석을 버리고 믿음을 성령과 합일로 해석하면서 여기서 구원은 어떤 의미를 지니는지 살펴보자. 성령은 정신 즉 어떤 실천적 능력이다. 믿음을 통해 합일이 이루어지면 앞에서 말했듯이 어떤 실천적 능력을 얻게 된다. 인간은 이런 능력을 얻음으로써 의로운 인간이 된다. 의로운 인간은 성령을 실천한다. 이런 실천을 통해 하나님의 나라가 실현된다. 하나님의 나라가 이 세상에 실현되는 것이 구원이 아닐까? 인간은 믿음을 통해 이런 실천 능력을 얻으니 믿음은 구원의 출발점이 된다. 하나님의 나라를 위한 실천은 믿음을 통해 성령의 능력을 얻음으로써 실천되는 것이다. 이 실천은 성령의 실천이며 성령의 실천은 율법적 실천과 근본적으로 다른 것이다.

이제 성령이 지닌 실천적 능력이란 어떤 능력인가 살펴보면 그 차이점이 분명하게 드러날 것이다. 성령이란 앞에서 이 세계에 충만한 영적인 능력이다. 예수 그리스도가 이 성령이 어떤 힘인가를 처음으로 밝혀주었다. 그 성령은 바로 '사랑'의 능력이다. 성령은 믿음을 통해 성령과 합일이 수동적으로 일어나기 때문에 이를 성령이라 한다. 이때 성령은 어떤 두려움과 떨림의 느낌으로 다가오기 때문이다. 그런데 이런 성령과 합일이 능동적으로 일어난다고 본다면 그 성령은 곧 내 마음을 가득 채우고 있는 고요하고 평안한 마음이니 그것이 곧 사랑의 정신이다. 성령이라는 말과 사랑이라는 말은 동일한 존재를 어느 측면에서 바라보는가에 따라 다를 뿐이다. 성령이 곧 사랑이다. 바울은 예수의 말씀을 한마디로 이렇게 요약한다.

"모든 계명은 '네 이웃을 내 몸과 같이 사랑하여라' 라는 말씀에 요약되어 있습니다."(「로마서」 13장 9절)

그러면 '사랑'의 정신은 어떤 것인가? 바울의 사랑에 대한 시를 들어보자.

"사랑은 오래 참고, 친절합니다. 사랑은 시기하지 않으며, 뽐내지 않으며, 교만하지 않습니다. 사랑은 무례하지 않으며 자기의 이익을 구하지 않으며 성을 내지 않으며, 원한을 품지 않습니다. 사랑은 불의를 기뻐하지 않으며, 진리와 함께 기뻐합니다. 사랑은 모든 것을 덮어주며, 모든 것을 믿으며, 모든 것을 바라며, 모든 것을 견딥니다."(「고린도 전서」 13장 4절-7절)

사랑이란 무엇인가 생각해 보자. 사랑에 대한 가장 일반적 개념으로부터 시작해 보자. 사랑을 이해하기 위해서는 정의와 비교하는 것이 적절하다. 정의는 상호적이다. 정의는 권리이며 동시에 의무가 된다. 내가 어떤 것을 권리로 요구한다면 나는 타인에게 그만큼 권리를 인정하는 것이다. 나의 권리는 타인의 의무이며 타인의 권리는 나의 의무이다. 권리와 의무는 정확히 서로 상응한다. 이런 정의는 과정에서 합의에 기초한다. 내가 무엇을 하든 타인의 동의를 전제로 한다. 타인이 동의하지 않는 한 그런 정의는 불법이다.

이런 정의는 항상 자기의 몫과 자기의 책임이 있다. 이 몫과 책임은 자기 자신이 정한 가치에 따른 것이 아니라 사회적으로 인정된 객관적 가치에 따른다. 개인적인 교환의 관계에서 몫과 책임은 동등해야 한다. 이게 교환적 정의이다. 공동체 내에서 분배적인 관계에서는 몫과 책임은 비례해야 한다. 예를 들어 경제적 가치는 노동에 비례하며 기회는 능력에 비례해야 한다. 이게 분배적 정의이다. 종합하자면 정의는 합의하고, 상호적이며(대가를 전제로 하며), 객관적인 가치에 따른다. 정의의 토대가 되는 가치란 욕망을 만족하는 정도에 따른 것이고 객관적 가치는 그 정도가 사회적으로 결정된다는 것이다.

반면 사랑은 단적으로 일방적인 것이다. 여기에는 의무나 권리라는 개념이 없다. 나의 사랑은 권리도 의무도 아니다. 내가 사랑하는 것은 타인이 나를 사랑하는 것에 대응하는 의무가 아니다. 내가 사랑한다고 타인의 사랑을 요구할 수 있는 권리는 없다. 타인이 사랑하든 말든 나는 사랑하니 사랑은 일방적인 것이다. 사랑의 일방성 때문에 권리나 의무라는 개념 자체를 사용할 수 없다. 또한 나의 결단에 타인의 동의를 필요로 하지 않으며 타인의 결단에 내가 동의하는 것이 전제되지 않는다. 나의 결단이나 타인의 결단은 각자 고유한 단독적 결단일 뿐이다. 그 결과 타인의 동의를 기다려 사랑하지 않으며 타인의 사랑을 내가 동의해야 할 이유도 없다.

사랑에는 어떤 객관적 사회적 가치가 없다. 이런 객관적 가치는 교환이 존재하는 상호 관계에서만 성립한다. 사랑은 일방적인 관계이므로 가치는 주관적으로 평가된다. 몫과 책임이라는 말을 사용할 수는 있지만 부등하며 무한정하다. 우선 사랑에서 자기의 책임이라는 개념은 있을 수 있지만 자기의 몫이라는 개념은 없다. 더 정확하게 말하자면 나에게는 책임이 속하고 타인에게는 몫이 속한다. 이런 점에서 사랑의 부등하며 따라서 항상 무상의 증여라고 규정된다.

객관적 가치를 정할 수 없으니 사랑에는 척도가 없고 무한정하다. 사랑을 개인적인 관계에서 본다면 주는 사람과 받는 사람이 판단하는 가치가 동등하지 않다. 그 결과 이런 역설이 성립한다. 어떤 남자는 그의 애인이 볼 때는 가치가 없거나 심지어 고역에 가까운 일을 하면서도 자기는 어마어마하게 사랑하고 있다고 주장할 수도 있다. 또 그의 애인이 볼 때는 그 남자가 그의 모든 것을 사랑을 위해 내던졌지만, 그 자신은 그의 사랑이 부족하다고 스스로 생각할 수 있다. 여기서 굳이 가치를 따진다면 전적으로 주관적 가치만이 지배한다.

사회 공동체 내에서 사랑도 마찬가지이다. 가치라는 것도 발생하지 않으니, 객관적 가치라는 것도 없고 비례를 결정할 수 없다. 사랑은 비례하지 않는다. 사랑에 고유한 몫, 책임이 없다. 굳이 사랑에 대해 몫과 책임을 말하고자 한다면 그 몫과 책임은 그 스스로가 판단하는 것이다.

객관적 가치가 없으니, 내가 무엇을 하든 남에게 자랑할 수 없다. 그 가치를 알 수 없기 때문이다. 상대가 무엇을 하든 원망을 품을 수 없다. 척도가 없으니 그가 나를 얼마나 해쳤는지 알지 못하기 때문이다. 자랑하는 마음이나 원망하는 마음이 있지만 억누르는 것이 아니다. 척도가 없으므로 자랑과 원한이 생겨나지 않는다. 그러니 사랑은 바보가 된다. 그는 무상으로 증여하는 것이지만 그 스스로는 그것이 증여라는 것조차 모른다. 위에서 언급한 사랑의 개념은 바울의 시를 보면 아주 아름답게 표현되어 있다. 사랑은 "교만하지 않고"라든가, "원한을 품지 않으며", "모든 것을 덮어준다"는 말이 그런 말로 받아들여진다.

종합하자면 사랑은 이처럼 일방적이며, 무상의 증여이며, 무한한(무규정적으로) 것이다. 이런 사랑은 스스로 행위하면서 즐거움을 얻는 데 기초하며, 자주성 가운데서도 최고로 자주적인 것이다. 의무는 강제성을 동반한다. 생명력은 자발적이며 행위 속에서 즐거움을 준다. 그러나 사랑은 무한하니 그 이상으로 자주적인 정신은 없다. 사랑은 무한히 자주적인 정신이다.

4) 정념의 사랑과 성령의 사랑

사랑의 일반적 개념 위에 두 종류의 사랑이 대립한다. 하나는 정념에서 나오는 사랑이다. 다른 하나는 성령에서 나오는 사랑이다. 정념에서 나오는 사랑은 자연적 토대 위에 발생한다. 이 자연적 토대는 혈연이나 지연 또는 성적 자극 등을 말한다. 가족 사이의 사랑이나 남녀의 사랑, 향토애나 지연이 대표적인 것이다. 반면 성령에서 나오는 사랑은 성령과 합일에서 나오는 사랑의 정신이다. 대개 종교적인 사랑이 여기에 속한다. 흔히 전자를 물질적 사랑, 후자를 정신적 사랑이라 하지만 그런 구분은 정확하지 않다. 다양한 차이점, 모호한 혼합적 성격을 놓치기 때문이다.

정념의 사랑은 상당히 혼합적이다. 이런 사랑도 한편으로는 사랑의 일반적 개념대로 일방적이며 무상의 증여이며 자주적인 것이다. 이 사랑도 객관적인 몫과 책임이 없으니 무규정적이고 무한하다. 그런데도 정념에서 나오는 사랑은 여전히 욕망의 성격을 완전히 버리지 못한다. 정념의 사랑은 다른 한편으로는 상호성을 요구하며 동등하고 비례하는 객관적인 몫과 책임을 요구한다. 이런 정념의 사랑은 욕망을 만족하는 쾌락과 연결되어 있다. 정념의 사랑은 매우 복잡한 성격, 양면적 성격을 지닌 사랑이다.

그러나 성령의 사랑은 정념의 사랑과는 구별된다. 우선 이 사랑은 쾌락의 느낌과 분리된다. 성령이 내면화하면서 사랑으로 변한 것이기 때문이다. 이런 전환과 더불어 두려움과 떨림이라는 느낌도 평안하고 고요한 느낌으로 바뀌게 된다. 이런 고요와 평안은 그 이면에 두려움과 떨림을 전제로 하므로, 남녀 사이보다는 부모와 자식 사이에서 서로 느끼는 사랑의 느낌과 닮았다. 그러므로 기독교에서 성령을 아버지라는 인격적 존재로 부르는 이유도 그 느낌이 부모의 사랑이라는 느낌과 가깝기 때문이다. 하나님 아버지라는 표현은 사랑의 정신을 의인적으로 표현하는 것이다. 이런 성령에서 나오는 사랑은 순수하다. 다시 말해서 사랑의 기본 개념에서 나오는 그대로 일방적이며 무상의 증여이며 무규정적이며 무한하다. 이런 성령의 사랑은 복잡하지 않고 단순하다. 이게 진정한 자주적 사랑이다.

정념의 사랑과 성령의 사랑에 관해 더 중요한 차이는 여기에 있다. 정념에서 나오는 사랑은 자연적인 토대 위에서 성립하므로 제한적이다. 자연적 토대가 한정적이기 때문이다. 그러므로 정념의 사랑은 개인에 대한 사랑으로 그치며, 설혹 가족이나 집단(고향 사람, 민족 등)으로 발전하더라도 그 집단은 각 개인의 집합에 그친다. 그 집단은 하나의 개인으로 취급된다. 예를 들어 민족애가 자주 민족을 대표하는 어떤 구체적 개인 특히 어떤 여성에 대한 사랑으로 나타나는 것도 그 때문이다.

그러나 성령의 사랑은 무차별적이다. 이런 사랑은 자연적인 토대로부터 분리되어 있으며 누구에게나 부여될 수 있다. 그러므로 성경에서 표현한 대로 이 사랑은 이웃에 대한 사랑이다. '이웃'이란 가깝고 멀다는 시공간적 관계나 친근 관계를 표현하는 것이 아니라 자연적 토대와 무차별하다는 것을 의미한다. 이런 사랑을 통해 공동체가 형성된다. 이 공동체는 무차별한 개인으로 이루어진 공동체이다. 여기서 민족이나 인종, 성별, 문화적 차이가 문제되지 않는다. 이 공동체는 보편적인 공동체이다.

이 공동체는 개인에서 떨어져 있는 독립된 공동체를 의미하지 않는다. 개인의 단순한 집합 즉 무리를 의미하지도 않는다. 이 공동체는 개인들 사이에서 존재하는 공동체이다. 이런 공동체가 사이의 공동체이며, 성경에 나오는 교회공동체이다.

정념의 사랑이 주로 개인에 대해 관계하듯이 성령에서 나오는 사랑은 주로 공동체에 관계한다. 개인에 대한 사랑과 공동체에 대한 사랑이 어떻게 다른가? 원래 사랑에는 가치 개념이 없고 몫과 책임이 결정되지 않으니 그 관계는 무규정적이고 무한하다. 개인에 대한 사랑이 개인에 대해 무한의 책임을 지는 것이라면 공동체에 대한 사랑은 공동체에 대해 무한한 책임을 지는 것이다. 공동체에 무한 책임을 진다는 것은 내가 공동체에서 맡은 몫과 책임이 무한하고 무규정적이라는 말이다. 그러므로 공동체의 모든 것이 나의 책임일 수 있으며 이 공동체에 나의 몫은 전혀 없을 수도 있다.

바울사상5

　바울은 율법주의를 비판하면서 믿음을 통해 의로운 인간이 된다고
했다. 믿음이란 신적 존재에 대한 사유 속의 믿음이 아니라 성령과의
합일이라는 실천적 체험을 의미한다. 의로운 인간은 그저 구원을 예약
받은 존재가 아니라, 성령을 가지고 새로운 실천적 능력을 갖춘 인간
이다. 바울은 그 새로운 실천적 능력을 사랑의 정신이라 보았다. 사랑
은 우선 자주적인 의지이다. 자주적 의지가 운명애, 의무감, 낭만적 양
심 등으로 발전해 마침내 도달한 최고의 단계이다. 그리고 사랑은 다
른 자주적 의지와 달리 공동체를 형성하는 정신이다. 사랑을 통해 형
성되는 공동체, 그것이 바로 교회공동체이다. 하나님의 나라는 이 교
회공동체를 통해 실현될 것이다.

1) 사랑과 공동체 정신

사랑의 정신은 자주적 의지가 도달한 최고의 형태이다. 사랑은 일방적인 것이며 무한하니, 최고로 자주적인 의지이다. 그런데 사랑이라는 정신은 자주적 의지의 다른 형태와 근본적인 차이를 갖고 있다. 의무감, 양심도 자주적 의지이지만 개인의 의지에 그친다. 반면 사랑은 자주적 의지이지만 개인의 의지를 넘어서 공동체를 가능하게 하는 공동체 정신이다. 다른 의지는 직접 세계 속에서 자기의 가치를 실현한다. 그러나 사랑은 공동체 정신이므로 세계와 간접적으로 관계할 뿐이다. 세계에 대해 역사적으로 실천하는 일은 공동체 자체의 일이다. 사랑은 공동체를 형성하는 의지 즉 공동체 정신이니, 역사적 실천과 관련해서는 간접적인 의지라고 할 수 있다. 그러나 역사의 이념을 실현한다는 관점에서 본다면 개인적 의지는 무기력하다. 오직 공동체의 힘을 통해서만 역사의 이념을 실현할 수 있다. 어떤 영웅적인 개인도 역사의 이념을 실현할 능력은 없다. 역사의 이념을 실현하는데 공동체는 불가결하다. 그런 점에서 공동체를 형성하는 사랑은 공동체의 이념을 직접 실천하는 것보다 더 우선적인 것이라 하지 않을 수 없다.

다양한 공동체 가장 오랫동안 유지되면서 아주 강력한 힘을 발휘했던 것은 교회 공동체였다. 이 말은 기독교 교회 공동체의 역사를 보면 금방 이해될 것이다. 다른 많은 종교 공동체도 마찬가지이다. 이런 종교 공동체를 형성하는 정신을 살펴보면 대체로 기독교의 사랑과 유사한 형태의 정신이 기초가 되고 있다. 우리 주변만 살펴보아도 인(仁)이라는 정신을 토대로 형성된 유교 공동체, 모심(侍)이라는 정신을 제시한 동학의 공동체도 교회 공동체만큼이나 강한 힘을 가졌다. 왜 이처럼 사랑이라는 공동체 정신이 공동체를 형성하는 데 강력한 힘을 가지는 것인가? 그것은 말할 것도 없이 사랑, 인, 모심이라는 정신이 무한한 것이며 최고의 자주적 정신이기 때문일 것이다. 무한성을 토대로 형성된 인간관계야말로 그 어떤 힘으로도 깨뜨릴 수 없는 것임은 굳이 설명할 필요도 없을 것이다.

이런 점에서도 사랑의 정신은 자주성의 최고 형태이다. 사랑은 무한 책임에 기초하므로 최고의 자주적 의지이며, 다른 개인적 의지보다 더 높은 차원 즉 공동체 정신이므로 최고 형태이며, 공동체를 형성하는 다른 방식보다 더 견고한 공동체를 형성하므로 최고의 자주성이다.

2) 바울과 교회공동체

앞에서 예수로부터 희망이 시작되었다고 했다. 예수로부터 시작된 믿음의 너울은 사도에게 전해진다. 이를 통해 사랑의 정신도 함께 전해진다. 이제 사도 바울의 실천을 보자. 바울은 사랑을 어떻게 실천한 것인가? 바울은 가족의 사랑이나, 연인 사이의 사랑에 대해서도 언급했지만, 차라리 무관심했다고 보는 것이 적절한 표현일 것이다. 부부가 평등하고, 간음하지 말고 이혼하지 말라는 정도로만 말했다. 기독교가 실제로 이런 계율에 대해 엄격하지 않았다는 점은 역사가 잘 보여준다. 특히 이런 계율의 전제가 되는 결혼의 문제를 놓고 보면, 바울의 말은 매우 복잡하다.

그 말을 요약하자면 이렇다. 욕망을 이기기 어려우면 결혼해라. 결혼이 하나님의 법을 실현하는 데 방해되는 점이 있으므로 결혼하지 않는 것이 좋기는 더 좋다. 참지 못해 죄를 저지르는 것보다는 결혼하는 것이 그나마 낫다. 그런데 곧 그 날이 오고, 그 날 이후로 결혼하나 하지 않으나 의미가 없어진다. 이제 그 날이 멀지 않았으니, 결혼한 인간도 마치 결혼하지 않은 것처럼, 살아라. 솔직히 말해서 바울이 결혼하라는 건지 말라는 건지 모르겠다. 대충 각자 알아서 살면 된다는 말로 보인다.

개인의 실제 삶의 차원에서 바울의 윤리를 가장 잘 보여주는 것은 그 유명한 '마치 그런 것처럼' 철학이다.

> "때가 얼마 남지 않았으니, 이제부터는 아내 있는 인간은 없는 인간처럼 하고 우는 인간은 울지 않는 인간처럼 하고, 기쁜 인간은 기쁘지 않은 인간처럼 하고....세상을 이용하는 인간은 그렇게 하지 않는 인간처럼 하십시오. 이 세상의 모습은 사라져 버리기 때문입니다."(「고린도 전서」 7장 29절-31절)

또한 바울은 전체 사회 속에서 사랑을 실현하는 방식에 대해서도 별로 말이 없다. 바울의 언급을 굳이 찾으라면 "네 이웃을 사랑하라"라는 계명이나, "원수를 사랑하라"라는 계명이지만 이는 매우 추상적인 표현이며 구체적으로 어떤 것을 의미하는지는 알 수 없다. 예를 들어 자본주의 사회를 보자. 사랑하기 앞서서 원수가 누구인지 알아야 하는데, 누가 원수인가? 내 자리를 뺏은 동료인가? 구조조정을 하는 자본가인가? 만일 자본가가 원수라 하자. 그러면 그의 자본을 박탈하는 것이 사랑인가? 아니면 그의 자본을 불려주는 것이 사랑인가? 모호하기 짝이 없다.

그 외 언급이 있다면 '영원한 생명'을 얻을 것이라는 말이 있다. 또는 그리스도의 통치가 언급되어 있다. 즉 그 날 이후 "모든 통치와 권위와 권력을 폐하시고", "그 나라를 하나님 아버지께 바치실 것"이며, "그리스도의 다스림"을 거쳐서 최후로(죽음조차 멸망한 이후) 그리스도도 "하나님에게 굴복한다"고 말한다. '그리스도', '성령'이나 '영원한 생명'이 사랑의 정신과 같은 말이다. 그 역시 추상적인 언급에 불과하다.

바울이 이렇게 사랑이 실천되는 나라에 대해 별로 말이 없었던 것은 그런 것이 무의미하다고 보았기 때문은 아닐 것이다. 바울은 오히려 그런 나라를 실현하기에 앞서 먼저 해야 할 일이 있다고 보았던 것이 아닐까? 그것이 바로 교회 공동체를 건설하는 일이다. 새로운 나라는 개인의 힘이 아니라 교회 공동체를 통해 실현될 것이다.

그러므로 바울은 교회 공동체에 관해서는 무척이나 많은 말을 남겼다. 사실 바울의 「로마서」나 「고린도 전서」는 교회 내 로마 교회 속의 유대인과 이방인, 고린도 교회 속의 바울파와 베드로파의 분열을 제거하기 위해 쓰인 것이다. 그런 만큼 「로마서」나 「고린도 전서」는 교회 내에서 교인 사이의 사랑에 대한 글로 가득하다.

3) 성령과 교회 공동체

교회가 어떤 의미를 지니고 있는가? 교회의 근거에 관해서 「사도행전」에 나오는 다음의 말이 자주 언급된다.

> "오순절이 되어서 그들은 모두 한곳에 모였다. 그때에 갑자기 세찬 바람이 부는 듯한 소리가 하늘에서 나더니, 그들이 앉아 있는 온 집안을 가득 채웠다. 그리고 그들에게 불길이 솟아오르는 것과 같은 혀들이 갈래갈래 갈라지면서 나타나더니, 각 인간 위에 내려앉았다. 그들은 모두 성령으로 충만해서, 성령이 시키는 대로 각각 다른 방언으로 말하기 시작하였다."(「사도행전」, 2장 1절-4절)

이 구절은 예수의 부활에 버금갈 정도로 중요한 성령 강림의 체험을 말한다. 기독교에서는 이 성령 강림에서 교회가 세워졌다고 한다.

이런 구절을 통해서 우선 교회 공동체의 의미는 성령이라는 개념과 밀접하게 연관되어 있다는 사실을 알 수 있다. 교회란 성령이 임하여 만들어진 공동체라는 의미가 된다. 여기서 신자는 각자 성령과 합일에 이르며 이런 성령을 통해 서로가 맺어진다. 여기서 "혀들이 갈래갈래 갈라지며"라는 표현을 볼 때 교회 공동체에서 각자가 성령과 합일하는 관계 즉 수직적인 관계가 우선적이라고 볼 수 있다. 교회 공동체는 이런 수직적인 관계를 통해 간접적으로 형성된다. 비유하자면 교회는 아래위로 일어나는 진동이 퍼져나가는 너울이다.

이런 교회 공동체는 개인에 내재하는 것도 아니고 개인을 초월해서 독립해 존재하는 것도 아니다. 그것은 성령이 갈래갈래 나누어지는 식으로 존재하는 것이니, 한편으로 그것은 개인과 개인의 계열, 그 사이에서 존재하는 것이라 말할 수 있다. 또 다른 한편으로 말하자면 교회 공동체는 개인에게 내접하는 미분적인 힘이라 볼 수 있다. 교회는 공동체를 형성하는 공동체 정신 자체가 된다. 교회는 성령의 표현이며 성령자체이다.

교회 공동체의 특징은 무차별성에 있다. 교회 공동체는 무차별한 개인으로 이루어진 공동체이라는 것이다. 즉 교회는 보편적인 공동체이다. 그러므로 이 공동체 속에는 종과 자유인, 그리스인과 유대인이라는 구별이 없다. 모두가 평등하고 자유로운 개인으로서 만나는 공동체이다. [69]

"몸은 하나인데 많은 지체가 있고 몸의 지체는 많지만 한 몸임과 같이 그리스도도 그러합니다. 우리는 유대 사람이든지 그리스 사람이든지 종이든지 자유인이든지 모두 한 성령으로 세례를 받아서 한 몸이 되었고 또 모두 한 성령을 마시게 되었습니다."(「고린도 전서」 12장 12절)

4) 교회 공동체의 역할

---

[69]   이런 교회 공동체가 생활 또는 사회적인(생산과 소비를 포함하는) 공동체라는 표현도 보인다. 일종의 원시 공동체이다. "믿는 인간은 모두 함께 지내면서 모든 것을 공동으로 소유하고, 재산과 소유물을 팔아서 모든 인간에게 필요한 대로 나누어 가졌다."(「사도행전」, 2장 44절) 이 구절에 대해 지금까지 해석자는 대부분 당시 종말이 가까워졌다는 믿음 때문에 생긴 일시적인 것이라고 주장한다. 실제로 기독교의 역사에서 이런 생활공동체는 일부에서를 제외하고는 대부분 무시되었다.

그렇다면 이런 교회 공동체는 어떤 임무를 수행하는 것인가? 가톨릭의 관점에서 교회는 하나님을 대신하여 개인을 심판한다. 교회는 각 신자의 행위를 감시하며, 처벌하고 또는 보상하는 권력기관이다. 이 권력은 도덕적 훈육을 위한 기관이지만 자주 국가기관과 서로 의존하게 된다. 반면 개신교의 관점에서 교회는 의미가 없다. 믿음은 개인의 일이기 때문이다. 이때 역시 믿음에 대해 처벌과 보상이 이루어지지만, 이는 교회의 일이 아니고 하나님이 지상에서나 사후에 개별적으로 수행하는 것이다. 그래도 교회가 존재하는 이유가 있다면 부차적인 데서 찾아볼 수 있다. 교회를 통해 서로의 믿음을 강화할 수 있기 때문이다. 하지만 이런 도움이 불가결한 것이 아니므로 개신교는 최종적으로 무교회주의에 빠진다. 요즈음 많은 개신교도는 교회에 나가지 않고도 자신이 신자임을 확신한다.

가톨릭이나 개신교처럼 하나님의 존재를 사유 속에서 믿는다는 관점에서 본다면 교회의 중요성을 찾아보기 힘들다. 교회는 이때 국가가 대신해도 되며 차라리 없어도 되는 것이다. 교회의 중요성을 찾으려면 사유 속의 믿음이 아니라 실천적인 믿음으로부터 시작해야 한다. 성령과의 합일, 의로운 인간, 교회 공동체는 모두 실천하는 능력과 관련해서 이해된다. 그렇게 본다면 교회 공동체의 진정한 임무는 하나님의 나라나, 하나님의 법을 지상에 실현하는 것이 아닐까?

하나님의 나라는 결코 한두 명의 선지자나 한두 명의 신자가 실현할 수 있는 것은 아니다. 하나님의 나라를 실현할 힘은 공동체에 있으니 사랑을 통해 형성된 교회 공동체가 하나님의 나라의 출발점이 된다. 바울이 목숨을 걸고 교회 공동체를 형성하려 했던 것도 바로 이 때문이 아닐까 한다.

그렇게 생각한다면 여기서 또 많은 문제가 생겨난다. 하나님의 나라는 어떤 나라인가? 교회 공동체가 이 지상에 가득하면, 실제 사회가 어떤 사회인지 봉건제인지 자본제인지 상관없이 이미 하나님의 나라가 실현된 것인가? 아니면 교회 공동체는 중간 단계에 지나지 않고 하나님의 나라가 세워지는 매개에 불과하니 하나님의 나라는 지금 사회와는 전혀 다른 구조나 질서를 가지고 있는 것인가? 그 질서나 구조는 교회 공동체와 같은 것인가 아니면 교회 공동체와 또 다른 어떤 구조나 질서를 갖는 것인가? 기독교에는 사실 이에 대해 더 말이 없다. 지금까지 기독교는 이런 하나님의 나라를 지상에 세우려는 실천적 노력을 하지 않았기 때문에 그런 문제에 관심조차 기울이지 않았다. 가톨릭이든 개신교든 창조주 하나님의 힘에 기대어 심판과 구원을 받는데 몰두했을 뿐이다.

바울사상6

바울은 사랑으로 충만한 교회 공동체를 세우려고 고민했다. 그 출발점은 예수가 준 희망이었다. 그가 처음으로 성령의 너울, 사랑의 파도를 일으켰다. 예수가 전해준 이 희망을 바울이 받아들였다. 그는 믿음으로써 성령의 너울, 사랑의 파도에 몸을 실었다. 그는 신자에 대한 사랑을 펼쳐나갔다. 그가 제시한 사랑의 근본 방식을 나는 무한 책임이라는 개념으로 이해한다. 사도 바울이 보여준 사랑은 신자들의 믿음을 일깨웠다. 신자들 역시 예수에서 시작된 성령의 너울, 사랑의 파도에 몸을 담게 된다. 바울의 믿음과 사랑이 이렇게 신자의 믿음과 사랑으로 공명하게 된다. 믿음과 희망, 사랑이 기독교의 근본정신이다.

1) 사도로서 바울

이제 교회 공동체를 건설하기 위한 바울의 노력을 구체적으로 살펴보자. 즉 바울의 사랑을 살펴보자. 바울은 우선 자신을 사도라고 규정한다. 교회 공동체를 위해 여러 역할이 있다. 바울은 사도 외에도 여러 역할을 언급하고 있다. 예언하는 자도 있고 방언하는 자도 있다. 이런 역할은 어떻게 정해지는 것일까? 그것은 하나님에 의해 결정된다. 바울 역시 자신은 하나님에 의해 사도로서 선택되었다고 생각한다. 여기서 하나님이 정했다는 말은 정의의 원리에 따라서 객관적으로(능력에 비추어) 정해졌다거나 합의에 의해 결정되었다는 것이 아니라는 말이다.

이런 결정은 성령의 정신인 사랑의 정신에 따라 결정된다는 말이다. 그러므로 이런 결정은 궁극적으로 스스로의 결단에 따를 뿐이다. 각자에게 능력이란 것이 있으니 가능하면 그것에 따르는 것이 좋을 것이다. 그러나 사랑의 관계에서는 비례라는 개념이 없으니 능력이 결정적인 것은 아니다. 그는 공동체에 무한히 책임있으니 필요하다면 무엇이라도 해야 한다. 그러므로 사도 바울은 필요하다면 예언도 했을 것이며 방언도 했을 것이다.

사도는 "하나님께 기뻐하실 거룩한 산 제물"(「로마서」, 12장 12절)이다. 제물이란 희생양을 의미한다. 예수가 사랑을 실천하기 위해 스스로 죽음을 택한 것과 같이 사도 역시 자신을 희생한다. 바울의 사도로서 자기 희생은 그의 글에서 잘 드러난다. 바울은 자기가 사도로서 소명에 충실했다고 말한다. 그런 과정 중에 그는 수많은 고난과 역경을 겪었다. 그는 "이 세상의 쓰레기처럼 되고", "만인의 찌꺼기처럼 되었다."(「고린도 전서」4장 13절) 그는 다른 사도처럼 결혼할 수 있었지만 혹이나 사도의 길에 방해될까 포기했으며, 또 다른 사도처럼 신자들로부터 물질적인 지원을 받는 것조차 거부했다. 더구나 그는 "자유로운 몸이지만" "많은 인간을 얻으려고, 스스로 모든 인간의 종이 되었다"(「고린도 전서」 9장 19절)고 한다. 바울은 수없이 채찍질을 받았으며 풍랑의 한가운데 갇히기도 했다. 사도 바울이 담담하게 서술하는 고난과 역경을 읽어보면 그의 삶이 어떤 삶이었는지 짐작된다. 어떤 사상가도 바울처럼 고난과 역경에 찬 삶을 살지는 않았다.

그는 자신의 소명과 그 자신의 능력 사이에 존재하는 절대적인 불균형을 알고 있었다. 그 때문에 그는 그가 이룬 모든 것을 자신의 힘으로 이루어진 것으로 믿을 수 없다고 말한다. 그는 그가 이룬 것은 아무리

하찮은 것이라도 하나님의 힘으로 이루어진 것으로 간주한다. 그러기에 그는 그가 이룬 모든 것에 하나님에게 감사한다. 그의 소명에 비추어 본다면 그가 한 개인으로서 노력해 왔던 것이 아무리 거대한 것이라 할지라도 부족하기 짝이 없을 것이다. 그러므로 그는 혹이나 자신이 행한 일에 도취하면서 가지게 될지 모르는 오만에 대해 경계한다. 바울은 그의 몸속에 있는 병 즉 몸속의 가시가 혹시나 생길지 모르는 오만을 경계하기 위해 하나님이 준 선물로 간주한다.

> "그러므로 주께서는 내가 교만하지 않게 하시려고 내 몸에 가시를 주셨습니다. 그것은 사탄의 하수인이라고 할 수 있는데 그것으로 나를 치셔서 나로 하여금 교만하지 않게 하려 하신 것입니다."(「고린도 후서」 12장 7절)

바울이 자기 삶에 대해 회고하는 것을 들으면 마치 남의 이야기를 하는 것처럼 보인다. 그는 자신의 고통에 대해 분노하지 않으며 자신이 이룬 것을 과시하지도 않는다. 그는 자신의 부족함에 대해서조차 자조하지 않는다. 그가 사랑의 시에서 언급한 대로 그는 스스로 교만하지 않으며 원한을 품지도 않는다. 그러면서 바울은 하나님 덕분에 자신이 할 수 있는 것 이상을 해왔고 자기에게 주어진 책임을 다하지 못해 자책한다. 이런 바울의 정신을 한마디로 말하자면 곧 무한 책임의 정신이라 하겠다.

바울의 사랑 정신은 주인의 정신으로 설명할 수 있을 것이다. 주인은 손님을 맞으며 자신의 책임을 다한다. 그는 역할을 나누어 다른 사람과 함께 손님 맞을 수도 있다. 그 다른 사람이 그에게 맡겨진 책임을 다하지 못하면 그는 그게 자기 일이 아니라고 내던지고 손님을 불편하게 하지 않을 것이다. 그는 스스로 그 일을 맡을 것이며 그것이 곧 주인의 정신일 것이다. 노예라면 그에게 맡겨진 직분을 지시된 대로 수행한 것으로 만족할지 모른다. 그러나 그가 주인이라면 자기가 손님을 맞는 데에 소홀함이 없었는지 끊임없이 걱정할 것이다. 바울의 정신이 바로 이런 주인의 정신이다.

예수가 사랑을 실천하다 마침내 죽음에 이른 것처럼 사도 바울 역시 사랑을 실천하는 삶을 살았으며 그런 실천 가운데 그 역시 십자가에 매달리게 된다. 사도 바울의 실천적 활동은 사랑의 실천이며 곧 무한 책임의 실천이다.

2) 심판하지 말라

바울의 사랑에 또 하나 중요한 점이 있다. 즉 타인을 심판할 수 없다는 주장이다. 정의의 개념을 통해 본다면 내가 나의 몫을 책임지니, 타인도 자기 몫을 책임지기를 요구할 수 있다. 책임은 권리이자 동시에 그의 의무가 된다. 하지만 무한한 책임은 그 자신의 권리도 아니며 그 자신의 의무도 아니다. 내가 누구에게 요구할 수 있는 것도 아니고 누가 내게 요구할 수 있는 것도 아니다. 사랑에서 나오는 무한한 책임은 오직 일방적일 뿐이다.

이런 이유로 타인을 심판하지 말라라는 바울의 경고가 나오게 된다. 이 원칙을 바울은 「로마서」에서도 그리고 「고린도 전서」에서도 강조한다. 그에 따르면 심판하는 것은 어떤 일이든 언제든지 하나님의 일에 속한다.

"여러분은 스스로 원수를 갚지 말고 그 일은 하나님의 진노 하심에 맡기십시오."(「로마서」 12장 19절)

"우리가 누구이기에 남의 종을 비판합니까? 그가 서 있든지 넘어 지든지 그것은 그 주인이 상관할 일입니다. 주께서 그를 서 있게 할 수 있으시니, 그는 서 있게 될 것입니다."(「로마서」 14장 4절)

하나님의 소명에 대해 충실했는지 아닌지를 우리가 판단할 수는 없다. 우리에게는 그런 능력이 없기 때문이다. 각자의 소명은 하나님이 직접 그에게 내리는 것이니, 우리는 그의 소명이 무엇인지 모르고, 그가 지금 무엇을 하고 있는지를 판단하지 못하며, 더구나 그가 이를 위해 얼마나 피와 땀을 흘렸는지 몸으로 체험할 수는 없기 때문이다. 그런 것들을 판단할 수 있는 능력은 오직 하나님에게만 있으니, 바울은 심판은 하나님의 일로 말한다. 나 자신은 하나님 앞에 선 단독자이다. 오직 하나님만이 알며 나는 하나님 앞에서만 책임을 진다. 마찬가지로 타인 역시 하나님 앞에서 단독자라는 것을 인정해야 한다. 그 역시 하나님 앞에서 책임을 질 뿐이다.

타인을 심판하지 않는다는 것과 타인을 비판하지 않는다는 것과는 다르다. 전자는 처벌에 속하며 후자는 함께 일을 하는 협력이고 타인을 도와주는 것에 속한다. 그러므로 바울은 이렇게 말한다.

"믿음이 강한 우리는 믿음이 약한 인간들의 약점을 돌보아 주어야 합니다. 우리는 자기에게 좋을 대로만 해서는 안 됩니다. 우리는 저마다 자기 이웃의 마음에 들게 행동하면서 유익을 주고 덕을 세워야 합

니다. 그리스도께서도 자기에게 좋을 대로만 하지 않으셨습니다.”(「로마서」, 15장 1-2절)

또 「고린도 전서」에서 방언을 하지 말고 예언을 하라고 요청한다.

"방언으로 말하는 인간은 자기에게만 덕을 세우는 것이고 예언하는 인간은 교회에 덕을 세우는 것이다"(「고린도 전서」 14장 4절)

3) 레비나스와 바울

바울이 타인을 심판하지 말라고 한다. 타인에 대한 바울의 윤리는 최근 유대 철학자 레비나스의 주장을 상기하게 한다. 레비나스는 죽어가는 타인의 얼굴 앞에서 우리는 신성한 목소리를 듣는다고 했다. 즉 그 목소리는 그 타인을 죽게 해서는 안 된다는 목소리이다.

나는 이 타인의 죽어가는 얼굴에 대해 책임이 있다. 그 죽음은 나 때문에 생긴 것일 수도 있으며 내가 아닌 다른 어떤 것 때문에 생긴 죽음일 수도 있다. 그것이 어떤 죽음이든 레비나스는 이 죽어가는 타인의 얼굴 속에서 어떤 신성함을 발견하며, 이 신성함은 그저 어떤 이미지가 아니라 우리에게 언어로 직접 명령한다. 즉 신성한 목소리이다. 그 목소리는 곧 죽게 하지 말라는 목소리이다. 레비나스는 이런 목소리를 단순히 목숨을 빼앗지 말라라는 의미가 아니라 환대하라는 적극적인 윤리를 의미한다고 본다.

철학적으로 본다면 레비나스의 주장에 여러 논점을 발견할 수 있다. 거기에는 나의 시선 속에서 타인이 대상화된다는 현상학적 지향성 이론이 들어 있다. 이런 지향성의 시선에서 나의 대상 세계 넘어서 그 변경에(죽어가는) 나에게 낯선 타인이 등장한다. 이 타인의 존재는 타인의 시선(또는 얼굴)을 통해 나에게 알려진다. 또한 모세가 떨기 불꽃에서 신의 목소리를 들었듯이 이미지 속에서 목소리(윤리적 명령)를 듣는 유대교 전통이 들어 있다. 이런 철학적 논의는 모두 젖혀두고 단순히 윤리적 관점에서 생각해 본다면 레비나스의 주장과 바울의 주장을 서로 닮았지만 차이를 보여준다.

출발점은 둘 다 사랑으로 보인다. 바울이나 레비나스는 모두 사랑을 책임의 도덕으로 전환한다. 그 책임은 무한 책임이다. 그러나 바울의 사랑은 성령과 나의 합일에서부터 시작된다. 이런 아래위로의 너울이 옆으로 퍼지면서 공동체가 형성된다. 바울은 타자에 대해 심판하지 말라고 한다. 이건 타인에 대한 소극적인 윤리이다. 반면 레비나스에게서 신은 내 앞에 직접 출현하지 않는다. 레비나스는 죽어가는 타자의 얼굴에서부터 시작한다. 신은 항상 죽어가는 타인의 얼굴에서 출현한다. 타자를 통해 나는 간접적으로 신과 접촉하게 된다. 레비나스는 타자에 대해 더 적극적이다. 레비나스는 타자를 환대해야 한다고 말한다. 레비나스의 환대라는 도덕은 적극적인 도덕이다.

동학사상1

앞에서 바울의 사상을 통해 성령이라는 개념을 파악했다. 이 성령이라는 개념은 동학사상에서 하늘이라는 개념과 통한다. 동학사상 역시 성령에 기초하며 성령과 합일 즉 수심정기를 강조한다. 이런 점에서 바울의 사상과 동학 사상은 너무나도 닮았다. 그러나 근본적인 차이도 있다. 바울의 사상에서 나타나는 사랑의 정신은 동학사상에서는 모심의 덕목으로 출현한다. 그것이 곧 사인여천의 덕목이다.

1) 인내천 사상

앞에서 레비나스가 타인에 대한 환대의 윤리를 제시했다고 말했다. 죽어가는 타인의 얼굴을 통해 신이 현현하며 그 신이 그에게 윤리적 명령을 부여하기 때문이다. 레비나스의 이런 주장은 동학사상을 상기시킨다. 동학 역시 시천주라고 하면서 타인을 통해 하늘을 보며, 이를 통해 모심이라는 덕목을 제시한다. 레비나스는 현대 프랑스 철학자이다. 그가 나타나기 이전 이미 백년 전 동학사상은 시천주를 말했으니 놀라운 일이다. 이런 동학사상이 어떻게 출현했는지 살펴보기로 하자.

동학사상의 출발점은 인내천(人乃天)이라는 주장에 있다. 인내천이란 곧 인간이 하늘이라는 뜻이다. 이 사상은 거슬러 올라가면 유학의 천인합일(天人合一)이나 심즉리(心則理)라는 사상과도 맥을 통한다. 성리학에서 천인합일이라 한다면 이때 인간은 이성을 의미한다. 즉 하늘의 이치와 인간의 이성이 일치한다는 말이니, 자연과 역사가 인간이 이해하는 법칙에 따라 움직인다는 뜻이 된다. 양명학에 이르면 심즉리이라 하면서 인간의 마음이 강조된다. 이때 심은 인간의 양심의 능력을 의미한다. 양심은 곧 양지양능이며, 자연의 이치를 직관적으로 깨달을 뿐만 아니라 이런 인식을 즉각적으로 실천하는 행동의 능력이다. 하지만 성리학은 인간을 이성적 존재에 한정했으며 양명학의 양심은 직관적인 것에 그쳤다.

인내천이라는 개념은 천인합일이나 심즉리라는 개념과 유사해 보이지만 그 의미가 상당히 다르다. 그렇다면 인내천이란 무슨 의미인가? 지금까지 동학의 인내천 사상은 다양한 방식으로 이해됐다. 이 자리에서 그런 논의를 상세하게 다룰 수는 없다. 다만 한두 가지 중요한 측면 즉 하늘의 의미와 합일의 의미에 관해서 한정하여 살펴보기로 하자.

2) 하늘의 의미

우선 동학에서 하늘이라고 할 때 하늘의 의미는 무엇인가? 동학사상은 하늘의 개념을 동양철학의 개념인 지기(至氣)라는 개념으로 설명했다. 이 지기는 기운 가운데서도 지극히 높은 기운, 절대적 기운이라는 뜻이다. 이 절대적 기운은 무엇을 의미하는 것일까?

초창기 동학사상가인 이돈화[70]는 하늘이라는 말에 생명이라는 의미

---

70 초창기 동학 사상가이다. 베르그송의 철학에 기초하여 동학사상을 생명사상으로 해석하면서 동학사상을 서구철학으로 재규정하려고 시도했다.

를 담으려 했다. 그에 따르면 하늘 곧 지기는 우주 만물에 흐르는 생명의 힘이다. 하늘을 생명의 힘으로 해석한다면, 만물이 나와 마찬가지로 생명의 힘을 가지고 있으며 생명의 힘은 만물과 나 사이에서 순환한다. 그러므로 만물과 나 사이에 생명을 서로 살리고 서로 모시는 관계가 성립한다. 이런 생명 개념은 앞에서 셸링이 제시한 생명 개념과도 통한다. 그것은 개체에 내재하면서 자발적으로 출현하는 미분적 힘이다. 생명 사상으로서 동학은 최근 박경리, 김지하 등의 생명사상에 영향을 주기도 했다.

하지만 동학에서 하늘의 의미를 생명으로 본다면 동학사상의 의미를 너무 좁히는 결과가 나타난다. 생명이란 모든 생명체에 공통된 생명을 의미하는 것이니 인간을 생명 개념으로 환원하는 것이고 인간이 가진 정신적 측면, 영적인 측면(성령)을 무시하게 된다. 동학사상에서 하늘의 의미는 지기라고 했으니, 이 지극한 기운은 마땅히 생물체의 생명 이상의 것을 의미해야 한다. 그러므로 지기란 만물 가운데 내재하지만, 그 속에서는 보이지 않는 것, 만물 가운데 오직 인간에 이르러서 비로소 현현하는 것 즉 영적인 것 또는 정신적인 것을 의미하는 것으로 보아야 한다. 하늘의 의미에 관한 이런 해석은 창시자 최제우의 신 체험을 통해서 확인할 수 있다. 최제우는 1860년 4월에 신을 체험한다.

"뜻밖에도 사월에 마음이 섬뜩해지고 몸이 떨려서 무슨 병인지 집중할 수도 없고 말로 형상하기도 어려울 즈음에 어떤 신선의 말씀이 있어 문득 귀에 들리므로 놀라 캐어 물은즉 대답하시기를 두려워하지 말고 두려워하지 말라, 세상 사람이 나를 상제라 이르거늘 너는 상제를 알지 못하느냐 그 까닭을 물으니 대답하시기를 내 또한 공이 없으

므로 너를 세상에 내어 사람에게 이 법을 가르치게 하니 의심하지 말
라."(『동경대전』, 포덕문)

최제우의 체험을 살펴보면 그는 신 앞에서 두려움과 떨림을 겪었다.
동시에 최제우는 신의 말씀을 듣는다. 그 말씀은 시천주라는 윤리적 명
령이다. 최제우의 이런 체험은 모세의 신 체험이나 바울의 신 체험과 너
무 유사하다.

"모세가 그것을 보려고 오는 것을 보시고, 하나님이 떨기 가운데서
'모세야, 모세야' 하고 그를 부르셨다. 모세가 대답하였다. '예, 제가 여
기에 있습니다.' 하나님이 말씀하셨다. '이리로 가까이 오지 말아라. 네
가 서 있는 곳은 거룩한 땅이니, 너는 신을 벗어라.'"(「출애굽기 」3장
4-5절)

"사울이 길을 가다가, 다마스쿠스 가까이에 이르렀을 때에, 갑자기
하늘에서 환한 빛이 그를 둘러 비추었다. 그는 땅에 엎어졌다. 그리고
'사울아, 사울아, 네가 왜 나를 핍박하느냐?' 하는 음성을 들었다. 그래
서 그가 '주님, 누구십니까?' 하고 물으니 '나는 네가 핍박하는 예수다.
일어나서 성안으로 들어가거라. 네가 해야 할 일을 일러줄 사람이 있
을 것이다' 하는 음성이 들려 왔다."(「사도행전」 9장 3-4절)

모세나 바울은 모두 신을 만났을 때 그 모습을 보지 못하고(그 대신
불꽃, 환한 빛을 본다) 말씀을 들었다. 그 말씀은 항상 법 즉 윤리적 명
령이다. 이런 신의 체험 속에서 모두 정신적으로 두려움과 떨림을 겪었
으니("가까이 오지 말라", "땅에 엎어진다"), 이 체험은 단순한 지적인

인식이 아니라 성령의 체험이다.

　그리스의 신은 항상 이미지로 나타난다. 그리스 신은 인간이나 동물, 심지어 식물의 모습으로 나타난다. 이런 신은 생명으로서의 신이다. 반면 유일신은 모습을 보이지 않는다. 신과 관련된 이미지는 모두 우상이라 배격된다. 이 신은 항상 말씀을 전하며 그 말씀은 윤리적 명령이다. 이런 신은 영적인 존재로서 신이다. 신을 이처럼 이미지의 신과 말씀의 신으로 나누어본다면 최제우가 만난 신은 전자가 아니다. 오히려 후자 즉 유대교 기독교의 유일신이다. 만일 동학의 하늘을 생명 개념으로 해석한다면 이는 그리스 신의 개념으로 되돌아가는 것이다. 동학의 신은 유일신과 같이 말씀의 신으로 또 성령으로 이해해야 할 것이다.

3) 자연의 조화

　최제우가 만난 신은 성령의 신이다. 동학사상의 신은 우주를 창조하고 주재하는 존재인가? 동학사상에서 제시된 신의 모습 속에는 창조주라는 개념을 발견할 수 없다. 동학사상이 자연을 어떻게 설명하는가를 보면, 이를 알 수 있다. 동학사상의 자연 설명은 유학에서 설명하던 방식과 크게 다르지 않다. 지극한 기운 곧 지기는 하나다. 지기는 자신을 둘로 나누니, 곧 음과 양이다. 음과 양은 상호 침투하니, 둘로 나누어져 있지만, 다시 하나로 통일되어 있다. 기의 두 측면 즉 음과 양의 상호 운동 속에는 고유한 질서가 존재하니 그것이 곧 이(理)이다. 기의 운동이 현묘(玄妙) 또는 신묘(神妙)하지만 전혀 불규칙한 것은 아니다. 그러므로 기는 수(數: 여기서는 질서라는 의미이다)에 따라 움직인다고 한다. 이 수가 곧 천지개벽의 운수(運數)이다. 이 운수는 현재로는 파악하지 못했지만 인간이 이해할 수 없는 것은 아니다.

"한울과 땅이 시판되기 전은 북극태음 한 물일 뿐이니라."…. "물에는 음수와 양수가 있느니라. 사람은 능히 양수는 보고 음수는 보지 못하느니라. 사람이 음수 속에서 사는 것이 고기가 양수 속에서 사는 것과 같으니라. 사람은 음수를 보지 못하고 고기는 양수를 보지 못하느니라. 크게 깨달아서 확실히 통한 후에야 현묘한 이치를 능히 알 수가 있느니라."(『해월신사 법설』, 천지이기)

자연에 대한 동학사상의 주장 가운데 어디서도 창조주라는 개념은 발견할 수 없다. 동학사상은 자연을 자의적으로 지배하고 인간을 알지 못하는 운명의 손에 맡기는 창조주 개념과 거리가 멀다. 동학사상에서 신은 초월적으로 존재하는 것이 아니다. 자연의 조화 자체가 바로 신적인 것이다. 또한 자연의 조화는 어떤 신적인 힘이 창조하는 것이 아니라, 자연 자체가 운동하면서 스스로 만들어낸 질서이다. 그러므로 최제우는 동학 21자 주문에 나오는 '조화정(造化定: 조화를 정한다)'을 설명하면서 '무위이화(無爲而化)'라고 설명했다. 즉 하는 것이 없이 다 이룬다는 말이다. 조화가 자연의 질서이기 때문이다.[71]

자연에 관한 이런 주장은 동양철학에서 본다면 청대에 일반화된 기일원론자의 생각에 가깝다. 우리나라에서는 화담 서경덕의 생각과 닮았다. 이런 주장은 서양에서도 일반화된 자연관이다. 헤라클레이토스에

---

71 동학사상에서 자주 주문을 외우고 부적을 붙이고 치성 드리는 것을 종교적인 것으로 언급하기도 한다. 이런 방식은 기복종교에서 자주 사용하는 마술적인 힘이라는 것이다. 하지만 동학사상이 이런 방법을 언급하더라도 이게 자연을 지배하기 위한 마술적 수단은 아니라는 점은 분명하다. 동학사상에서 부적과 치성과 주문은 어디까지나 마음을 다스리는 한 방식이다. 이는 넓은 의미에서 본다면 기도의 일종이지, 기복종교의 마술적 힘은 아니다.

서 아리스토텔레스로, 중세 스토아에서 근대 스피노자로 그리고 다시 셸링, 헤겔에게로까지 이어지니, 이런 주장은 서양철학에서 플라톤적인 자연관과 더불어 양대 조류를 이루고 있다. 그런 자연관은 항상 불을 비유로 삼는다. 불은 생성과 소멸, 상승과 하강이라는 두 대립하는 힘이 함께 작용하면서 균형을 이룰 때 생겨난다. 그런 균형이 바로 로고스이며 곧 질서, 법이다.

반면 동학사상에서 신은 도덕적 능력을 갖춘 존재라는 점은 수도 없이 강조된다. 동학사상에서 신은 인격적인 존재이며 인격성을 신적인 존재로 절대화한 것이라 볼 수 있다. 인격적 신은 인간을 정신적으로 지배할 뿐이다. 이 점은 해월 최시형 선생의 다음과 같은 말을 통해서도 짐작할 수 있다.

> "세상 사람은 천령의 영함을 알지 못하고 또한 심령의 영함도 알지 못하고, 다만 잡신의 영함만을 아니 어찌 병이 아니겠는가. 지금 세속에서 이르는 성황이니 제석이니 성주니 토왕이니 산신이니 수신이니 석신이니 목신이니 하는 등의 음사는 붓으로 다 기록하기 어려운 것이니라. 이것은 한 무제 때에 무당이 하던 여풍을 지금까지 고치지 못하고 마음에 물들어 고질이 되었으니, 다만 어리석은 사람들의 병근을 고치기 어려울 뿐 아니라 썩은 유생과 속된 선비도 왕왕 흘러들어 습관과 풍속을 이루었으니, 가히 한심한 것이라 이르리로다. 이러한 고질은 대방가의 수단이 아니면 실로 고치기 어려우니라. 그러므로 내 감히 논하여 말하는 것이니 밝게 살피어 쾌히 병든 뿌리를 끊고 한 이치로 돌아와 죄를 한울님께 얻지 말라."(『해월신사 법설』, 심령지영)

이 글에서 '천령'이나 '심령'이라고 하는 말은 인내천이라고 할 때 하늘과 인간을 가리키는 말이지, 창조주를 의미하는 것은 아니다. 천령이든 심령이든 영이라는 정신적 존재로 파악되고 있다는 점에 주목해야 한다. 또는 다음과 같은 글을 보라. 동학사상은 천지를 부모로 모신다. 천지의 운행을 마음대로 조종하는 신에 대한 두려움과는 거리가 멀다. 그것은 천지가 우리를 기른 덕에 대한 고마움 때문이다. 천지가 덕이라는 인격적 존재로 전환하고 있는 것은 사랑을 성령으로 전환한 기독교의 인격신과 유사하다.

"천지는 만물의 아버지요 어머니이니라. 그러므로 경에 이르기를 님이란 것은 존칭하여 부모와 더불어 같이 섬기는 것이라 하시고, 또 말씀하시기를 예와 이제를 살펴보면 인사의 할 바니라하셨으니, 존칭하여 부모와 더불어 같이 섬긴다는 것은 옛 성인이 밝히지 못한 일이요 수운 대선생님께서 비로소 창명하신 큰 도이니라. 지극한 덕이 아니면 누가 능히 알겠는가. 천지가 그 부모인 이치를 알지 못한 것이 오만년이 지나도록 오래되었으니, 다 천지가 부모임을 알지 못하면 억조 창생이 누가 능히 부모에게 효도하고 봉양하는 도로써 공경스럽게 천지를 받들 것인가."(『해월신사 법설』, 천지부모)

결론적으로 동학사상에서 하늘, 지기는 윤리적으로 명령하는 인격적인 존재라는 것이다. 앞에서 기독교 사상에서 마르키온을 설명하면서 그의 신 개념이 인격적이고 윤리적인 신이라 했는데, 동학사상에서 이런 신 개념을 다시 만나는 것은 놀라운 일이다.

동학사상2

　동학사상은 천주와의 합일을 추구한다. 이때 천주는 창조주가 아니라 인격적 존재 즉 성령이다. 그것은 최체우의 신 체험으로부터 이해할 수 있다. 이런 성령을 받아들이는 것이 수심정기이다. 이런 수심정기를 통해 천주와 합일에 이름을 통해 사람은 도덕적 실천능력을 회복할 수 있다. 동학사상이 새로운 도덕적 덕목으로 삼는 것은 타자를 천주로 모시는 시천주 사상이다. 시란 모시고 공경한다는 뜻이니, 최시형은 며느리와 아이 속에서도 천주를 보았다. 모심과 공경의 정신 또한 기독교의 사랑이나 김일성의 무한 책임 정신과 마찬가지로 자주적 공동체 정신이다. 동학사상이 거대한 농민전쟁으로 발전할 수 있었던 것도 이런 모심과 공경의 정신 덕분이다. 모심과 공경의 정신은 철학자 레비나스의 환대의 정신과 서로 통하는 것으로 보인다.

1) 수심정기

하늘, 지기의 의미를 이렇게 성령, 인격신으로 이해한다면 인내천이라는 동학사상에서 또 하나 중요한 개념인 합일의 개념도 새로운 관점에서 비라볼 수 있다. 동학사상이 가장 핵심적으로 강조하는 것이 '수심정기(守心精氣)'이다.

"인의예지는 옛 성인이 가르친 바요, 수심정기는 내가 다시 정한 것이니라."(『동경대전』, 수덕문)

위의 구절을 보면 최제우가 사유하는 맥락이 짐작된다. 인의예지를 가르치는 유교는 도덕적인 실천 능력을 상실했다. 이제 윤리적 실천 능력을 회복해야 한다. 그렇다면 어떤 방식으로 이 능력을 회복할 것인가? 동학사상은 종교적 차원에서 처벌받는다거나 복을 받는다는 등, 훈육에 대해 전혀 언급하지 않는다. 오히려 서학 즉 기독교가 이런 훈육의 방법을 사용한다는 점을 비판한다. 기독교는 사후에 처벌과 보상을 받는다고 주장한다는 점에서 불교와 유사한 것으로 비판된다.

동학사상이 도덕적 실천 능력을 회복하는 방법으로 제시한 것이 수심정기라는 개념이다. 그러면 수심정기란 무엇인가? 그 말뜻을 풀이해 본다면 마음을 지키고 기를 가다듬는다는 뜻이다. 다시 말해 마음을 비우고 집중하는 것이 곧 수심정기이다. 이렇게 비우고 집중하면 우주에 가득한 지기가 몸으로 흘러들어온다. 즉 신적인 힘을 받아들이는 것이며 신적인 힘과 합일에 이르는 것이다. 수심정기란 곧 기독교에서 믿음의 상태와 같으며 성령과 합일하는 상태를 말한다. 인간은 신적인 존재와 합일에 이름으로써 도덕적 실천 능력을 얻는다.

"사람이 능히 그 마음의 근원을 맑게 하고 그 기운 바다를 깨끗이 하면 만진이 더럽히지 않고, 욕념이 생기지 아니하면 천지의 정신이 전부 한 몸 안에 돌아오는 것이니라. 마음이 맑고 밝지 못하면 그 사람이 우매하고, 마음에 티끌이 없으면 그 사람이 현철 하느니라."(『해월신사 법설』, 수심정기)

"우리 수운 대선생께서는 정성에 능하고 공경에 능하고 믿음에 능하신 큰 성인이시었다. 정성이 한울에 이르러 천명을 계승하시었고, 공경이 한울에 이르러 조용히 천어를 들으시었고, 믿음이 한울에 이르러 묵계가 한울과 합하셨으니, 여기에 큰 성인이 되신 것이니라. 생이 지지하신 성인도 오히려 그러하셨거든, 하물며 어리석은 사람이 어질 고자, 어두운 사람이 밝아지고자, 범인이 성인이 되고자 함에랴."(『해월신사 법설』, 성경신)

이 수심정기란 곧 자신의 마음을 비우는 것이다. 즉 "근원을 맑게 하고", "욕념이 생기지 않는" 것이며, "마음이 맑고 밝은" 것이고 "마음에 티끌이 없는" 것이다. 이런 말이 성경에서 말한 '마음이 가난한 자'라는 말과 닮았다는 것을 쉽게 눈치챌 수 있다.

수심정기의 능력은 그 자체로 도덕적 실천 능력은 아니다. 그런 도덕적 실천 능력을 주는 것은 지기이며 실천은 이런 지기와 합일에 이르러야 가능해진다. 인간은 지기를 수동적으로 받아들인다. 수심정기는 지기를 받아들이는 소극적인 능력에 불과하다. 인간의 마음도 인간에게 출현한 지기의 한 형태이다. 그러나 마음은 지기가 그 자체로서 즉 적극적인 방식으로 출현한 것이 아니라 소극적인 형태로 출현한 것일 뿐이다.

그러므로 동학사상이 내 마음속의 천주를 길러야 한다(양천주: 養天主)고 주장할 때 이는 내재적인 이성과 양심을 기른다는 의미와는 다르다. 이는 수심정기(즉 믿음)를 통해 천주와의 합일을 강조하는 것으로 해석해야 한다. 양천주는 시천주(侍天主)를 토대로 한다. 그렇다고 인간에게 아무 능력이 없는 것은 아니다. 모든 인간에게는 자신의 마음을 열고 우주에 가득한 지기를 받아들이는 능력이 있다. 그것이 바로 수심정기이며, 이런 수심정기의 능력이 있다는 점에서는 적어도 인간은 능동적이다.

성리학이나 양명학은 인간에게 이성과 양심이 내재하며 이를 기르고 발전시키면 도덕적 존재가 될 수 있다고 보았다. 하지만 이 점에서 동학사상은 성리학이나 양명학과 근본적으로 다르다. 동학사상은 지기와의 합일을 통해서 지기가 마음속으로 흘러들도록 해야 한다. 이런 점에서 동학에서 인간은 믿음의 방식, 수동적인 방식으로 도덕적 능력을 갖춘 존재가 된다. 이런 수동적인 측면이 강조된다는 점에서 동학은 유교보다는 오히려 기독교와 가깝다.

여기서 이상한 역설을 우리는 만난다. 유교는 이성과 양심을 강조한다. 이것은 인간의 자발성을 강조하는 것이지만, 엘리트주의가 될 가능성이 있다. 이성과 양심을 갖기 위해서는 많은 훈련을 해야 하기 때문이다. 이런 훈련을 하지 못한 인간은 배제될 가능성이 생긴다. 반면 동학은 수심정기를 강조한다. 수심정기는 누구나 손쉽게 실천할 수 있는 방법이다. 그러므로 누구나 예외 없이 도덕적 존재가 될 수 있다. 불교에서 참선이 도를 깨닫는 엘리트주의적 방법이라면 염불이 대중적인 방법인 것과 마찬가지이다. 이를 통해 동학사상은 엘리트주의를 벗어나서 모든 인간의 평등성을 강조할 수 있었다. 이런 역설은 고대 그리스 로마의 철학과 기독교를 비교해 보면 마찬가지였다는 것을 알 수 있다. 그리스에서 인간의 이성이 강조되었다. 대신 이성이 없는 노예나 여자는 배제되었다. 반면 기독교는 성령에 대한 믿음을 강조한다. 그러므로 거꾸로 모든 인간을 노예나 여자도 평등하게 대할 수 있었다.

2) 모심의 덕목

수심정기로 유교가 타락한 이후 사라진 도덕적 실천 능력을 강화하고자 했던 것이 결국 동학사상의 의의였다. 그렇다면 동학사상은 어떤 도덕적 덕목을 가지고 있는가?

여기서 우리는 동학의 덕목으로서 '시(侍: 모시다)'라는 개념에 주목하게 된다. '시천주'라고 할 때 그 '시'이다. 이 시 개념을 풀이하면서 이렇게 말한다.

> "시라는 것은 안에 신령(神靈)이 있고 밖에 기화(氣化)가 있어 온 세상 사람이 각각 알아서 옮기지 않는 것이요."(『동경대전』, 논학문)

이 시는 천주에 대한 관계를 표현한다. 모든 존재자 나와 타자 모두, 천주와 합일할 수 있는 존재이다. 이제 천주와 합일하면 그 속에 천주가 존재(신령)하며, 모든 행위와 말은 천주의 표현(기화)이 된다. 그러므로 옮기지 못하는(不移) 존재자가 된다. 여기서 '옮기지 못한다는 것'은 '감히 어쩔 수 없다'는 뜻으로 해석할 수 있다. 천주를 모셨으니 두려운 존재이며, 성스러운 존재이니, 그를 우리는 모시고 공경해야 한다는 말이다.

동학사상의 특징은 나와 천주 사이의 합일 즉 수심정기를 말할 뿐만 아니라 내 옆의 타자, 이웃, 나의 분신도 천주를 모신 존재로서 신성한 존재라고 본다는 데 있다. 이런 생각은 사인여천(事人如天: 타인을 하늘 같이 섬긴다)으로 표현되기도 하며, 경천(敬天), 물경(物敬)이라는 표현에서 보이듯이 자주 '경'(敬: 두려워함)이라는 개념으로 표현된다.

이런 모심이라는 덕목을 좀 더 구체적으로 분석해 보자. 우선 모심에는 고유한 윤리가 있다. 모심의 구체적 윤리는 가치론적으로 결정된다. 동학의 구체적 윤리는 조선 시대의 윤리를 많이 수용한다. 새로운 시대에 따라서 새롭게 변화한 측면도 존재한다. 과거보다 더욱 평등해진 것만은 틀림없지만 그래도 아직 봉건적 한계가 있다. 예를 들면 임금에 대한 충성이 여전히 당연하게 받아들여진다. 그 구체적인 모심의 윤리에 대해서는 여기서 언급할 바가 아니다. 그것은 시대에 따라 변화되어야 마땅하다. 동학사상 역시 그런 변화된 윤리를 수용할 만한 충분한 여력을 갖고 있다.

구체적 윤리보다 오히려 그 바탕인 의지의 덕목이 중요하다. 그 덕목이 곧 타인을 두려워하며 모시고 공경한다는 태도 즉 모심의 덕목이다. 이런 두려움은 타인의 권세나 부귀 또는 타인에 얽힌 나의 이해 연관 때문이 아니다. 그런 두려움은 타인에 대한 공포를 의미한다. 반면 모심에서의 두려움은 타인에게서 자기와 낯선 절대적 타자, 성스러운 존재, 초월적 존재를 만나기 때문에 나타난다. 그것은 타인에게서 천주가 현현하기 때문에 느끼는 두려움이다. 이런 두려움은 절대적 타자, 천주 앞에서 느끼는 것이기에 성스러운 두려움이다.

하지만 이런 두려움은 모심이라는 나의 능동성을 일깨우는 수동성이다. 모심은 두려움 때문에 억지로 하는 행위는 아니다. 모심은 지극한 정성이 들어가는 행위이며 자주적인 행위이다. 나의 모심은 타자로부터 어떤 대가를 얻기 위한 것도 아니며, 그런 결과를 통해서 얻어지는 쾌락 때문도 아니다. 나는 모시는 행위 그 자체에서 모심을 통해서 성스러움을 느낀다. 그렇기에 모심은 지극한 정성이 요구되지만, 결코 고통스럽지 않다. 이런 모심의 느낌은 부모님을 모시는 마음에서 단적으로 드러날 것이다. 우리는 타인을 부모님을 모시듯이 모셔야 한다.

모시는 자 자신도 타자와 마찬가지로 천주이다. 이 모시는 마음은 내가 스스로 천주와 합일하는 가운데서 발생한다. 내가 천주와 합일하는 마음이 없다면 타자에게서 천주를 보지 못하니 타자를 모시지 못한다. 거꾸로 타자 속에 천주를 모시기에 나는 내 속에 천주를 깨닫고 천주와 합일할 수 있다. 그러므로 모심은 사랑이나 무한 책임과 마찬가지로 타자와 관계를 형성하는 공동체 정신에 속하게 된다.

여기서 동학의 창시자 최제우가 택한 '궁을(弓乙)' 또는 '궁궁(弓弓)'이라는 부적을 보자. 이 부적은 말의 뜻이 중요한 것이 아니라 글자 자체의 모양이 중요하다. 이 글자가 마치 뫼비우스의 띠처럼 생긴 것에 주목해 보자. 이 '궁을'은 나와 타자 사이의 관계를 형태로 표시한 것이다. 나는 천주이며, 타자 역시 천주이다. 타자를 천주로 모시기에 내가 천주임을 깨닫고 내가 천주와 합일하니 타자를 천주로 모실 수 있다. 나와 타자 사이에 서로 침투하는 관계, 마치 태극 문양과 같은 관계를 상징적으로 표현하면 '궁을'이 되지 않을까?

동학사상에서 나타나는 이런 모심의 덕목은 최제우의 뒤를 이어 동학을 종교로서 확립한 최시형 선생의 언행에서 분명하게 나타난다.

"사람이 바로 한울이니 사람 섬기기를 한울같이 하라. 내 제군들을 보니 스스로 잘난 체하는 자가 많으니 한심한 일이요, 도에서 이탈되는 사람도 이래서 생기니 슬픈 일이로다. 나도 또한 이런 마음이 생기면 생길 수 있느니라. 이런 마음이 생기면 생길 수 있으나, 이런 마음을 감히 내지 않는 것은 한울님을 내 마음에 양하지 못할까 두려워함이로다."(『해월신사 법설』, 대인접물)

"내가 청주를 지나다가 서택순의 집에서 그 며느리의 베 짜는 소리를 듣고 서군에게 묻기를 '저 누가 베를 짜는 소리인가'하니, 서군이 대답하기를 '제 며느리가 베를 짭니다'하는지라, 내가 또 묻기를 '그대의

며느리가 베 짜는 것이 참으로 그대의 며느리가 베 짜는 것인가'하니,
서군이 나의 말을 분간치 못하더라. 어찌 서군뿐이랴. 도인의 집에 사
람이 오거든 사람이 왔다 이르지 말고 한울님이 강림하셨다 말하라."
(『해월신사 법설』, 대인접물)

3) 레비나스와 동학

이런 관점에서 본다면 동학사상은 최근 주목받는 철학자 레비나스[72]
의 사상을 연상시킨다. 레비나스는 타자의 죽어가는 얼굴에서 신이 현
현하며 그에게 환대라는 도덕적 명령을 내린다. 동학사상에서 모심의
덕목이 레비나스에게서 환대의 윤리적 명령은 신통하게도 일치한다.
둘 다 타자를 하늘 또는 신의 현현으로 생각하기 때문이다.

바울에서 나는 믿음을 통해 성령과의 합일을 통해서 사랑을 실천한
다. 나의 믿음은 타자의 믿음으로 전파된다. 그 결과 이 믿음의 너울을
따라서 사랑의 너울이 퍼져나간다. 그런데 여기서 주안점은 나와 타자
가 각자 성령과 직접 합일한다는 수직적인 관점이다. 수직적인 너울은
나로부터 타자로 퍼져나간다. 반면 레비나스에서 죽어가는 타자의 얼
굴에서 신이 현현하는 것을 본다. 이런 관점에서 너울은 타자로부터 나
에게로 전해 온다. 이 너울은 타자의 죽음에서 나의 죽음으로 전해진다.

---

72 레비나스(Emmanuel Levinas: 1906-1995): 프랑스 현대 철학자, 그의 철학은 현상학
과 하이데거의 철학 그리고 유대교에서 영향을 받았다. 유대인인 그는 나치 시절 수용소에
갇혔으며 그때 죽어가는 인간의 얼굴에 충격을 받았다고 한다. 그후 그는 죽어가는 인간의
얼굴을 통해 낯선 존재자 신이 현현하며 우리는 그 얼굴을 통해 신의 명령을 듣는다는 주장
을 전개했다. 신의 명령은 죽이지 말라는 명령이다. 그는 이 명령을 환대의 철학으로 전개했
다.

이 죽음이란 내가 안주하는 세계로부터 무한의 세계 즉 절대적 타자의 세계, 신의 세계로 이행하는 것이니 믿음이라는 것을 뒤집어 표현한 것이다.

바울과 레비나스의 차이는 절대적인 것이 아니다. 바울의 믿음 개념을 뒤집어 생각하면 레비나스가 나오니 양자는 사실 동전의 이면일 뿐이다. 그래도 각자 주안점은 다르다고 볼 수 있다. 바울과 레비나스의 차이에 주목한다면 동학사상에서 한편으로 수심정기를 통해 각자가 천주와 직접 합일한다는 관점을 강조하면서 동시에 타자를 통해서 천주를 대한다는 사인여천의 관점도 제시하고 있다. 바로 이점이 동학사상을 바울의 믿음의 개념보다는 레비나스의 타자 사상에 더 가까운 것으로 평가할 수 있는 대목이다.

일반적으로 철학은 타자를 나와 같은 인간이며 나로부터 유추하여 타자를 이해한다. 이런 관점을 유아론적 관점이라 한다면, 대부분 서양철학은 유아론적 관점을 벗어나지 못했다. 서양철학에서는 사르트르와 레비나스에 이르러 비로소 타자를 절대적 타자로, 신의 현현으로 이해하면서 타자를 우선시하는 철학이 등장했다. 그런데 레비나스가 등장하기 근 100년 전에 이미 동양철학의 전통을 계승하는 동학사상이 타자를 통해 천주를 만나며 타자를 모시는 철학을 제시했다. 이렇게 타자의 철학을 제시했다는 점에서 동학사상의 철학 사상적 탁월성이 존재한다.

전체적으로 동학사상은 상당 부분 종교적 잔재를 유지하고 있다. 주문, 부적, 치성이 그런 것이다. 그러나 동학사상 가운데는 타자를 천주로 모시는 자주적 공동체 정신이 나타난다는 점에서 탁월하다. 이런 공동체 정신이 있기에 갑오년 동학 농민전쟁이 일어날 수 있었던 것으로 보인다. 역사 이래 많은 농민 반란, 종교 전쟁이 있었지만, 그 규모에서나 그 가치에서 동학 농민전쟁을 넘어선 것은 없었다. 그런 동학 농민전쟁은 시대적 배경이 원인이었지만 동학사상이 지닌 새로운 도덕이 이바지했던 것으로 본다. 특히 모심이라는 자주적 공동체 정신이 없었다면 그와 같은 대규모 농민부대가 출현할 수 없었을 것이다.

4) 기독교와 동학

최제우는 원래 유학자였다. 그는 조선조 유학의 맥을 잇는 아버지 근암 최옥[73]으로부터 유학의 정수를 배웠다. 그는 유학적 토대 위에서 당시 천주학 즉 기독교와 대결했다. 최제우는 기독교를 서학이라 규정하면서 비판했다. 그 비판의 요지는 당시 유학자 특히 성리학자가 일반적으로 기독교에 대해 갖고 있었던 비판논리 그대로였다. 최제우에게나 성리학자에게나 우주는 덕성(인격성)이 지배했다. 그들에게 세계의 창조주로 믿는다는 것은 귀신을 인정한다는 말과 같다. 또한 기독교는 지상에서의 도덕적 행위를 간과하고 사후의 세계에서 보상을 받거나 처벌받는 데만 관심을 가진 종교였다. 성리학자는 본래 불교를 비판하면서 자기 이론을 형성했다. 이런 불교 비판이 기독교 비판에 그대로 전용된 것으로 보인다. 기독교의 사후 세계는 불교의 내세로 이해되고, 기독교의 구원은 불교의 인과응보로 이해되었다.

그런데 동학사상에 기독교의 영향이 없었다고 볼 수 없다. 최제우는 기독교와 대결하는 가운데 기독교의 인격적 신으로서 성령 개념과 성

---

73 최옥은 호를 근암(近巖)이라 한다. 영남 학파에 속한 유학자다. 그는 용담서사를 짓고 후세를 가르쳤다. 후일 최제우가 득도하는 곳이 이 용담서사이다. 이 용담서사는 지금 용담정이라 불린다.

령과의 합일이라는 믿음의 개념에 영향을 받았다. 이런 개념은 바울이나 마르키온에게서 주로 나타났던 개념이지만 성경 속에 바울의 글이 들어 있는 한 최제우 역시 바울의 글에 영향을 받지 않을 수 없었을 것이다. 그 결과 기독교를 통해 최제우는 유학 자체를 재해석하게 되었다. 당시 유학은 너무 이성 중심으로 전락하면서 세계를 합리적으로(즉 내재적 목적론으로서) 이해하고 도덕적 실천에서는 세속적 권력을 통해 억압적으로 훈육하는 것에 매달렸다. 그 결과 유학은 타락했다. 기독교적인 성령 개념이나 믿음이라는 개념은 유학적 사유를 새롭게 변혁할 가능성을 주었다. 최제우를 통해서 기독교적 개념을 포함하는 유학이 탄생했으니 그것이 바로 동학사상이다. '천지부모(天地父母)'라든가 '수심정기'라는 개념 속에 인격신이나 성령과의 합일이라는 개념을 쉽게 읽을 수 있다.

자주적 공동체 정신 1

앞에서 운명애, 의무감, 낭만적 양심을 거쳐 마침내 바울의 사랑에 이르렀다. 그리고 동학사상이 제시하는 모심의 덕목을 살펴보았다. 사랑과 모심은 공동체를 형성하는 자주적 정신이다. 사랑과 모심을 통해서 공동체가 출현한다. 하지만 기독교의 사랑이나 동학의 모심에는 고유한 한계가 있다. 그 한계는 두 가지이다. 하나는 기독교나 동학은 자주적 공동체 정신을 발견했음에도 이를 종교적인 신 개념으로부터 끌어냈다. 창조주 신 개념으로 되돌아가면서 사후의 처벌이나 보상에 의존하는 종교로 전락하게 된다. 다른 하나는 기독교나 동학은 사회적 실천의 목표를 객관적으로 파악하지 않았다. 그 결과 기독교나 동학에서 이웃 사랑이라든가 사인여천은 개인에 대한 사랑으로 그쳤고 공동체적인 실천으로 나가지 못했다. 기독교나 동학이 농민전쟁을 일으키면서 사회적 실천에 뛰어들기도 했지만, 그 실천은 유토피아적인 실험으로 그치고 말았다.

8-1 종교를 넘어서

1) 종교의 한계

이제 이 책의 마지막 장에 이르렀다. 마지막 장에 자주성의 철학을 다루려 한다. 다시 말하자면 자주성의 철학이란 과학적 마르크스주의와 자주적 공동체 정신의 결합이다. 그 출발점은 기독교와 동학의 자주적 공동체 정신이다. 하지만 종교적인 공동체 정신에는 근본적인 한계가 있다.

다시 기독교로 돌아가 보자. 바울이 제시한 성령의 개념과 사랑의 개념은 역사적 현실 속에서 망각되었다. 기독교는 창조주라는 신 개념으로 돌아갔다. 그 결과 기독교의 사랑은 진정한 자주적 정신에 도달하지 못한다. 현실 속에서 익히 보듯이 기독교의 사랑은 율법을 지키고 구원을 기다리는 사랑으로 전락했다. 그 대가는 사후나 천상에서 받거나 아니면 이 지상에 받을 수도 있다. 기독교는 가톨릭의 율법주의와 개신교의 메시아니즘이 지배했다.

문제는 기독교가 다시 창조주 신 개념으로 돌아가고 율법과 구원의 종교로 되돌아간 이유이다. 도대체 왜 기독교는 예수와 바울의 위대한 발견을 지키지 못했던가? 그것은 예수와 바울의 출발점이 된 성령이라는 개념 때문이 아니었을까? 성스럽다는 것은 낯선 것이라는 의미이다. 인과적인 사유는 성령의 배후에 창조주 신이 존재하는 것으로 상정한다. 성령은 우주를 창조하고 섭리를 펼치는 존재의 산물이 된다. 창조주라는 신 개념이 되돌아오면 율법과 구원의 종교가 다시 출현한다. 신은 처벌하거나 보상을 줄 힘을 가지기 때문이다.[74]

그러므로 성령 개념의 본래 의미를 회복하려면 창조주 신 개념을 벗어나야 한다. 이 과정이 헤겔과 포이어바하에 의해 마련되었다. 이 과정을 보자. 성령은 앞에서 말했던 것처럼 개인적 의지에 내접하는 공동체 정신이다. 이 공동체 정신은 내접하는 힘이다. 내접은 내재한다는 의미와 초월한다는 의미를 동시에 갖고 있다. 이 공동체 정신이 개인을 벗어나는 힘이라는 점에서 그것은 성령이다. 그러나 그 공동체 힘이 개인에게 내재하는 힘이라는 점에서 그것은 사랑의 정신이다. 공동체 정신이

---

74 성령과 창조주 사이의 관계는 마치 칸트에서 물 자체 개념과 초월적 존재 사이의 관계와 같다. 물 자체는 감각의 원인이지만 감각과 분리되지 않는다. 이런 감각의 원인이 따로 독립해 존재한다고 볼 때 초월적 존재가 된다. 이 관계를 칸트는 요청이라 한다. 헤겔은 반성적 정립(가설 추론)이라는 표현을 사용한다. 성령은 창조주를 요청하고 반성을 통해 전제한다. 지젝은 라캉의 대타자와 환상적 초자아 사이의 관계도 이런 요청 또는 반성적 정립이라는 관계로 규정한다.

자신에 내재하는 힘의 발현하는 것이라는 사실을 통해 창조주 신이라는 개념이나 율법, 구원 등의 개념으로부터 결정적으로 벗어날 수 있다. 이런 전환의 결정적인 디딤돌을 발견했던 철학자가 바로 헤겔이다. 헤겔은 신적 존재란 인간 정신의 소외라고 말했다. 헤겔의 주장은 나중에 그의 제자인 포이어바하가 세상에 전하면서 널리 알려지게 되었다. 포이어바하는 신이란 인간의 유적인 본질이 소외된 것이라고 말했다. 포이에르바하에 의해 신 개념이 무너지고 무신론의 기초가 세워졌다. 역설적이지만 기독교의 위대한 발견인 사랑의 정신을 지키기 위해서는 기독교의 창조주 개념을 버려야 했다.

2) 하나님의 나라

더군다나 많은 기독교는 바울이 말한 것처럼 사랑을 공동체 정신으로 이해하기보다는 개인의 사랑으로 이해한다. 기독교의 사랑은 이웃에서 자기 가족, 자기 애인으로 좁혀져 정념에 기초한 사랑으로 되돌아간다. 자기 가족을 사랑하는 데 하나님의 도움이 필요할 정도라면 하나님의 처지도 딱하지 않을 수 없다. 자주 기독교의 사랑은 애국주의나 민족주의와 결합한다. 유럽 전쟁 때 서로 이웃하는 프랑스와 독일이 똑같은 하나님의 부르면서 죽었다.

그 결과 기독교의 사랑은 사회적인 차원과 무관하다. 사회적 차원에서 사랑은 예수의 산상수훈에 나오는 이웃에 대한 사랑이다. 하지만 이웃 사랑이란 어떻게 하는 것인가? 앞에서도 언급한 적이 있지만, 너무 막연한 개념이다. 또는 새로운 사회는 예수 그리스도가 통치하는 나라라고 하지만 앞으로 재림할 예수 그리스도가 나라를 어떻게 다스릴지는 언급되지 않았다. 하나님의 법이나 하나님의 나라라는 말도 있지만,

역시 구체화한 것은 아니다. 이런 모호함 때문에 자주 계시를 받았다고 주장하는 사람들은 서로 다른 사회의 모습을 제시한다.

기독교인 가운데 부분적으로 역사적 실천에 뛰어든 집단도 있었다. 그런 집단은 하나님의 법과 하나님의 나라를 이 세상에 실천하려 했다. 하지만 이들은 기독교인 가운데 소수에 불과했고 일시적으로 출현했던 것에 불과하다. 한때 토마스 뮌처는 천년왕국을 부르짖으며, 농민 반란을 이끌었다. 한때 개신교 신학자 칼빈은 신정정치를 실현하려 했다. 하지만 이 모든 시도는 단기간에 그치고 실패로 돌아갔다. 그것은 이들 소수 집단이 주장했던 사회가 역사적으로 실현될 수 없는 환상이나 주관적인 견해에 불과했기 때문이 아닐까? 적어도 앞으로의 사회에 관해서는 아무리 하나님이라고 하더라도 마음대로 바꾸지는 않는 모양이다. 마치 자연이 자연의 법칙을 따르듯 사회는 고유한 역사적인 법칙에 따라 발전하는 것으로 생각하지 않을 수 없다. 기독교는 공동체를 형성하는 사랑이라는 자주적 의지를 밝혔다는 점에서 어느 사상보다 탁월하다. 하지만 사회적 실천을 간과하고, 역사적 현실을 무시했다는 한계는 분명하다.

기독교가 지닌 한계는 동학사상이라고 해도 예외는 아니다. 동학사상도 점차 종교화하면서 신비주의적인 색채를 더하기 시작했다. 천지개벽은 자연의 질서로 생각되기보다 신의 섭리로 파악되기 시작했다. 수심정기라는 믿음은 지상에서 복을 받는 치성의 수단이 되었다. 한때 동학농민전쟁을 일으켰던 사회적 실천정신은 사라지고 개인적인 도덕적 삶을 추구하는 데 그쳤다.

3) 레닌의 전위 정당

기독교와 동학사상이 자주적 공동체 정신을 밝힌 점에서 사상적 탁월성이 있다는 것은 분명하다. 그러나 과거 종교에 기초한 사회적 실천 운동이 어떻게 좌절되었는가를 보면 다시 역사의 이념이라는 개념을 다시 생각하게 된다. 잠시 역사적 이념이라는 개념이 출현하는 과정을 상기해 보자. 역사의 이념이란 낭만주의 역사철학을 통해 발견되었다. 그것은 역사를 통해서 실현되는 객관적 가치이다. 이런 객관적 가치가 아직 실현된 것은 아니기에 주관적인 이념이기는 하지만, 실현 가능성을 내포한다는 점에서 잠재성을 지닌 이념이기도 하다. 그것은 객관적이고 실현 가능한 것이기에 장차 모든 사람이 일반적으로 받아들이게 된다.

낭만주의는 이런 역사의 이념을 주관적인 방식으로 즉 본질 직관을 통해 파악하려 했다. 본질 직관은 주관적인 오류를 범하게 된다. 낭만주의 이후 역사의 이념을 과학적으로 파악하는 방법이 발전되었다. 마르크스주의에 이르러 마침내 역사과학이 출현한 덕분에 역사의 이념을 과학적으로 확립할 수 있었다. 낭만주의로부터 시작한 객관적 가치라는 개념이 마르크스주의에 이르러 과학적 역사관으로 발전되었다. 마르크스주의조차 역사를 올바르게 인식하지 못한 것인지 모른다. 그러나 적어도 객관적 가치, 역사의 이념이라는 개념이 남아 있는 한 그것을 인식하려는 인간의 시도는 그치지 않을 것이다.

문제는 역사의 이념을 어떻게 실현할 것인가 하는 문제이다. 이런 문제에서 마르크스주의는 한 개인의 힘이 아니라 공동체의 힘만이 역사의 이념을 실현할 수 있다고 보았다. 이런 공동체의 힘을 어떻게 형성할 것인가? 레닌은 역사적 실천을 위해 전위 정당이라는 개념을 제시했다. 여기서 잠시 레닌의 전위 정당 개념을 살펴보기로 하자.

레닌은 국가와 정당을 구분했다. 사회를 날줄과 씨줄이라는 두 줄로 이루어진 천이라 한다면, 국가는 이 가운데 씨줄에 해당한다. 인체로 말한다면 국가는 사지에 해당한다. 그것은 권력에 정당성을 부여하는 장치이다. 반면 정당은 이런 씨줄을 횡으로 엮어내는 날줄에 해당한다. 인체로 말한다면 정당은 핏줄이나 신경에 해당한다. 그것은 권력을 효율적으로 행사하도록 만드는 장치가 될 것이다. 이런 장치 덕분에 국가는 역사적으로 제시된 자기의 목적을 실현한다. 이 두 가지 즉 국가와 정당, 날줄과 씨줄이 함께 작용하면서 서로 견제하면서도 서로 통일되어 사회를 이룬다. 이렇게 사회를 국가와 정당으로 구분한 다음, 레닌은 각각을 구성하는 방식을 다르게 규정했다.

국가는 개인을 기초로 한다. 각 개인의 상호 합의를 통해 밑에서 위로 국가를 건설한다. 국가는 민주적이며 자치적이어야 한다. 국가는 코뮌을 기초로 하여 코뮌의 연합체를 통해 형성된다.[75] 반면 레닌은 정당은 국가와 전혀 다른 방식으로 구성된다고 보았다. 그것이 전위 정당 개념이다. 그는 대중이 자기 이익에 사로잡혀 있다는 사실에서 시작했다. 자기 이익 때문에 대중에 기초한 대중적 정당은 혁명성을 가지지 못하고 기존 체제 내에 안주하기 마련이다. 레닌은 대중 정당의 예로 20세기 초 독일 사회민주당을 거론한다. 독일 사회민주당은 1914년 전쟁이 터지자 프로이센 황제의 전비 요구를 승인하면서 전쟁을 정당화하는 치명적인 잘못을 범했다.

그러므로 레닌은 처음부터 대중 정당을 반대하고 전위를 중심으로

---

75 레닌의 사회주의 국가는 민주와 자치를 원리로 했지만 자치에 관한 현실적으로 여러 제약을 두었다. 대체로 사회 경제적인 영역에서만 자치가 인정되었다.

정당을 세우려 했다. 전위란 곧 계급의식을 가진 자이다. 계급의식이란 곧 객관적 가치 즉 역사의 이념에 대한 인식을 말한다. 이런 전위는 엄격한 위계를 지닌 중앙집중적인 조직을 통해서 이념 공동체로 형성된다. 레닌은 엄격한 중앙 집중적 조직이 군사적인 조직처럼 강력한 공동체의 힘을 발휘할 수 있을 것이라 믿었다.

4) 레닌의 한계

하지만 레닌의 전위 정당 개념은 여러 가지 측면에서 비판을 받았다. 그 가운데서도 가장 핵심적인 비판은 전위 정당이 계몽주의의 한계를 넘어서지 못했다는 것이다. 우선 레닌의 전위 정당은 대중에게 계급적 이해를 가르치는 일을 주요 목적으로 삼았다. 신문과 잡지 등 다양한 수단을 통해 올바른 계급적 이해를 대중에게 전파함으로써 대중이 자발적으로 봉기에 나서도록 만든다는 것이다.

계몽주의적 관점에서 출발했기에 레닌의 전위 정당은 부르주아 정당과 마찬가지로 권력을 향한 욕망의 공동체를 넘어서지 못했다. 그런 사실은 레닌의 정당이 중앙집중적으로 조직된다는 데서 가장 잘 드러난다. 중앙집중적 조직이란 관료의 조직을 모방한다. 여기서는 효율성을 위해서 각자에게 전문 분야가 정해지고 권리와 의무가 규정되고 조직 전체에 엄격한 위계적 질서가 부여된다. 관료적 위계질서는 각 개인이 권력을 욕망하는 존재라는 점을 전제로 하는 것이다. 그 위에서 훈육의 방식을 통해서 집단을 조직하려 했다. 이런 조직에는 당연히 처벌과 보상이라는 훈육의 장치가 부착되었다.

결과적으로 레닌의 전위 정당은 바울이 비판했던 율법주의를 따르는 것이었다. 전위 정당은 새로운 혁명적 이념을 실현하려 한다는 점에서 새로운 율법을 실행하고자 하는 가톨릭의 입장과 유사했다. 가톨릭이 율법주의를 받아들여 처벌과 보상을 통해서 이 새로운 율법을 실행하려 했던 것과 마찬가지로 레닌은 새로운 혁명적 이념을 율법적인 조직을 통해 실현하려 했다.

바울은 율법주의를 비판한다. 죄가 오히려 율법을 통해서 들어온다고 했다. 왜냐하면 율법이 보상과 처벌에 의존하는 한 욕망은 더욱 강하게 되기 때문이다. 강화된 욕망은 새로운 율법과 반드시 충돌하게 된다. 레닌의 전위 정당도 마찬가지이다. 새로운 혁명은 개인의 욕망에 기초한 자본주의를 넘어서려는 운동이다. 그런데 그것을 실현하는 이념의 공동체는 권력의 욕망을 통해서 조직된다. 언젠가 혁명적 이념과 권력의 욕망은 서로 충돌하게 마련이다. 전위 정당이 추구하는 가치와 그것의 기반이 되는 의지는 괴리되어 있다.

전위 정당에 종파주의, 관료주의 등의 폐해가 발생하는 것도 바로 이런 모순 때문이다. 종파주의든, 관료주의든 모두 자기 자신의 이익, 자기 권력의 유지 때문에 발생하는 것이며, 그 바탕에는 다름 아닌 욕망이 깔려 있다. 이런 종파주의, 관료주의는 내부적으로 민주화를 하더라도 결코 사라지지 않으며 이런 민주화를 통해 더욱 악화된다. 민주주의가 중도반단의 자유에 기초하기 때문이다.

레닌의 전위 정당을 극복할 수 있는 새로운 공동체는 불가능한 것인가?

자주적 공동체 정신2

역사상 다양한 공동체가 논의되었다. 그만큼 공동체가 중요하기 때문이다. 역사의 이념을 실현하는 것은 공동체의 힘이 아니면 불가능하다. 다양한 공동체론 가운데 최근 흥미로운 몇 가지가 제시되었다. 그것은 플라톤의 유기적 공동체론을 비롯해서 무정부주의자의 다양의 공동체 그리고 정신분석학에 기초한 에로스의 공동체이다. 이런 공동체는 나름대로 장점이 있지만, 또 한계를 지닌다. 우리는 장차 자주성의 철학으로 넘어가려 한다. 이를 위해 먼저 다양한 공동체론을 짚어두자.

1) 유기적 공동체

레닌의 전위 정당 개념을 거슬러 올라가면 유기적인 공동체 개념에 이른다. 유기적 공동체 개념을 다시 거슬러 올라가면 플라톤이 제시한 철인왕 개념을 발견할 수 있다. 그것은 플라톤이 『공화국론(Police)』에서 제시한 공동체 개념이다. 플라톤은 국가를 구성하는 주요 계층을 세 계층으로 나누었다. 통치자와 전사와 생산자이다. 이 세 계층은 각기 고유한 임무가 있으며, 한 사회는 구분된 이 세 계층을 통해 유기적으로 구성된다. 이 임무는 그 임무를 수행하기에 가장 탁월한 능력을 갖춘 사람이 맡아야 한다. 그렇게 될 때 국가는 자신의 목적을 최대한으로 실현할 수 있다.

플라톤은 이 가운데 통치의 임무는 철학자만이 맡을 수 있다고 보았다. 그 때문에 그의 공화국론은 철인왕 체제로 유명해졌다. 플라톤의 주장에 따르면 철인만이 다른 사람의 본질 즉 그 사람이 정말 잘할 수 있는 기능을 발견할 수 있다. 그러므로 공화국은 철인의 통치에 따를 때만 정의의 원리에 따라 구성되며 그 결과 국가도 가장 탁월하게 자기의 목적을 실현할 수 있다. 유기적인 공동체가 정의의 사회이다. 이런 유기적 공동체는 각 개인의 기능을 충족하려는 욕망을 전제로 하며 효율성을 고양하기 위해 처벌과 보상의 체계를 갖춘다.

유기적 구성, 철인의 지배, 정의의 원리, 훈육의 체계라는 개념들로 이루어진 플라톤의 생각은 나중에 나타난 모든 유기적인 공동체의 기본 개념이 되었다. 유기적 공동체 개념은 최근에는 테일러 시스템에서도 주장한다. 이 시스템은 플라톤적 유기적 구성체에 위계적 질서를 부여함으로써 마치 군사조직처럼 효율적인 조직을 만들어낸다. 이 시스템은 최근 공, 사를 막론하고 대규모 조직체에 적용되고 있다. 정치적인 정당이나 기업, 문화 공동체조차 이런 체계를 유지한다. 전체주의적인 체제의 모델이 된 것도 위계적인 유기적 공동체이다.

유기적 공동체는 매우 효율적이기는 하지만 각 개인의 소외를 낳는다는 점에서 비판받는다. 개인은 전체의 한 부속품으로 간주하며, 개인의 고유한 선택은 불가능하다. 왜냐하면 모든 결정은 통치자 즉 철인이 내리기 때문이다. 그런데 개인의 자유로운 선택을 인정하는 민주사회라고 해도 큰 차이는 없다. 민주주의 사회에서 목적의 합의는 민주적 절차를 거치지면 그것의 실행은 전문적 관료, 유기적으로 조직된 위계적 질서가 담당한다. 개인은 여전히 소외되고 있다. 가장 민주주의적인 사회가 가장 고도로 관료화된 유기적 공동체를 포함한다.

유기적인 공동체는 철인왕이든 민주제든 근본적인 한계를 가지고 있다. 그것은 이런 공동체가 개인의 욕망을 전제로 하고 그 결과 처벌과 보상이라는 훈육의 체계를 가지기 때문이다. 이런 훈육 체계는 역사적으로 입증되고 있듯이 관료주의와 종파주의라는 위험을 안고 있다.

2) 무정부주의의 공동체

역사의 이념을 실현하는 데서 레닌의 전위 정당이나 유기적 공동체 개념을 극복할 가능성은 없을까? 최근 일단의 철학자들은 새로운 공동체 개념을 제시한다. 그 대표적인 예가 철학자 들뢰즈가 제시한 다양체의 공동체이다. 이 공동체는 거슬러 올라가면 무정부주의의 공동체 개념에서 유래한다.

대부분의 무정부주의자는 공동체라는 개념에 대해 알레르기 반응을 보인다. 무정부주의자는 철저한 개인주의자이며 그들은 자신의 자유로운 선택과 자발적인 실행의 권리를 옹호한다. 무정부주의자는 자유라는 개념보다는 자주성(자발성) 개념을 더 옹호하지만 그런 자주성은 항상 개인적인 의지에 그친다. 무정부주의의 자발성은 낭만주의가 활력이라고 말한 것이다. 이것은 자각적이기보다 정념에 가까운 의지이다.

개인의 자발성을 강조하므로 무정부주의는 항상 분열을 거듭해 왔고 결과적으로 역사의 이념을 실현하는 데 무기력했다. 역사적 실패가 반복되자 공동체의 힘이 필요하다는 것을 무정부주의도 절실하게 깨달았다. 그 때문에 무정부주의 가운데 개인의 자발성을 전제로 하는 공동체의 가능성을 모색했다. 역사적으로는 20세기 초 아나코 생디칼리즘(anarcho syndicalism)이 출현했다. 아나코 생디칼리즘은 당시 발전하고 있었던 노동조합에 기업의 관리 및 경영 기능과 정당의 투쟁 기능 심지어 국가의 사회관리 기능까지 부여하여 노동조합을 사회의 기초로 삼는 운동을 전개했다. 그러나 역사적으로 출현한 무정부주의적인 공동체 운동의 기초는 개인의 자발적인 의지이므로 항상 공동체 형성을 위한 철학적 기초가 부족하다는 비판에 시달렸다.

무정부주의 차원에서 공동체의 가능성을 이론적으로 모색했던 선구자가 19세기 말 러시아 무정부주의자인 크로포트킨이다. 그는 자연 생태계를 연구하면서 생물의 개체가 공존하고 상생하는 체제를 발견했다. 그는 공존과 상생이 각 개체에 이미 존재하는 유전자 즉 협력의 유전자에 의해 생겨난다고 보았다. 경쟁보다는 공존과 상생이 생존에 더 유리하므로 자연 진화를 통해 협력의 유전자가 발전했다.

크로포트킨의 협력의 유전자 개념은 아직도 생태계 개념을 사회에 적용하려 시도하는 생태 무정부주의자의 중요한 논거가 된다. 하지만 협력의 유전자를 발견하는 시도가 과학적으로 성공하지 못했다. 그러자 철학자 들뢰즈는 세계를 존재론적으로 재해석함으로써 크로포트킨의 시도를 이어가려 했다.

3) 다양체

들뢰즈의 철학 가운데 공동체 개념과 연관된 부분만 여기서 간단히 살펴보자면, 이 논의에서 핵심적인 개념은 다중(多衆)이라는 개념이나 다양체(多樣體)라는 개념이다. 두 가지는 의미가 같은 개념(둘 다 불어 multiplicité 번역어)이며 다만 다중이란 말은 주로 다양체를 인간에게 적용할 때 사용한다. 다양체란 어떤 개체가 다양하게 규정된다는 뜻이다. 다양성 가운데 어느 것이 진정한 규정 즉 진리인지는 알 수가 없을 때 이를 다양체라 한다.

예를 들어보자. 지구 위의 한 점은 지도상에서 표시하면 지도가 어떤 종류의 지도인가에 따라서 다양하게 규정된다. 누구나 기억하겠지만, 지도의 종류에 따라서 소련이나 캐나다가 더 크게 보이거나 더 작게 보인다. 이것은 지도를 그리는 법에 따라 달라지는데, 어차피 그중의 하나를 택할 수밖에 없으니, 그 어느 것이 진리라 볼 수 없다. 이것은 삼차원을 이차원으로 표시하려면 반드시 일어나는 일이다. 마찬가지로 만일 사차원 세계를 삼차원 세계에 표시하면 다양성이 공존하게 된다. 우리가 눈으로 보는 세상은 삼차원이지만 실제 세상은 사차원이니 우리가 보는 세상은 항상 다양성을 가지므로 모든 것은 다양체이다. 사람도 마찬가지이다. 남자에게서 남성과 여성이라는 두 성징이 동시에 존재한다. 여자에게도 두 성징이 공존한다. 노동자에게도 자본가적인 측면이 존재하며 자본가에게도 노동자적인 측면이 존재하니 그 모든 것은 다양체이다.

다양체 개념을 가지고 본다면 모든 것은 서로 침투되어 있다. 나는 너의 일부이고 너는 나의 일부이니 이미 서로 침투되어 있고 이미 하나의 공동체를 이루고 있다. 이 공동체는 자연적인 진화를 통해서 자연적으로 형성되는 공동체이며, 각 개체가 서로 충돌하는 가운데 형성되는 공동체이다. 이게 말하자면 다양의 공동체이며 다중의 체제이다.

생태계 공동체나 다양체의 공동체는 자연 진화를 통해 공동체가 형성된다는 소박한 견해이다. 그 철학적 기초 개념 즉 인간 생태계나 다양체 또는 다중이라는 개념이 의심스럽다. 자연의 생태계가 공존하고 상생하더라도 동시에 그 속에는 대립과 갈등도 존재한다. 한편이 생태계의 조화라면 다른 한편은 약육강식의 세계이다. 그런데 인간의 공동체가 이런 양면성을 가져도 무방한가? 자연 진화론자는 자연 생물계에는 갈등이 더 많지만, 그와 비교하면 인간에서는 오히려 상생이 더 많은 부분을 차지하게 된다고 설명할지 모른다. 그러면 인간의 역사도 내버려 두면 점차 갈등보다 상생이 더 지배적으로 될까? 역사는 자연 진화와는 다른 것 같다. 지금까지 인간의 역사를 보면 인간 사회는 억압과 약탈의 체제를 넘어서지 못한다. 노예제 사회, 봉건제 사회, 자본주의 사회 등을 거치면서 공존과 상생이 발전했다고는 하지만 어떻게 보면 약탈과 억압이 더욱 대규모적이고 철저하게 일어나기도 한다. 그러므로 자연적으로 진화하는 공동체를 인간 역사에 적용할 수는 없다. 무엇보다도 이런 공동체 개념은 결국 개인의 자발성에 모든 것을 맡겨두니 공동체 개념은 사라지고 개인의 자발적인 의지만이 남게 된다.

4) 에로스의 공동체

최근 라캉의 정신분석학의 영향 아래서 새로운 공동체 개념이 출현한다. 라캉의 욕망 개념에서 가장 중요한 주장이 욕망이 복합적이라는 주장이다. 즉 라캉은 욕망은 타자적이라고 했다. 이 타자적 욕망이란 타자 즉 대타자(大他者: 부모를 의미)가 욕망하는 것을 나도 욕망한다는 것이다. 그 의미는 앞에서도 언급한 적이 있지만, 세 가지가 된다. 한 가지는 대타자의 욕망에 전적으로 종속하여 나의 욕망이 사라지기는 때다. 이때가 실재계의 욕망체제라고 말하며 그 단적인 예는 부모의 변덕에 어쩔 줄 모르는 마마보이이다. 또 한 가지가 대타자가 욕망하는 대상을 나도 욕망한다는 의미이며 이때가 상징계의 욕망 체제이다. 그 예는 스타가 좋아하는 것을 그 숭배자도 따라 좋아하는 것이다. 마지막 한 가지가 대타자가 욕망하는 대상으로 내가 되고자 욕망하는 때이다. 이때가 상상계의 욕망 체제이다. 그 예는 나르시시즘 환자가 자기를 과대 평가하는 때이다. 실재계에서 등장하는 것이 정신분열증이나 편집증과 같은 마음의 병이며, 상징계에서 등장하는 것이 노이로제나 히스테리 같은 신경증이다. 마지막으로 상상계에서 다양한 도착증 즉 나르시시즘, 페티시즘, 사도 마조히즘, 의처증 등의 병이 출현한다.

그 어느 편이든 나의 욕망은 타자의 욕망과 관련된 복합적인 욕망이다. 이 관계는 에로스와 증오라는 두 가지 대립하는 힘이 함께 작용하는 관계이다. 여기서 각각의 욕망 체제에서 차이가 있다면 어느 욕망이 주도적이냐 하는 관계 방식에 있을 뿐이다. 이런 타자적 욕망 개념에는 나와 대타자만 관련되는 것은 아니다. 나와 대타자 사이에는 나의 분신이라고 할 소타자(小他者)[76]가 매개되어 있다. 그러므로 각각의 욕망 체제는 나와 대타자, 소타자 사이의 삼각관계로 이루어져 있다.

여기서 각 욕망 체제의 특징과 작용방식 등을 상세하게 설명할 필요는 없겠다. 중요한 것은 라캉의 정신분석학에서 이런 욕망의 체제가 인간의 다양한 사회를 이해하는 데 기초가 된다는 것이다. 인간 사회나 문화가 세 가지 욕망의 체제로 환원될 수 있다는 사실에 주목한 철학자가 지젝이다. 그는 인간 사회와 다양한 문화를 분석해서 그 배후에 깔린 욕망의 체제를 분석한다. 예를 들어 그는 민주주의를 욕망의 체계 가운데 상징계에 속하는 것으로 보며 반면 파시즘 체제는 상상계에 속하는 것으로 분석한다.

라캉과 지젝의 공동체 개념은 현재 사회를 이해하는 심리적 토대를 제시해준다는 점에서 흥미롭다. 공동체를 형성하는 심리적인 토대가 존재한다고 본다는 점에서 설득력을 지닌다. 하지만 그런 방식으로는

---

76 부모와 같은 양육자를 대타자라고 한 것에 대해 자기의 분신을 소타자라고 한다.

인간 사회를 너무나 단순화한다는 비판을 면하기 어렵다. 모든 사회를 세 가지 욕망 체제로 환원하기 때문이다. 결과적으로 자본주의 사회나 사회주의 사회나 다 같이 상징계라는 점에서 닮은 사회라고 주장하게 된다. 더구나 이런 세 가지 욕망 체제를 벗어나는 공동체란 존재하지 않는다. 상징계는 억압적이며 상상계는 나르시시즘적이고 실재계는 편집증적이니 그 어디에서도 인간의 삶의 미래를 기약할 수 없다. 하지만 이 욕망 체제 외에 다른 체제는 없으니 희망을 찾을 수 없다. 무엇보다도 이런 공동체 개념에서는 어디에서든지 개인적인 욕망은 대타자의 욕망에 종속하게 된다. 상징계는 상상계로 상상계는 다시 실재계로 되돌아가며 궁극적으로는 실재계의 충동만이 남는다. 그러면 개인의 자아가 사라지고 공동체라는 대타자가 지배하는 숨 막히는 사회가 된다.

에로스의 공동체는 근본적으로 욕망 개념에 기초한다. 에로스의 공동체는 인간의 욕망을 복합적으로 본다는 점에서 동물적 욕망의 단계에 머무르는 것은 아니다. 그러나 이런 복합적인 욕망은 능동적이고 자각적인 자주성에 이르지 못하니 여전히 정념의 수준에 머무른다. 에로스의 공동체는 정념의 수준에서 출현하며, 그때 자주성은 일시적이고 수동적일 뿐이다. 그러므로 에로스로부터는 정념의 사랑이 나오더라도 자주적 공동체 정신이 되는 성령의 사랑이 나올 수는 없다. 이를 통해서는 무차별한 공동체 또는 이념의 공동체가 형성될 수는 없다. 에로스의 공동체가 결국 가족적 차원에 머무르고 사회적 차원으로 확산될 수 없는 이유가 여기에 있다.

5) 죽음의 공동체

마지막으로 최근 서구 철학계에서 주목되는 개념이 죽음의 공동체이다. 이 개념은 거슬러 올라가면 하이데거에서 나온다. 하이데거는 각 개인은 실존적 체험을 통해 현존의 세계를 벗어나 존재의 세계로 들어가게 된다. 그는 대표적으로 불안이라는 실존 체험을 들었지만, 사르트르는 구토라는 실존 체험을 들기도 한다. 이런 실존 체험은 자신이 거주하고 있는 현실 세계가 전체적으로 무너지는 체험이다. 이런 체험은 곧 죽음의 체험이라 할 수 있다. 이런 체험을 통해 새로운 존재의 세계가 열리게 된다.

최근 문학자 모리스 블랑쇼[77], 철학자 장 뤽 낭시[78]는 하이데거의 실존 체험이 공동체 형성의 토대가 된다는 것을 발견한다. 한 사람이 죽음의 체험을 통해 존재의 세계로 들어간다면 이 체험이 다른 사람에게 전파된다. 다른 사람은 그런 전파된 체험을 통해 마찬가지로 죽음을 체험하고 존재의 세계로 들어간다. 이렇게 두 사람이 공동으로 존재의 세계에 들어가니, 이렇게 해서 형성된 세계가 죽음의 공동체이다. 죽음이라니 섬뜩한 말이지만 죽음의 체험을 거쳐 존재의 세계에 들어간다는 말이다. 그러니 실존의 공동체라고 말하는 것이 좋겠다. 또는 이 존재의 세계는 현재 인간이 거주하는 세계에 내재하지 않고 단적으로 그 밖에 있으므로 이를 바깥의 공동체라고 할 수도 있을 것이다.

문제는 한 사람의 죽음의 체험이 다른 사람의 죽음 체험으로 어떤 식으로 전파되는가에 있다. 이때 여러 가지 매개체가 존재하지만 가장

---

77 블랑쇼(Maurice Blanchot: 1907 - 2003); 프랑스 문학자이자 철학자, 그의 대표작이 『문학의 공간』이다.

78 낭시(Jean-Luc Nancy: 1940 - 현재); 프랑스 현대 철학자, 하이데거의 영향을 받은 철학자이며 최근 공동체 이론의 중요성을 강조한다. 그의 대표 저서는 『아득히 먼 도시 La Ville au loin』를 들 수 있다.

탁월한 수단은 언어이다. 언어는 존재를 직접 전하는 능력을 가지고 있기 때문이다. 이런 언어는 우리가 일상적으로 사용하는 언어와는 구별된다. 일상 언어는 일종의 기호이며 이런 기호는 약속을 통해 결정된다. 이런 기호는 언어에 고유한 구조적인 체계를 가지고 있고 또 약속의 배경이 되는 사회를 토대로 삼는다. 그 때문에 일상의 언어는 주어진 사회 내에 머무르는 것이며 이를 통해서는 현존의 세계밖에 도달할 수 없다.

그러나 우리에게 또 다른 언어가 있다. 이 언어는 바벨탑이 무너지기 전에 인간이 가진 근원적인 언어이다. 그 후에도 파편적이나마 살아남아서 시적인 언어가 되고 있다. 이런 시적인 언어는 대상을 지시하는 기호가 아니다. 이 시적 언어는 존재 자체가 그 속에 직접 드러나는 언어이다. 언어와 존재 사이에는 상징의 관계가 존재한다. 이 상징이란 마치 신이 떨기나무에서 나타나 말을 하듯이 존재가 직접 전하는 말이다. 즉 존재의 말이다. 이 언어는 시인이 말하지만, 그가 말하는 것이 아니다. 그는 존재의 말을 대신 말하는 것에 불과하다.

이런 존재의 말을 통해 죽음을 체험한 사람이 다른 사람에게 죽음의 체험과 존재의 현현을 전한다. 이때 언어로 말하는 자가 작가이며 언어를 경청하는 자가 독자이니 죽음의 공동체, 실존의 공동체, 바깥의 공동체는 곧 작가와 독자의 공동체이기도 하다.

블랑쇼나 낭시의 죽음의 공동체는 실존적 냄새가 다분한 공동체 개념이다. 사람들이 마치 꿈과 환상의 나라에 서로 만난다는 듯한 느낌을 주니 낭만적으로 느껴진다. 문제는 이런 공동체의 매개가 되는 것 즉 죽음의 체험을 전달하는 언어에 있다. 과연 그런 존재의 말을 발견할 수 있는가? 그것은 신의 체험만큼이나 힘들지 않을까? 어쩌면 블랑쇼나 낭시는 종교적 차원으로 돌아가려는 것이 아닐까? 무척이나 아름다운 공동체 개념이기는 하지만 이런 공동체를 통해 역사의 이념을 실현하기에는 무기력하다.

자주적 공동체 정신3

마르크스는 역사의 이념을 발견했지만, 그것을 실현하는 공동체의 힘을 발견할 수 없었다. 레닌이 이를 실현하기 위해 전위 정당 개념을 제시했으나 이는 종파주의와 관료주의 때문에 무너지고 말았다. 이를 대신하여 유기적 공동체 개념이나 무정부주의적 공동체 또는 에로스의 공동체, 심지어 죽음의 공동체 등의 개념들이 제시되었지만 이런 것 역시 역사의 이념을 실현하기에 충분하지 못하다. 여기서 다시 자주적 공동체 정신으로 고개를 돌릴 수밖에 없다. 마르크스주의와 자주적 공동체 정신을 결합할 수 없을까? 역사 속에서 중국의 홍군과 동만의 항일 유격대는 이 자주적 공동체 정신을 입증했다. 여기서 종교적 공동체와 현실의 이념 공동체 사이에 차이가 나타난다. 현실의 이념 공동체는 정의의 원리와 사랑의 원리가 압축적으로 결합했다. 이런 압축은 배려의 원리와 비대칭성의 원리에 따라 일어난다.

1) 마르크스주의

마르크스주의를 통해 역사의 이념이 과학적으로 인식되었지만, 그는 그것을 실현할 수 있는 공동체의 힘을 발견하지는 못했다. 레닌의 전위 정당은 효율적이기는 하지만 유기적 공동체 수준을 넘어서지 못한다. 무정부주의의 공동체나 에로스의 공동체 역시 역사의 이념을 실현하기에는 무리이다. 역사의 이념을 실현하기 위한 이념 공동체는 어떻게 형성될 수 있는가? 여기서 우리는 다시 기독교나 동학사상을 통해 밝혀진 자주적 공동체 정신에 주목하게 된다. 사랑과 모심의 정신을 이념 공동체와 결합할 가능성은 없는 것인가?

우리는 이념 공동체와 자주적 공동체 정신이 결합할 수 있다는 사실을 역사적 경험을 통해 이미 알고 있다. 그 단적인 예는 중국 홍군의 만리장정이다. 어디 그것뿐이랴. 1930년대 동만에서 활동했던 항일 유격대 역시 그런 자주성의 공동체였다. 여기 한두 가지 예만 살펴보자.

2) 반민생단 투쟁

동만에서 1930년대 항일 유격전이 벌어지고 있었다. 이때 일제의 간교한 술책에 의해 유격구내에서 한족의 지도부가 한인 대원을 의심해서 학살하는 반민생단 투쟁이 발생했다. 그 폐해는 말할 수가 없었다. 일제의 대규모 토벌을 격퇴했던 유격구도 반민생단 투쟁 때문에 자중지란으로 무너졌다. 반민생단 투쟁의 원인으로 일제의 술책 외에도 내부적인 요인도 있었다. 우선 유격구내에서 좌경 기회주의 덕분이다. 이런 좌경 기회주의는 유격구를 분열시켰다. 지주와 소작농, 한족과 한인, 유격구와 적 통치구, 구국군과 인민혁명군 사이의 분열이다. 이런 분열 상태에서 일제의 토벌군이 포위해 들어오자 유격구내에서는 두려움이 만연했다. 두려움이 의심으로 변하고 그 때문에 반민생단 투쟁이 벌어진 것이다. 반민생단 투쟁을 해소할 필요가 있었다.

1935년 7월 25일 역사적인 코민테른 7차 대회가 열렸다. 독일에서 나치가 정권을 장악한 정세를 반영해서 인민전선 이론이 수립되었다. 이는 곧 반나치 통일전선을 말하며 식민지에서는 이는 민족 통일전선 이론으로 전환되었다. 드디어 민족해방을 위해 민족 대단결이라는 방침이 확립된 것이다.

이 7차 대회 덕분에 동북 만주에서 광기를 펼치던 반민생단 투쟁의 문제도 해결의 계기를 찾을 수 있었다. 7차 대회 후 1936년 2월 10일 목단강이 흐르는 경박호 남쪽 남호두에서 회의가 개최되었다. 여기서 애국적 지주와 양심적 민족 자본가와의 연대가 인정되었다. 이를 통해 동만에서 지주와 소작농, 한족과 한인, 구국군과 인민혁명군, 적 통치구와 유격 근거지 사이의 연대도 다시 모색되었다. 유격 근거지에서 한족 지도부도 한인 대원이 지닌 민족해방의 염원을 인정했다. 간도 한인 자치 정부 수립이 원칙적으로 인정되었다. 동만의 한인 공산주의자가 조선의 해방을 위하여 투쟁할 권리도 인정되었다. 이제 의심의 배경이 되었던 민족주의 문제가 해결되고, 두려움의 원천이 되었던 고립을 해결할 여건이 마련되었다. 이렇게 여건은 개선되었지만 두려움과 의심에서 나온 반민생단 투쟁의 광기는 여전히 칼춤을 추고 있었다.

3) 마안산에서의 통곡

이때였다. 북만 원정 끝에 남호두 회의에 참가하고 돌아오는 김일성은 마안산 유격 근거지로 갔다. 그는 북만 원정에 나섰던 2군 독립사 3, 4대대를 북만 지역에서 활동하도록 남기고 왔다. 그는 그 대신 2군 독립사 2대대를 마안산에서 만나(당시 1대대는 남만에서 1군과 협동했다) 이 대대를 조선 인민혁명군으로 개편하려 했다. 그러나 그는 거기서 2대대를 만나지 못했다. 대신 그가 만난 것은 민생단 혐의로 감옥에 갇혀 있는 100여 명의 당원과 유격대원이었다.

그는 이들이 민생단이 아니라는 것을 직감했다. 민생단이라면 충분히 도망칠 수 있는 환경이었는데도 그들은 도망가지 않았기 때문이다. 그는 이들의 혐의를 벗겨주기 위해 산더미같이 쌓인 자백서를 몇 장 읽어보다가 집어치웠다. 그리고 그들이 갇혀 있는 감옥으로 달려갔다. 그는 그들이 정말 민생단인지 아닌지 정말 솔직하게 대답하라고 말했다. 강하게 부정할 줄 알았던 이들이 왜 그런지 모두 하나같이 자기를 민생단으로 인정하는 것이 아닌가.

그는 그들이 왜 자기를 민생단으로 인정하는지를 짐작했다. 그들이 여기서 도주한다면 일제 아래 개 같이 사는 길밖에 없다. 여기서 "난 아니요"라고 부정하면 다가오는 것은 고문밖에 없다. 적어도 일제의 개가 될 수는 없으니 차라리 자포자기하는 것이 백번 나은 것이 아닌가. 그는 그들이 순결하다는 것을 깨달았다. 하지만 그들이 스스로 부인하지 않는 한 구할 명분이 없었다.

그는 절망에 빠져 돌아섰다. 그가 돌아설 즈음 한 여자 대원이 그에게 마지막 비명처럼 외쳤다. 나는 민생단이 아니라고 말이다. 그 여자 대원이 나중에 기관총 명사수, 여장군으로 유명해진 김확실이다. 그녀는 민생단의 혐의를 받았던 유격대원 강위룡과 결혼했기에 민생단이라는 혐의를 받고 감옥에 갇힌 것이다.

김일성은 이 외침을 듣고 걸음을 되돌렸다. 그는 더는 말하지 않았다. 그는 그들을 감시하는 책임자에게 그들의 자백 서류를 갖고 오라고 했다. 책임자는 머뭇거렸다. 그런 행위는 당의 지시를 위반하는 일이니, 그 때문에 자기도 처형될지 모르기 때문이다. 김일성은 자기 부하를 시켜 서류를 갖고 왔다. 그리고 감옥에 갇힌 사람들이 보는 앞에 쌓아놓고 모조리 불사르고 말았다. 그는 민생단 혐의자의 혐의를 불사른 것과 동시에 온갖 악행의 정신적 근원인 '인간증오 관념', '인간불신 관념'을 불태워 영영 없애버리고 싶었다고 한다.

그 불길을 지켜보면서 민생단 혐의자는 통곡했다. 김일성은 이 민생단 혐의자 100여 명을 그 자리에서 유격대로 받아들였다. 그는 원래 꾸리려 했던 2대대 대신 이들을 주축으로 조선 인민혁명군을 조직했다. 이들로 구성된 유격대가 보전보 전투를 승리로 이끌었던 조선 인민혁명군이었다.

김일성은 여기서 동지를 믿었다. 그의 믿음은 자칫하면 그 때문에 처형당할 수도 있었다. 그의 믿음은 곧 목숨을 건 동지애였다. 그런 믿음의 결과로 믿음의 부대가 출현했다. 그의 믿음을 받은 사람은 마찬가지로 자기의 목숨을 바쳐서, 자신의 사명을 실행했다. 믿음은 믿음을 낳고 사랑은 사랑을 낳은 것이다. 김일성은 후일 회고하면서 이런 믿음의 너울을 통해서 참다운 '사상 의리적 단결'이 이루어졌다고 말한다. 그는 자본가는 돈이 없이 살지 못하지만, 공산주의자는 믿음 없이 살지 못한다고 단언한다.

4) 믿음의 부대

하나의 예를 더 들어보자. 1930년대 동만에서 일어난 항일 유격대 조선인민혁명군과 관련된 일화이다. 류경수라는 혁명가가 있었다. 그는 사령부에서 임무를 지시받고 이를 실행한 다음 약속 시각에 맞추어 되돌아갔다. 그 시간에 그가 돌아가기로 한 사령부는 적의 겹겹 포위 한가운데 들어있었다. 그는 사령부로 돌아갈 책임이 있었고 그렇기에 그는 불구덩이 속으로 들어갔다. 겹겹 포위를 뚫고 그 안으로 들어가는 것은 미친 일인지도 모른다. 그러나 그는 사령부를 믿었고 책임을 다하기 위해 들어갔다.

사령부는 겹겹 포위 속에서도 유경수를 기다렸다. 마지막 순간 사령부는 전체 대원을 구하기 위해 그 자리를 탈출하면서도 한 명의 대원을 남겨 그를 기다리게 했다. 그 대원은 적의 포위 한 가운데서 그를 기다렸다. 적의 포위는 한 발자국 한 발자국 다가오고 있었다. 그 대원은 자신의 운명이 어떻게 될지 알지 못했지만, 그는 사령부를 믿었고 그에게 내려준 책임을 지키기 위해 기다렸다. 그 두 사람은 결국 만나기로 한 시간에 만났다.

엄밀하게 말하자면 유경수와 그 대원은 상대가 어떻게 활동할지 몰랐다. 따라서 그들의 책임은 상대의 활동에 상응하는 것은 아니었다. 그들은 각자 공동체를 믿고 공동체에 대해 자신의 책임을 다했을 뿐이다. 그들은 각자 단독적인 결단이었다. 유경수와 그 대원은 서로 만나지 못했을 수도 있다. 역사의 우연에 의해 두 사람의 행위는 무의미한 행위로 끝날 수 있다. 그렇더라도 그들은 자신의 책임을 다했을 것이다. 그 책임을 다하며 즐거운 마음으로 죽어갔을 수도 있다. 그에게는 공동체에 대한 무한한 책임이 있기 때문이다. 그 책임은 곧 자주적인 책임이다.

자주성의 공동체는 결코 이론적으로 발견된 공동체가 아니다. 자주성의 공동체는 위와 같은 역사적 실천을 통해 이미 확립된 공동체이다. 역사적 실천을 통해 형성된 자주성의 공동체를 이론적으로 확립하는 것은 철학의 몫이다. 이제 역사적으로 출현한 자주성의 공동체를 분석해 보자. 이 공동체는 사회 인식에서는 마르크스주의를 토대로 하면서도 역사적 실천에서는 자주적 공동체 정신을 통해 투쟁한다. 자주성의 공동체는 결코 레닌의 전위 정당처럼 욕망에 기초하여 유기적인 방식으로 결합하지 않았다. 자주성의 공동체는 동지애와 상호 믿음, 무한 책임의 정신을 통해 형성된 공동체였다.

5) 배려와 압축

지금까지 역사적으로 형성된 자주성의 공동체의 두 가지 예를 들었다. 만리장정을 떠난 홍군에서 전체 부대와 이름 없는 중대 사이 믿음과 믿음의 관계가 그 첫 번째 예이고, 항일 유격대에서 사령부와 유격 대원 사이의 목숨을 건 책임과 책임의 관계가 두 번째 예이다. 이때 한쪽의 믿음은 다른 쪽의 믿음을 전제로 한 것이 아니었다. 한쪽의 책임 역시 다른 쪽의 책임을 요구한 것이 아니었다. 그런 책임과 그런 믿음을 위한 상호 어떤 합의도 없었다. 믿음과 믿음, 책임과 책임이 상호적인 것은 아니고 일방적인 것이며 각자 단독적인 결단이었다. 그런 믿음과 책임은 각자 자신의 목숨을 건 행위였으니 그것은 가치를 따질 수 없는 무한한 행위이었다. 이런 관계는 기독교의 사랑이나 동학사상의 모심과 같은 자주적 공동체 정신을 바탕으로 하지 않으면 나올 수 없는 관계이다.

이념 공동체와 종교적 공동체 사이에 공통성이 존재한다. 우선 동지애를 보자. 동지애란 정념에서 나오는 쾌락적 사랑의 느낌은 아니다. 동지애란 성령에서 나오는 사랑처럼 고요하고 평안한 사랑의 느낌이다. 이런 동지애는 무차별적이다. 동지애는 종교나 인종, 혈연 심지어 계급과 신분, 학식의 유무조차 상관없이 동지라면 누구나 사랑한다. 자주적 공동체 정신은 정념의 사랑과 달리 개개인에 대한 사랑에 머무르지 않는다. 자주적 공동체 정신은 성령의 사랑처럼 항상 공동체에 대한 사랑으로 나타난다. 여기까지는 자주성의 정신은 종교적 사랑과 일치한다.

그런데 이념 공동체와 종교 공동체에 근본적인 차이가 있다. 이 차이는 이념 공동체가 종교적 공동체와 달리 현실의 공동체이기 때문에 나타난다. 이 공동체는 현실에서 이념의 실현을 목표로 하는 공동체이다. 현실의 이념 공동체에서 구성원 모두가 자주적 공동체 정신을 갖고 있다고 볼 수 없다. 그러므로 현실의 이념 공동체는 비대칭적으로 구성된다. 즉 한쪽에는 자주적 의지를 지닌 사람이 있고 다른 쪽에는 아직도 욕망을 지닌 사람이 있다. 비대칭적인 두 부류의 사람이 함께 구성하는 것이 현실의 이념 공동체이다. 비대칭적인 공동체에서는 종교 공동체에서 나타나는 자주적 공동체 정신을 새로운 방식으로 적용하지 않을 수 없다.

한쪽의 사람들은 욕망이 있으므로 이런 사람들은 공동체를 구성하면서 정의의 원리를 따르려 한다. 각자는 객관적으로 규정된 가치에 따라야 한다. 권리와 의무, 몫과 책임은 상호적이어야 한다. 그렇지만 다른 한쪽은 기꺼이 사랑의 원리를 적용하려 한다. 이때 나에게는 책임과 의무가 있으며 타인에게는 몫과 권리가 있다. 이런 사랑의 원리는 객관적 가치가 없으며, 따라서 무한성이 행위를 지배한다.

일반적으로 말하자면 현실의 이념 공동체는 정의의 원리에서 출발하지만, 사랑의 원리는 공동체를 자주성의 공동체로 끌어올리는 원근법적 소실점에 해당한다. 이 양 극단 사이에 공동체가 성립하기 위해서는 사랑의 원리와 정의의 원리는 하나로 압축되어야 한다. 이런 압축의 방식에 따라 구체적으로 다양한 현실의 이념 공동체가 출현한다. 앞에서 언급한 홍군과 항일 유격대를 통해서 볼 때 이런 압축은 대체로 다음과 같은 방식으로 일어난다.

그 방식은 한마디로 말하자면 '배려의 원리'라고 규정할 수 있다. 즉 나 자신은 사랑의 원리에 따르지만, 타인은 정의의 원리에 따르도록 허용한다는 것이다. 인간은 욕망하는 존재이고 의지의 측면에서 나약한 존재라는 현실을 인정하자는 것이다. 안타깝지만 이게 현실이니 그런 타인을 배려해야 한다. 따라서 현실의 이념 공동체는 타인이 요구를 우선해야 하며 타인의 요구대로 정의의 원리에 기초할 수밖에 없다. 그러나 나 자신은 사랑의 원리에 따른다. 나는 자주적 의지를 지닌 존재이기 때문이다. 나 자신에게는 정의의 원리가 중단된다. 나 자신에게는 사랑의 원리를 적용해야 한다. 그러므로 타인은 정의의 원리, 나는 사랑의 원리라는 타인과 나 사이에 비대칭적인 관계가 성립한다. 정의의 원리가 일반적인 기초이고 사랑의 원리는 그 위에 성립하는 예외이다. 타인을 배려하지만 나는 예외가 된다. 원칙적으로 사랑의 원리는 나 자신에게 제한된다. 이때 타인은 정의의 원리에 따르도록 허용하되 그가 사랑을 실천하겠다면 환영할 일이다. 배려와 비대칭성, 이 두 방식으로 사랑과 정의를 압축한다.

사랑은 너울을 통해 공감을 일으키면서 타인에게로 전파되니(거꾸로 타인의 사랑의 너울이 나에게로 전해질 수도 있다) 현실의 공동체 내에서 나와 같은 사람이 점차 많아질 것이다. 그렇게 된다면 현실의 공동체에서 더 많은 부분이 사랑의 원리에 따라 움직여질 것이다. 언젠가 현실의 공동체에서 정의의 원리가 전적으로 폐지될 수 있을 것이다. 그러면 완전한 자주성의 이념 공동체가 출현하게 된다. 그러기 전까지 정의의 원리는 유지되어야 한다. 그래도 나만은 예외다.

이런 식의 압축은 주인과 주인을 도와주러 온 손님의 관계에 비유할 수 있다. 처음에는 합의에 따라 일을 나눌 것이다. 이것은 정의의 원리에 따른다. 그러나 주인은 자기 일만 하지 않는다. 자신의 집을 지키기 위해 그는 손님이 하다가 못다 한 일이라도 스스로 맡는다. 주인에게는 무한의 책임이 있다.

어떻게 보면 바울이 말한 '마치 그런 것처럼(als ob)'의 철학도 이런 현실의 공동체에 나타나는 압축을 보여준다. 바울은 욕망을 참을 수 없다면 결혼하라고 말한다. 이것은 정의의 원리이다. 그러면서도 곧 심판의 날이 다가오니 그런 것은 의미가 없다고 말한다. 이것은 사랑의 원리이다. 바울은 여기서 타인을 배려한다. 타인에게는 정의의 원리에 따라 결혼을 허용한다. 그러나 자기 자신에게는 사랑의 원리를 적용한다. 사랑의 원리에 따르면 결혼은 의미가 없으니 그 자신은 결혼은 포기한다.

과연 이렇게 서로 대립하는 두 원리 즉 사랑의 원리와 정의의 원리를 압축하더라도 모순이 발생하지 않을까? 그렇지 않다. 왜냐하면 원래 사랑은 일방적인 사랑이 아닌가? 사랑의 원리는 오직 자기에게만 적용된다. 나는 나에게 무한의 책임을 부과한다. 이것은 타인에게 책임을 덜어주는 것이니 타인의 요구에 어긋나지 않는다. 반면 타인은 최소한 자기에게 정의의 원리를 적용하기를 요구한다. 그는 최소한 자기의 몫을 지키고자 한다. 그런데 내가 나에게 사랑의 원리를 적용한다면 그것은 그의 요구를 어기지 않는다. 나의 사랑은 그의 몫을 더해 주는 것이거나 적어도 그의 몫을 빼앗는 것은 아니기 때문이다. 결국 현실의 이념 공동체에서 나와 타인 사이에 사랑의 원리와 정의의 원리를 압축하는 것은 아무런 모순이 없다.

현실의 공동체에서 아직 객관적 가치, 고유한 몫과 책임이라는 개념이 남아 있으므로 여전히 욕망의 공동체가 지닌 관료주의와 종파주의의 위험이 사라지는 것은 아니다. 그러나 이런 현실의 공동체에서 사랑의 너울은 나(또는 타인)에서부터 점차 퍼져나가서 마침내 이념의 공동체로 바뀐다. 그렇게 되면 각자의 자주성을 지키면서도 전체적으로 결합하니 이보다 더 강한 공동체는 없다. 이런 자주성의 공동체가 지닌 힘은 교회 공동체의 역사를 통해 충분히 짐작할 수 있다. 더구나 중국의 홍군이 만리장정 속에서 보여주었던 승리, 동만의 항일 유격대가 가혹한 일제의 추적 속에서 보여주었던 승리를 생각한다면 그 힘을 충분히 짐작할 수 있을 것이다.

자주적 공동체 정신4

역사의 이념의 실천하는 이념 공동체가 자주적 공동체 정신으로 결합할 수 있다는 사실은 이미 역사적 실천을 통해 밝혀졌다. 문제는 그 가능성을 이론적으로 찾아내는 것이다. 그런 결합은 과학과 종교가 결합한다는 것처럼 모순적으로 보이기 때문이다. 그러나 마르크스의 이론 자체에 두 가지 인간론이 있다. 한편으로 인간은 사회적 총체라고 한다. 이는 욕망을 전제로 하며 이 욕망이 사회적으로 결정된다고 말이다. 다른 한편 인간은 유적 존재라 한다. 여기서 유적 존재는 노동의 공동체를 말한다. 마르크스는 역사를 더욱 능동적으로 파악하여 유적 존재의 발전 속에서 공산 사회도 출현할 수 있다고 본 것이 아닐까? 이런 공산 사회의 인간이 곧 자주적 공동체 정신을 지닌 인간이다. 마르크스의 사회적으로 욕망하는 인간과 자주적 공동체 정신을 지닌 인간, 이 두 인간론은 마치 뉴턴의 물리학과 아인슈타인의 물리학이 통일될 수 있듯이 통일적으로 파악될 수 있다.

1) 이론적 가능성

자주성의 공동체가 역사의 실천을 통해 이미 출현했지만, 이론적으로 그 가능성이 밝혀지지 않으면 안 된다. 역사의 이념을 과학적으로 파악한 것은 마르크스주의이다. 마르크스의 역사과학은 욕망하는 인간이라는 개념을 전제로 하여 나온 것이다. 마르크스주의에서 욕망은 사회적인 관계에 따라서 결정된다. 우리는 욕망하는 인간 개념을 받아들일 수밖에 없다. 이런 개념은 자주적 공동체 정신이라는 개념과 충돌하는 것이 아닐까? 과학적인 마르크스주의와 종교적인 자주적 공동체 정신이 어떻게 결합할 수 있는가? 그런 결합은 종교와 과학, 유신론과 무신론이 결합한다는 말처럼 모순이 아닌가? 결론적으로 말하자면 그런 결합이 가능하며 이것이 자주성의 철학이다. 이제 그런 가능성을 설명해 보기로 하자. 이를 위해서는 마르크스주의의 인간론을 재해석할 필요가 있다.

2) 욕망하는 인간

인간은 욕망하는 존재이다. 이미 널리 알려진 사실이고 누구나 쉽게 공감하는 말이니 굳이 더 설명할 필요는 없을 것이다. 사실은 이런 전제가 나오기까지 오랫동안 철학적인 투쟁이 있었다. 중세를 거쳐 근대에 들어오면서 이런 전제는 확고하게 자리 잡게 되었다.

마르크스주의 역시 이런 전제를 받아들인다. 다만 마르크스의 주장이 다른 주장과 구별되는 점이 있다면 인간의 욕망은 사회적 관계를 통해서 결정된다는 주장에 있을 것이다. 이것이 그 유명한 마르크스의 주장 즉 인간은 사회관계의 총체라는 주장이다. 추상적인 욕망 개념에서 사회적으로 결정되는 구체적 욕망 개념으로 전환하는 데 결정적으로 이바지했던 개념이 노동이라는 개념이다. 인간은 욕망을 실현하기 위해 세계에 대해 노동하는 가운데 노동 도구 즉 생산수단을 발전시키고 이를 중심으로 사회관계를 형성한다는 것이다. 이런 과정을 통해 역사에서 실현되는 계급적 이해라는 개념이 도출되면서 마르크스는 역사를 객관적으로 이해할 수 있었다.

그러나 역사의 혁명적인 실천을 다루는 한에서 우리는 마르크스주의의 일반적 인간론을 넘어서지 않을 수 없다. 인간을 욕망하는 존재로 본다면 실천적으로는 앞에서 말한 유기적 공동체 또는 레닌의 전위 정당이 나온다. 이런 정당, 이런 공동체가 관료주의와 종파주의로 몰락했다는 사실을 우리는 이미 잘 알고 있다. 그러므로 지금까지 새로운 공동체, 새로운 이념 공동체를 모색했던 것이 아닌가?

그런 가능성은 자주적 공동체 정신에서 발견될 수 있다고 기대되었다. 욕망하는 인간이라는 개념을 넘어서 자주적 공동체 정신이 필요하다는 사실은 역사적 실천을 통해 이미 입증되었다. 이제 그 가능성을 이론적으로 발견하기 위해 두 가지 논의가 꼭 필요할 것으로 보인다. 한 가지는 마르크스의 철학적 지반인 변증법적 유물론으로부터 새로운 인간의 가능성을 끌어낼 수 있는가 하는 논리적인 문제이다. 다른 하나는 마르크스가 정말 그런 새로운 인간론을 제시하려고 한 흔적이 있는가 하는 마르크스 해석의 문제이다.

우선 두 번째 문제부터 보자. 마르크스는 새로운 인간론 즉 자주적 공동체 정신을 언급한 적이 있다. 그것은 자주 망각되는 한 개념을 통해서 파악할 수 있다. 그 개념이란 마르크스가 『경제 철학 수고』라는 책에서 언급했던 '유적 존재(Gattungwesen)'라는 개념이다. 이 책은 마르크스의 초기(1844) 저서에 속하고 발간조차 되지 않다가 1932년 마르크스의 전집을 발간할 때 비로소 발간된 책이다. 그러므로 알튀세르 같은 이론가는 이 책을 마르크스의 본래 생각이 아직 발전되기 이전 헤겔의 철학적 영향 속에 머물러 있을 때 쓴 것이라고 해서 무시하고 만다. 반면 1950년대 프랑크푸르트학파에 속했던 마르쿠제나 에리히 프롬 등은 이 책을 통해 소외 개념을 부각하면서 마르크스의 철학을 인간론의 차원에서 재해석했다. 이 수고가 헤겔의 영향권 아래 있는 글이라는 점은 사실이지만, 그렇다고 배척하기보다 오히려 마르크스의 사상을 더 확대

하고 심화하는 것으로 이해해도 무방하리라.[79]

3) 유적 존재

사회적 총체라는 개념은 1845에 마르크스가 쓴『독일 이데올로기』라는 책에서 나온다. 반면 수고에 유적 존재라는 개념이 나온다. 이 개념은 사회적 총체라는 개념과 더불어 마르크스의 인간론을 이해하는 또 하나의 개념이다. 그런데 유적인 존재라는 개념은 무엇을 의미하는 것인가? 마르크스의 표현을 살펴보자.

> "인간은 유적 존재이다. 그것은 인간이 실천에서나 이론에서나 유 즉 자기 자신의 유뿐만 아니라 사물의 유를 그의 대상으로 삼기 때문이다. 후자는 전자를 다르게 표현한 것에 불과하다. 그뿐만 아니라 또한 인간이 자기 자신을 현재 활동하는 유로 간주하기 때문이며, 자기 자신을 보편적이며 바로 그래서 자유로운 존재로 간주하기 때문이다."

> "인간은 다만 그런 의식적 활동을 통해서 유적인 존재이며 또는 다만 의식적 존재이다. 즉 그의 고유한 삶은 그가 유적 존재이므로 그의 대상이 된다. 그러므로 그의 활동은 자유로운 활동이다. 소외된 노동은 그런 관계를 전복하여, 인간이 의식적인 존재이므로 오히려 그의 활동, 그의 본질을 자신의 현존을 위한 수단으로 삼는다. 대상 세계를 실

---

79 마르크스의 유물론은 1846년『독일 이데올로기』에서 본격적으로 전개되는 것으로 본다. 오늘날 마르크스 철학의 교본이 이 책이다. 그런데 수고는 1844년 쓰였으니 그 차이가 얼마 되지 않는다. 또 마르크스의 철학적 전환은 영국의 정치경제학을 연구하면서 일어난 것으로 본다.『경제 철학 수고』는 말 그대로 영국의 정치경제학을 연구한 결과이니 이미 이 때 마르크스의 철학이 본격적으로 등장한다고 해도 무방하다.

천적으로 산출하며 비유기적인 자연을 가공하는 것은 인간을 의식적인 유적 존재로 보존하는 것이다. 즉 이 존재는 유를 자기에게 고유한 존재로 간주하며 또는 자신을 유적 존재로서 간주하는 존재이다."

"동물은 직접적인 물리적 욕구의 지배 아래서 생산하지만 인간은 물리적 욕구로부터 자유롭게 생산하며 물리적 요구로부터 자유로울 때 정말로 생산한다. 동물은 자기 자신을 생산한다. 반면 인간은 전체 자연을 재생산한다. 동물의 산물은 그의 물리적 신체에 직접 속하지만, 인간은 그의 산물을 자유롭게 마주 대한다. 동물은 그가 속한 종의 욕구나 그 척도에 형성하지만, 인간은 모든 종의 척도에 따라서 생산할 줄 알며 어디서나 내재적 척도를 대상에 맞출 줄은 안다. 따라서 인간은 미의 법칙에 따라서 형성한다."[80]

상당히 길게 인용했다. 마르크스가 이야기를 간단하게 정리하자면 이렇게 말할 수 있다. 인간은 노동을 통해 모든 사물의 유(곧 인간 자기의 유와 같은 의미)를 대상으로 삼는 존재이며, 현재 활동하는 유 즉 보편적이며 자유로운 존재이다. 여기서 유적 존재(본질)라는 말의 의미를 분명하게 해야 한다. 이는 두 가지 의미가 있다.

첫 번째 의미는 자연에 대한 인간의 노동과 관련된다. 마르크스는 인간을 자연에 대해 노동하는 존재라고 본다. 인간의 노동은 자연을 가공해서 인간적 목적을 충족시킨다. 이때 인간은 자연을 마음대로 파괴할 수 없다. 오히려 노동 과정에서 자연의 저항에 부딪힌다. 이를 극복

80   K. Marx, Ökonomisch-philosophische Manuskripte, MEGA. Abteilung 1. Bd. 3. Berlin 1932, S. 24

하기 위해 인간은 자연을 기술적으로 이용한다.

이런 기술적 이용을 통해 인간은 자연에 자신의 유(범주)를 집어넣지만, 관점을 바꾸어 본다면 노동은 자연의 감추어진 유(질서)를 드러내는 과정이기도 하다. 즉 노동은 자연 자체의 척도 따른다. 자연에 인간의 목적을 집어넣는 노동은 자연에 내재하는 척도, 유를 드러내는 활동이다. 이것은 마치 조각가가 자연의 돌을 조탁하여 형상을 만들어 내는 활동이 사실은 자연의 돌 속에 감추어진 형상을 드러내는 것이라는 주장과 같다. 그러므로 노동은 자연을 미적으로 가공한다. 인간이 노동을 통해 자연의 유를 드러낸다는 것 즉 미적 노동이 유적 존재라는 말의 첫 번째 의미이다.

마르크스의 이런 주장은 칸트의 선험철학을 전제로 하지 않는다면 이해되지 않는다. 칸트는 개념이 대상을 구성하므로, 인식을 통해 얻어지는 자연법칙이란 곧 인간이 집어넣은 개념을 다시 발견하는 것에 불과하다고 말했다. 칸트의 선험철학적 주장이 헤겔을 통해 마르크스의 변증법적 유물론으로 전해진다.

4) 활동하는 유

두 번째로 마르크스는 '인간이 활동하는 유'라고 한다. 이런 말은 보통 쓰지 않는 말이라 그 의미를 이해하는 것이 어렵다. 활동하는 유란 인간의 추상적인 본질 즉 인간이면 누구에나 존재하는 공통성을 의미하는 걸까? 예를 들어 인간은 이성적 존재라고 할 때 이성은 인간의 추상적인 유적 본질, 공통성이다. 활동하는 유는 이런 이성이 인간을 지배한다는 말인가? 그것은 아니다. 마르크스에게서 인간은 사회적으로 결정되니 그런 추상적인 공통성은 존재하지 않는다.

그렇다면 활동하는 유는 무엇을 의미하는 것일까? 이를 이해하기 위해 철학사적인 지식이 필요하다. 이 개념의 원천은 포이어바하가 사용한 인간의 유적 본질이라는 개념이다. 포이어바하는 신은 이런 유적 본질의 소외라고 말했다. 포이어바하의 유적 본질이라는 개념은 다시 헤겔의 절대정신 개념에 기초한다. 헤겔의 절대정신은 공동체를 형성하는 자주적 정신이다. 마르크스가 활동하는 유라 말했을 때 그 유래는 헤겔의 절대정신이라는 개념에 있다. 그러므로 인간이 활동하는 유라는 말은 인간은 자주적 공동체 정신에 따라서 공동체를 형성하는 존재라는 말이다. 마르크스는 이를 "보편적이며 바로 그래서 자유로운" 존재라고 말한다. 이 말에서 핵심은 '바로 그래서' 라는 말에 있다. 보편적이기 때문에 자유롭다는 말이다. 이 말은 자주적 공동체 정신이라는 말을 통해서밖에 달리 해석하기 어렵다. 자주적 공동체 정신은 곧 사랑의 정신이니, 인간은 사랑을 통해 공동체를 형성할 수 있는 존재이다. 바로 이 말에서 마르크스의 두 번째 인간론이 드러난다.

자본주의 사회에서 개인은 이런 자주적 공동체 정신을 상실한다. 자본주의 사회는 시장에서 익명의 교환을 통해서 형성되는 공동체이다. 이런 공동체는 시장이라는 보이지 않는 손이 지배하는 공동체이지만 표면적으로 개인이 자신의 사적 이익을 위해 활동한다. 그런 가운데 대립과 갈등, 충돌이 전면화된다. 개인은 여기서 오직 사적 이익을 위해 고립적으로 활동한다. 그런 가운데 자본주의 사회에서 모든 공동체가 부정된다. 단순한 자연공동체인 가족조차도 자본주의 사회에서는 더는 유지되지 못한다. 종교적 공동체조차 본래 자주성의 공동체로서 기능을 상실한다. 신은 개인이 지상에서의 이익을 더욱 축적하도록 도와주는 기복의 수단으로 전락한다.

그러면 이런 활동하는 유가 지배하는 사회는 어떤 사회인가? 그것은 공산주의 사회이다. 공산주의 사회는 어떤 사회이고, 어떻게 수립되는가? 우선 사회주의 사회와 공산주의 사회[81]가 구별된다는 것에 주목하자. 사회주의 사회는 사적 소유는 폐지되었지만, 정의의 원리가 유지되는 사회이다. 여기서는 각자의 몫과 책임이 분명하다. 이런 사회에서 인간은 아직 욕망하는 존재이다. 욕망에 기초한 사회 구성의 원리가 정의의 원리이기 때문이다. 반면 공산주의 사회의 원리는 사적 소유가 폐지되는 사회이라는 점에서 사회주의를 출발점으로 한다. 그러나 공산주의 사회를 구성하는 원리는 그 유명한 공산주의 사회의 원리이다. 즉 능력에 따라 일하고 필요에 따라 분배한다는 원리이다. 이런 원리와 자주적 공동체 정신이 서로 상응한다. 이런 정신을 통해서 공산주의 원리가 유지될 수 있으며 이런 사회에서 자주적 공동체 정신이 회복된다.

마르크스는 후기에 이르면 공산주의의 사회는 뒤로 미루고 우선 정

---

81 공산주의는 원래 무정부주의에서 주장된 것이다. 처음에 그것은 코뮌주의이다. 코뮌 즉 마을 공동체를 기본단위로 하는 코뮌 연합체가 코뮌주의의 기본 주장이다. 여기서 코뮌의 공동 소유가 전제된다. 코뮌 내에서 사회 원리는 공산주의적 원리이다. 즉 능력에 따라 일하고 필요에 따라 분배한다는 원리이다. 마르크스는 초기에 한때 코뮌주의에 심취했고 그 때문에 「코뮈니즘 선언」이라는 문서도 작성했다. 그의 '코뮈니즘'은 이미 그 내용이 무정부주의자의 코뮌주의와 달랐다. 우선 그는 공동 소유를 부정하고 소유자체를 폐지한다. 사회적 소유라는 이미에서 이를 사회주의라고 했다. 사회의 원리는 공산주의적 원리가 아니라 정의의 원리를 수용한다. 즉 일한 만큼 분배한다는 원리이다. 마르크스는 사회주의를 주장하면서 점차 코뮈니즘이라는 말을 쓰지 않게 되었다. 레닌은 혁명 이후 기존의 사회민주당을 공산당으로 이름을 바꾸었다. 이때 공산당이라는 이름은 미래 공산주의 원리를 실현하겠다는 약속 또는 기대를 표현한다. 이름뿐이지 실질적 의미는 없다. 최근 무정부주의자들은 사회주의를 비판하면서 초기의 코뮌주의로 되돌아가자고 주장한다. 그래서 용어도 공산주의보다는 코뮌주의를 선호한다. 공동소유, 공산주의 원리가 다시 핵심 개념이 되었다.

의의 원리가 지배하는 사회주의 사회를 건설하고자 했다. 그 때문에 인간론에서도 욕망하는 인간 개념이 중심이 되고 활동하는 유 즉 자주적 공동체 정신은 거의 언급되지 않는다. 하지만 마르크스의 사상 속에 이 두 가지 인간 개념이 처음부터 공존했다는 것 그리고 그가 원래 사회주의를 넘어서 공산주의를 지향했다는 것은 간과될 수 없을 것이다.

6) 변증법적 유물론

이제 미루어 놓았던 첫 번째 문제로 가보자. 수고에 나오는 인간론 즉 미적인 노동이나, 활동하는 유라는 말은 그 연원이 모두 독일 고전철학이고 철학적으로는 유물론적이라기보다는 선험적인 개념이다. 이런 개념은 변증법적 유물론과는 양립할 수 없는 개념인가? 변증법적 유물론에서도 물질이 순환적으로 복합되면서 새로운 물질이 나온다고 했다. 인간 사회가 공산주의 사회로 발전하고 개인과 개인의 관계가 고도로 공산주의 원리에 따라 규정되면 이로부터 개인적 의지를 넘어선 자주적 공동체 정신이 나올 수 있다.

나는 앞에서 욕망이 자주적 의지로 그리고 개인적 의지가 공동체 정신으로 발전하는 과정은 선험적으로 설명될 수도 있고 진화론적으로도 설명될 수 있다고 했다. 미분적 힘이라는 개념이나 순환적 복합체라는 개념은 논리와 시간의 연관을 맺고 있다고 했다. 두 가지 설명방식을 통합할 수 있다면 수고에 나오는 인간론을 『독일 이데올로기』에 나오는 인간론과도 통합할 수 있을 것이다.

그러면 공산주의 사회가 출현하는 과정을 검토해 보자. 그 출발점은 사회주의 사회이다. 사회주의에 이르러 사적 소유가 폐지된다. 여기서는 아직 인간은 욕망하는 존재로 파악되고 정의의 원리가 지배한다. 이런 사회주의 사회에서 기술적인 발전이 일어난다. 생산력은 고도화된다. 사회의 공동체적 삶이 발전한다. 공산주의는 이런 전제 위에 성립한다. 그러나 그런 전제가 마련되었다고 해서 공산주의 사회가 바로 실현되는 것은 아니다. 마치 자본주의가 발전하더라도 사회주의가 저절로 발전하지 않는 것과 마찬가지이다. 자본주의에서 사회주의로 이행하는 것도 마찬가지이지만 사회주의에서 공산주의 사회로의 이행도 오히려 위로부터 일어난다. 즉 자주적 공동체 정신을 바탕으로 그런 사회가 건설된다. 공산주의 사회로 이행하려면 먼저 자주적 공동체 정신이 사회주의 사회에서 길러져야 한다. 사회주의 사회에서 어떻게 이런 자주적 공동체 정신을 기르는가는 사회주의 사회의 문화혁명과 연관된다.

그렇다면 이상하지 않은가? 변증법적 유물론에 따르면 지금까지 역사에서 물질적인 사회가 먼저 구성되고 다음에 그에 걸맞은 정신이 출현했다. 이게 유물론의 원칙이다. 공산주의 사회는 자주적 공동체 정신을 전제로 하고 구성된다면 이것은 변증법적 유물론이라는 마르크스의 근본 철학을 부정하는 것인가? 하지만 변증법적 유물론을 조금만 더 깊이 생각해 보면 이런 전환도 가능하지 않을까? 앞에서 물질의 구성이 고도화되고 층차적으로 순환적 구성이 발전하면서 진화의 속도도 점차 빨라지며 진화의 과정은 수동에서 능동으로, 정념에서 자각적으로, 맹목에서 능동적인 의지로 발전한다고 했다. 이처럼 진화가 발전하면 공산주의 사회처럼 사회의 구성이 정신의 원리에 따라 구성되는 것도 가능하다.

마지막으로 이론적으로 볼 때 다음과 같은 물음이 제기된다. 이 두 가지 인간론을 어떻게 통일시킬 수 있을까? 즉 사회적으로 결정되는 욕망이라는 개념과 인간에게 내재하는 자주적 공동체 정신이라는 개념이 양립 가능한 것일까?

욕망하는 인간 개념을 출발점으로 삼지 않고 자주적 공동체 정신을 출발점으로 삼는다면 그런 통일이 가능하다. 인간에게는 본래 자주적 공동체 정신이 내재한다. 이런 정신은 잠재적인 것이며 가만있다고 저절로 구현되지 않는다. 대중은 이런 잠재적 자주적 공동체 정신을 구현하지 못한다. 대중은 심지어 개인적인 자주성조차 결여하며 대부분 욕망의 힘에 지배당한다. 이런 대중이 상호작용하면서 역사가 만들어지니, 역사를 파악할 때는 당연히 인간을 욕망하는 존재라고 보고, 대중의 욕망을 결정하는 사회적 관계를 파악하여야 한다. 그런 측면에서는 마르크스주의가 역사를 파악할 때 욕망하는 대중이 중심이 되며, 욕망하는 인간이 중심이 된다. 그러나 역사를 파악할 때 인간, 그런 대중의 모습이 인간의 본래 가능성을 보여주는 것은 아니다.

인간은 본래 자주적 공동체 정신을 내재하고 있다. 이런 잠재적 정신은 일정한 기회에, 어떤 사람들에게 실제로 구현된다. 그런 사람이 소수이고 아니 한두 명이라 하더라도 그런 사람이 나타난다는 사실 자체는 인간에게 그런 본디 가능성이 존재한다는 것을 의미한다. 그런 가능성이 없다면 그런 사람들이 그런 기회에 그렇게 행동할 수가 없기 때문이다. 그런 사람들로 이루어진 공동체가 곧 자주성의 공동체이다. 따라서 역사적 혁명을 실천하는 이념의 공동체를 논의할 때, 인간의 새로운 가능성을 논의할 때는 인간을 이런 잠재성의 관점에서 파악해야 한다.

이런 파악이 인간을 이원론적으로 파악하는 것이 아닌가 의문을 제기할 수 있을 것이다. 그러나 과학적 이론이 이원론적으로 설명되는 때도 많다. 예를 들어 뉴턴의 물리학 이론과 아인슈타인의 물리학 이론을 보자. 자연의 기본 원리는 오늘날 아인슈타인의 상대성 원리로 설명된다. 그러나 우리가 일상적으로 발견하는 운동 속도가 느린 물체에는 굳이 아인슈타인의 법칙을 적용할 필요가 없다. 이때는 뉴턴의 물리학 이론을 적용해도 충분하다. 즉 뉴턴의 이론은 아인슈타인의 이론이 특수한 경우에 적용되는 것으로 포섭된다.

마찬가지로 생각할 수 있다. 마르크스의 인간론 가운데 욕망하는 인간은 본래 인간의 모습은 아니다. 본래 인간의 모습 속에는 자주적 공동체 정신이 내재한다. 그러나 대중에게, 특히 자본주의적인 현실 속에서는 이런 자주적 공동체 정신은 잠재적인 것에 머무르고 출현하지 않는다. 그 결과 이런 대중의 모습은 오직 욕망에 따라 움직인다고 보아도 무방하다. 하지만 이런 모습이 대중적이고 자주적 공동체 정신은 소수에게만 나타난다고 하더라도, 소수에게 나타나는 것이 근본적인 가능성이고 다수에게 나타나는 모습은 현실 속에서 왜곡된 모습이다. 그러므로 욕망하는 인간의 개념은 자주적 공동체 정신이라는 인간 개념의 특수한 경우로 포섭될 수 있다.

자주적 공동체 정신5

　자주적 공동체 정신이 어떻게 발전하는가? 동지애의 출발점은 어디에 있는가? 그 출발점은 인민의 힘에 대한 믿음이다. 이렇게 생각해보자. 누구는 혁명에 충실하고 누구는 인민을 배반하는 이유는 무엇인가? 그것은 기질의 문제가 아니다. 역사적으로 역경에 부딪히면 인간은 '인민이 역사의 주인'이라는 믿음을 잃어버리고 절망에 빠진다. 절망이 죄악의 원천이다. 인민이 역사의 주인이라는 절대적 믿음, 이 믿음을 통해 얻은 실천적 능력으로서 사랑의 정신, 그리고 사랑을 통해 공동체에 대하여 짊어지는 무한한 책임이 곧 자주적 공동체 정신이다. 이런 공동체 정신을 통해 역사의 이념을 실현할 이념의 공동체가 형성된다.

1) 절망이 죄다.

과연 동물적 욕망을 지닌 인간이 자주적 의지를 가질 수 있는가? 개인적 자발성을 넘어서 공동체 정신으로 넘어갈 수 있는가? 앞에서 그 가능성을 살펴보았다. 그 가능성이 확보되었다고 해서 실제로 그런 이행이 바로 일어나는 것은 아니다. 그렇다면 이런 이행은 어떻게 일어나는가? 이런 이행은 훈육 때문에 일어나는 것은 아니다. 당연히 신적인 힘을 통해 주어지는 것도 아니다. 그렇다면 무엇이 인간이 욕망에서 자주로, 개인에서 공동체로 이행하도록 하는가?

이미 헤겔이 『정신현상학』을 통해 밝혔듯이 그 과정은 변증법적으로 일어난다. 이런 변증법은 역사 속에서 실천을 통해서 일어난다. 역사의 실천을 통해 모순에 부딪히며 이 모순을 극복하는 가운데 새로운 정신이 발전한다. 마찬가지이다. 자주적 공동체 정신 역시 이런 역사적 실천을 통해 형성된다.

그런 역사적 모순 앞에서 사람들은 일단 절망한다. 절망하는 자는 간절하게 소망한다. 마르크스가 프롤레타리아를 가르켜 잃어버릴 것은 사슬밖에 없는 존재라고 말했을 때 그는 그런 간절함을 말하고자 하지 않았을까? 간절한 자의 꿈속에서 그 소망이 출현한다. 처음에는 꿈이지만 곧 그 꿈은 실천적 힘으로 바뀌게 될 것이다. 절망하는 자가 메시아주의에 빠졌다가 다시 역사적 실천으로 뛰어드는 것도 이런 이유 때문이다. 절망하자, 진정으로 절망한다면 간절해질 것이다. 절망하는 자는 간절하게 이념의 공동체를 기다리니, 마침내 스스로 이념의 공동체를 형성하기 위해 자주적 공동체 정신에 이른다. 그 길 외에 다른 길이 없기 때문이다.

자주적 공동체 정신 즉 동지애는 어디서 나오는가? 기독교적 사랑이 성령에 대한 체험에서 나오듯이 자주적 공동체 정신은 인민의 힘에 대한 체험에서 나온다. 성령과의 합일로 사랑을 실천할 능력을 얻듯이 인민의 힘에 대한 믿음으로부터 자주적 공동체 정신을 획득한다. 인민에 대한 믿음이 동지애에 대해 어떤 역할을 하는가를 보여주는 풍부한 역사적 예가 있다. 여기서 그저 대표적인 예를 한 가지를 살펴보는 것으로 그치자.

그 예는 1938년 남만의 항일연군 1군(동만의 항일연군이 2군이다)의 핵심 중의 핵심인 1사 사단장 정빈이다. 그는 만주 항일연군 총사령이며 동시 1군의 사령관인 양정우의 오른팔이다. 그는 1938년 여름 1군의 열하 원정 중에 배신해서 사단 전체를 이끌고 일제에 항복했다. 그는 그 후 일제의 개가 되어 항일연군을 파괴하는 데 앞장섰다. 그 결과 남만의 1군이 괴멸되고 다시 회복되지 못했다. 아마도 만주 항일연군 가운데 최고위급 배신자에 해당하는 그는 왜 배신을 택했는가? 혁명 승리에 대한 신념을 잃어버렸기 때문이다. 7.7사변 이후 일제가 파죽지세로 관내로 쳐들어가자 혁명승리가 불가능하다고 생각했다.

이런 예증을 통해 보면 결론은 단순하다. 그 결론은 곧 혁명이 승승장구하고 정세가 유리할 때는 변절자가 나오지 않지만, 내외정세가 복잡하게 변하고 혁명의 길에 난관이 조성될 때는 동요가 생긴다.

2) 신의 침묵

이런 결론이 보여주는 핵심은 믿음의 상실 곧 절망과 관련된다. 혁명이 난관에 부딪히면 사람들은 처음에 정세가 나쁘다고 판단한다. 그래도 인민의 움직임이 눈에 뜨이면 견딜 수 있다. 하지만 난관이 계속되면 인민의 움직임 자체가 점차 미약해지고, 눈에 띠지 않게 된다. 그러면 혁명의 승리에 대한 믿음이 심각하게 흔들리게 된다.

마치 겨울 산 얼음 밑에서 여전히 계곡물이 흐르듯이 실제로는 역사의 지표면 밑에서 끊임없이 인민은 움직이고 있다. 이 시기에 인민은 금강석처럼 다듬어지고 있다. 그러나 그것은 지표면 아래서의 움직임이기에 눈에 보이지 않는다. 지표면 바로 아래서 아무리 세차게 흐르더라도 눈에 보이지 않으니 사람들은 그것이 없다고 믿는다.

우연한 기회에 잠깐 승리의 여신이 그 옷자락을 보여주는 듯하다가 다시 캄캄한 밤은 계속된다. 지루하고 무의미한 듯한 삶이 지속하거나 현실의 변방에서 이름 없는 고지를 둘러싸고 일진일퇴하면서 시체에 시체를 쌓는 싸움이 계속된다. 반면 이 시기, 적의 승리는 찬란하기 짝이 없다. 화려한 춤과 번쩍이는 장식이 적의 승리를 후광처럼 둘러싼다. 어느새 사람들은 우르르 그리 몰려가고 돌아보면 주변에는 아무도 없다. 남아 있는 몇 명조차 초라하고 남루하게 보인다. 비웃음과 냉소가 곳곳에서 들리는 듯하다. 병마가 닥쳐오고, 모든 것이 귀찮아진다.

이 시기는 바로 「요한계시록」에 나오는 신이 침묵하는 시기와 같다. 계시록에 따르면 제7의 봉인을 뜯자 신의 심판이 시작되기 전 30분간 아무 소리도 없는 정적이 흐른다. 이 30분은 말이 30분이지 그 속에 있는 사람에게는 천년만년 갈 것 같은 시간이다. 바로 이 시간이 절망의 시간이다. 이 30분 동안 대부분 절망하고 만다.

회의는 지속한다. 역사의 이념을 인민이 실현할 수 있다는 말이 사실인가? 역사란 권력과 부를 가진 자들이 농락하는 것이 아닐까? 아니면 역사는 조물주나 창조주가 마음대로 주물럭거리는 장난감이 아닐까? 역사는 종말에 이르렀다거나, 역사는 생존경쟁에 따른 생물의 진화사에 불과하다거나, 역사의 미륵과 메시아를 기다려야 한다거나 하는 수많은 절망의 철학이 쏟아진다. 곳곳에 독버섯처럼 고개를 드는 이런 절망의 철학 앞에 고개를 숙이고 있다가 어느 날 그는 걸어간다. 적에게 항복하러 가는 것이다.

3) 친일 지식인

이렇게 인민의 힘에 대한 믿음을 상실하면 지금껏 자신의 삶을 후회하게 된다. 그는 자기가 역사의 흐름과 반대의 길을 갔다고 생각한다. 그는 앞서간 남들을 따라잡기 위해, 잃어버린 시간을 보충할 수 있을 만큼 아니 그보다 더 몇 배 강하게 역사의 반동에 몸을 던진다. 가장 충실했던 것으로 보이던 인간이 변절하면서 가장 처절하게 타락한 인간으로 변모하는 일이 이렇게 해서 발생한다.

일제 강점기를 생각해보자. 30년대 말까지 그런대로 저항의 몸짓을 보여 주던 조선의 많은 지식인이, 민족주의자이든 사회주의자이든 40년 초에 이르게 되면 대부분 전향하게 된다. 일단 한번 전향하자 이들은 누가 더 일제에 충성을 바치느냐를 통해서 경쟁한다. 남들이 한 번 징병에 나가라는 연설을 하면 그 자신은 두 번 일본군 강제위안부로 나가라고 연설한다. 남들이 반지를 빼 일제에 바치면 그는 비행기를 사서 일제에 바친다. 그들이 이렇게 전향에 애태운 이유는 무엇일까? 40년대라는 이 시기에 주목해야 하지 않을까?

그 시기에 일제는 태평양 전쟁을 일으켜 승승장구했다. 일제는 필리핀을 장악하고 미얀마까지 진군했다. 중국에서도 이제 대부분 도시를 장악했다. 이때 약간의 이성만 있다면 작은 힘으로 전 세계적으로 전선을 확산한 일제의 승리가 허울에 불과하며 이는 이미 패배의 시초라는 것을 짐작할 수 있었다. 그는 약간의 감각만 가졌더라면 일제가 장악한 도시와 도시, 태평양의 섬과 섬 그 배후의 광대한 영역은, 아니 아시아의 모든 지하와 밀림과 산골짜기에 저항의 힘이 숨 쉬고 꿈틀거리고 축적되고 있다는 사실을 알아차릴 수 있었을 것이다.

그러나 일제 말 대부분 지식인은 표면상 나타나는 일제의 승리에 겁먹고 말았다. 그들은 조선이 해방될 수 있다는 믿음을 상실하고 절망에 빠졌다. 인민이 끝내 역사의 주인이라는 사실을 회의하게 되었다. 그들은 자신이 역사의 진행과 반대의 방향을 갔던 것이 아닐까, 우물쭈물하다가는 마지막 버스조차 놓치지 않을까 생각하면서 전향하기 시작했다. 일단 전향하자, 마음이 급해졌다. 그래서 일제에 대한 충성경쟁이 발생했다.

결국 절망, 인민이 역사의 주인이라는 믿음을 상실한 절망이 그들을 타락하게 했으니, 키르케고르가 "절망이 죄"라고 했던 주장이 여기서도 진리임이 입증된다.

4) 인민이 역사의 주인

그러므로 인민이 역사를 움직이는 원동력이며, '인민이 역사의 주인'이라는 믿음은 항상 역사 앞에서 처절하게 느낀 절망의 깊이에 비추어서 이해해야 한다. 그런 처절한 절망 속에서 미륵이 내려오고 메시아가 재림하기를 갈망하지만, 미륵도 메시아도 나타나지 않는다. 바로 이때 절망하는 마음속에 마치 계시처럼 떠오르는 말이 있으니 그것이 '인민이 역사의 주인'이라는 말이다.

이 말을 이해하지 못하는 사람은 거꾸로 그가 진정으로 절망에 부딪히지 못했다는 말과 같다. 그는 아직 여유가 있다. 그러기에 권력과 부가 역사를 움직인다고도 생각해보고, 수천 년 기다린 메시아와 미륵을 기다려 보기도 한다. 권력과 부가 없는 사람들은 그리고 지금 구원이 닥쳐오지 않으면 안 된다고 생각하는 사람들은 결국 오직 한 가지 길에 몸을 던질 수밖에 없다. 그 길은 바로 '인민을 역사의 주인'으로 믿는 길이다. 지푸라기도 잡고 싶은 사람들에게는 '인민이 역사의 주인'이라는 이 말처럼 희망을 주는 말이 없다. 그것은 예수 그리스도가 모든 희망의 궁극적 원천으로 생각하는 기독교인의 믿음과 똑같다. 절망에 빠진 사람들은 절대적인 희망을 품고 '인민이 역사의 주인'으로 믿는 것이다.

어떻게 보면 '인민이 역사의 주인'이라는 말은 마르크스의 역사철학 이래로 평범한 진리에 불과할 수도 있다. 마르크스는 프롤레타리아가 역사의 주인이라 말했다. 프롤레타리아라는 말을 인민이라는 말로 치환하면 인민이 역사의 주인이라는 말이 나온다. 그렇게 생각할 수 있을 것이다. 그래서 이런 치환이 정당한가, 아닌가에 대해 한때는 치열한 논쟁이 벌어지기도 했다. 인민이란 계급적 연합인가 아닌가 하고 또 그 연합에는 어떤 계급이 들어가고 어떤 계급은 빠지는가 하면서, 이런저런 논쟁이 벌어졌다.

그러나 인민의 계급적 구성이 무엇인가 하는 논쟁은 중요하지 않다. 그것은 역사적 진행이나 과학적 분석을 통해 밝혀질 일이다. 중요한 것은 프롤레타리아든 인민이든 대중이든, 그 집단적 힘이 진정으로 역사의 주인이라는 것이다. 이를 믿는가, 아닌가. 그것이 알파요 오메가이다.

인민이 역사의 주인이라는 믿음은 단순히 그런 믿음이 과학적이라는 믿음, 다시 말해 수많은 역사적 사실을 통해서 입증된 역사의 법칙이라는 믿음을 의미하지 않는다. 그런 믿음은 연구실에 틀어박혀 온갖 역사를 연구하는 학자의 믿음을 의미하지 않는다. 오히려 이 믿음은 실천적 행동에 나선 사람에게, 그것도 오직 인민에 근거하여 역사적으로 실천하는 실천적 행동가에게 존재하는 믿음을 의미한다. 그 믿음은 이런 행동가의 실천적 행동 자체로 나타나는 믿음이다.

입으로 인민이 역사의 주인으로 말하는 사람조차 실제로는 그런 실천적 믿음을 갖고 있지 않은 때가 많다. 그건 기독교인이 신에 대한 믿음을 생각으로 갖고 있지만, 몸으로는 그걸 믿지 않는 것과 마찬가지이다. 기독교에서 진실한 믿음은 성령과 합일이며, 이를 통해 율법을 실천하는 능력을 얻는 것이다. 마찬가지로 인민을 진정으로 믿는다고 한다면, 그런 믿음은 실천적 삶을 통해 드러날 것이다. 또 그런 실천적 삶은 항상 인민에 근거하여 실천될 것이다.

진정한 믿음은 바로 이러한 믿음, 실천적 활동에서 드러나는 믿음,

인민에 근거한 믿음이다. 이런 믿음이야말로 희망을 만들어내며 바로 이런 희망이 동지에 대한 믿음과 사랑, 책임으로 출현하는 것이다. 예수 그리스도라는 희망이 교회 공동체를 만들어냈듯이 인민에 대한 믿음이 곧 역사의 이념을 실천하는 이념의 공동체를 만들어 낸다. 그러므로 마지막으로 말한다. 사람이 하늘이고 인민이 하늘이다.

나가는 말

　이상의 글을 통해 자주적 의지의 최고 형태인 자주적 공동체 정신을 살펴보았다. 그 과정을 간략하게 정리해 보자. 자주적 의지란 행위를 하는 것 자체에서 즐거움을 느끼는 의지이다. 이런 점에서 자주적 의지는 결과를 획득함으로써만 쾌락을 누리는 욕망과 구별된다. 자주적 의지는 다양한 형태로 나타난다. 자주적 의지는 의무감의 형태로 최초로 출현했다. 이어서 낭만주의적인 양심 개념으로 발전했다. 사랑의 정신은 자주적 의지의 최고 형태로서 의무감과 양심이 개인의 의지로 머무른다면, 사랑의 정신은 공동체를 형성하는 정신이다. 기독교는 사랑이라는 자주적 공동체 정신을 발견했다. 사도 바울은 교회공동체를 형성하는 과정 중에서 사랑의 정신을 구체적으로 밝혀 주었다. 그것은 신 앞에서 무한 책임을 짊어지는 사도의 삶이다.

기독교의 성령, 믿음과 사랑이라는 개념이 동학에서는 지기, 수심정기와 모심이라는 개념으로 나타난다. 그런 점에서 기독교와 동학사상은 놀랄만큼 닮았다. 차이도 있다. 기독교는 성령에 대한 믿음, 합일에서 출발한다. 이런 수직적 믿음은 옆으로 퍼지면서 공동체가 형성된다. 그러나 동학 사상에 이르면 타인을 천주로 모시면서 타인을 우선시하는 공동체 정신이 출현한다. 동학 사상은 타인을 모시는 덕목을 통해서 수직적 관계에 못지 않게 수평적 관계를 강조하는 자주적 공동체 정신을 보여주었다.

하지만 기독교나 동학사상은 사랑이나 모심의 정신을 사회 역사적 실천과 연결하지 못했다. 기독교에서 제시한 하나님의 나라, 하나님의 법은 막연하며 교회 공동체는 하나님의 나라를 실천하는 행동으로 나가지 못했다. 기독교는 타락해서 개인의 심판을 모면하는 기복종교가 되었다. 반면 중국의 홍군이나 1930년대 항일 빨치산 투쟁 속에서 사회 역사적인 인식과 자주적 공동체 정신을 결합하는 시도가 이루어졌다. 사회 역사에 대한 과학적 인식을 통해 역사의 이념이 파악된다. 그것이 자주성의 철학이다. 역사의 이념을 실현하기 위해서는 이념 공동체가 필요하다. 자주적 공동체 정신은 이념 공동체를 형성하는 정신이다. 자주적 공동체 정신은 곧 인민에 대한 믿음에서 나온다. 그것이 곧 동지애이며 공동체를 위해 무한 책임을 지는 삶이다. 그러나 자주성의 철학에도 한계가 있다. 종교적 토대를 떠나 세속화하면 성령의 성스러움은 사라지고 정념의 사랑으로 변질하면서 세속적 욕망이 되살아날 가능성도 있다. 그러므로 자주성의 철학이 타락하지 않으려면 성령의 성스러움을 잊지 않으려 노력해야 한다. 유감스럽게도 자주성의 철학의 근간 중의 하나였던 중국의 마오주의가 그런 식으로 무너진 것처럼 보인다.

　나의 결론은 종교와 자주성의 철학을 하나로 압축하는 것이다. 그것은 공동체와 개인, 정의와 사랑을 압축하는 것과 같다. 기독교와 동학사상은 성령을 중심으로 하는 사상이다. 자주성의 철학에 이르러 내면화된 사랑으로 나타난다. 사랑의 대상은 낯선 것이라는 외피를 벗어던지고 친밀한 존재가 된다. 성령과 사랑은 동전의 이면이다. 개인이 욕망에 사로잡혀 있다면 그는 믿음을 통해 성령과 합일되며 반면 개인이 자주적 의지에 이르게 되면 그의 정신은 사랑의 정신이 된다. 헤겔은 공동체 정신이 소외되면서 신이 되었다고 한다. 거꾸로 말할 수도 있다. 신을 내면화하면 공동체 정신이 된다.

　자주적 공동체 정신이 존재한다면 그동안 역사적 실천 활동을 내부에서 파괴했던 분열을 극복할 수 있을 것이다. 과거 역사 속에서 그치지 않던 분열이 지금도 계속되고 있다. 이런 분열이 극복되지 않는 한 역사에서 인민이 주인이 되는 세상은 도래하지 않을 것이다.

　이상이 이 글의 핵심적인 요지이다. 마지막으로 예상되는 약간의 오해에 대해 답하고 나서 이 글을 마치고자 한다.

　우선 자주성을 강조하면 가끔 욕망이 없는 인간이 가능하냐고 비판된다. 또한 자주성이란 도덕주의가 아니냐는 비판을 받는다. 이건 도덕주의라는 말에 대한 오해이다. 우선 가치는 욕망 중의 하나이다. 가치란 욕망 중에 객관적 비교에 따라 나온다. 자유의지는 이런 가치를 자신의 것으로 선택한다. 자주적 의지는 이 선택된 욕망을 실행한다. 도덕은 그것이 욕망이기 때문이 아니라 그것이 가치 있는 것이기에 실행한다. 그러므로 도덕을 강조한다고 해서 욕망이 사라진 불교적 무욕의 상태는 아니다. 욕망을 실행하는 근거가 다를 뿐이다.

또한 도덕주의란 도덕을 강조한다는 의미가 아니라 불필요한 도덕을 강조하는 것으로 이해해야 한다. 그런 의미에서 본다면 자주성의 철학은 도덕주의는 아니다. 예를 들어, 사과가 배보다 더 가치가 있다고 해서 항상 어느 때나 배가 아니라 사과를 먹을 필요가 있을까? 또는 남녀 사이에서 정신적인 사랑이 더 가치 있다고 해서 정신적 사랑만을 고집할 필요가 있을까? 만일 그렇다면 이런 것이 도덕주의가 된다. 이런 음식의 가치나 남녀 사이의 사랑의 가치는 일반화할 이유가 없는 개인의 일시적 가치에 불과하다. 대개 이런 것들은 취미나 문화적 선택, 정념의 영역에 속한다. 이런 때라면 약간의 변덕이 있더라도 또는 잠시 욕망의 흐름에 몸을 맡겨두어도 아무 상관이 없다.

진정으로 자주적으로 실현해야 하는 가치가 있다면 그것은 역사의 이념 외에 없다. 역사의 이념은 객관적인 가치이며 일반화할 수 있는 가치이기 때문이다. 이런 때에 욕망의 힘에 몸을 맡긴다면, 오히려 변절자라니 무책임한 행위라니 하면서 비난을 받게 마련이다. 자신이 선택한 이념을 실행하고자 전 생애를 바치고, 밤낮으로 노력하는 자는 지사라고 일컬어지지 도덕주의자라고 비난하지 않는다.

둘째, 자주성이 반과학적이라는 비판이 있다. 이런 비판은 사랑이니 뭐니 하는 이야기가 지극히 주관적인 판단으로 흐를 가능성이 있다는 데서 나온다. 맹목적인 사랑이라는 말도 있듯이 자주 주관적인 판단을 사랑이라는 이름으로 강요하는 때가 많다. 이때 사랑의 행위가 사랑받는 사람에게 실제로 가치 있는 행위가 되지 않는다. 때로는 그저 사랑하는 타인이 하자는 대로 무조건 해 주는 것을 사랑이라 생각한다. 이런 때 때로는 그런 사랑이 사회 전체에 해악을 끼치기도 한다. 조폭들 사이의 의리라든가 친구이니 혈연이니 해서 부당한 짓을 눈감아 주는 때가 그렇다. 이런 이유로 사람들은 자주적 의지는 반과학적이라 비판한다.

사랑이 주관적이라는 비판은 자주성에 대한 심각한 오해에서 비롯된다. 이런 오해는 사랑이라는 것을 의지의 영역에 속하는 것으로 보지 않고 가치의 영역에 속하는 것으로 본 데서 나온다. 앞에서 여러 차례 반복해 말했지만, 인간에게서 가치의 영역과 의지의 영역을 구분해야 한다. 자주적 의지는 자연 발생적인 욕망과 대립하는 것이지, 객관적이든 주관적이든 가치와 대립하는 것은 아니다. 두 가지는 서로 다른 차원일 뿐이다.

가치와 의지가 구분되므로, 주관적 가치를 자주적 의지를 통해 실행할 수도 있다. 앞에서 든 예가 그렇다. 그렇지만 자주적 의지라면 주관적 가치를 실행하는 때보다는 객관적 가치를 실행하는 때 더 확고하게 된다. 객관적 가치는 앞에서도 설명했듯이 과학적인 방식으로 인식되어야 한다. 직관적인 인식은 자주 주관적인 것을 객관적인 것으로 오인한다. 과학적으로 인식된 객관적 가치와 일반적으로 행위하는 자주적 의지는 서로 상응한다.

마지막으로 강조할 점은 이렇다. 자주적 의지에 도달한 사람은 전체 대중과 비교해 본다면 아무래도 소수에 지나지 않을 것이다. 대중은 욕망의 자연 발생적 힘, 충동적인 힘에 지배받는다.

대중의 욕망이 역사적 실천과 무관하다고 말하려는 것이 아니다. 역사에서 자주성의 공동체가 대중의 욕망과 만나게 될 때 역사가 변화하게 된다. 이 두 가지의 역할을 함께 인정해야 한다. 대중이 움직이는 때는 역사가 정점에 이르렀을 때이다. 거기에 이르는 과정 중에서는 자주성의 공동체와 대중의 욕망 사이에는 대립과 갈등이 존재할 수밖에 없다. 그 과정 중에는 양자를 적절하게 배합하는 것이 매우 중요한 일이다.

여기서 욕망하는 대중과 자주성의 공동체 사이의 관계가 문제가 된다. 이와 관련하여 앞에서 이미 배려의 원리라든가 비대칭적 관계에 대해 설명했다. 이를 통해 정의와 사랑이라는 두 원리가 하나의 공동체 속에서 압축될 수 있다. 나아가서 사회 전체적으로 보아서, 권력 분립에 관한 다양한 이론을 참고할 수 있을 것이다. 우리는 겨우 삼권 분립만 이해하고 있다. 그러나 역사적으로 보면 종교와 정치, 이론적 문화적 권력과 실제적 물리적 권력 사이에 갈등과 협력이 있었다. 조선 시대에는 선비와 왕권의 관계나 사회주의 국가에서 국가와 정당의 문제, 이슬람 국가에서 종교와 국가 사이의 관계도 권력 분립과 관련될 것이다. 이 점과 연관하여 최근 이란에서 종교적 권력과 세속적 권력이 갈등하는 가운데 상호 협력하는 과정을 자세히 살펴볼 필요가 있다. 이런 권력 분립 이론을 참조한다면 우리가 처한 문제도 어렵지 않게 극복할 수 있을 것이다.

자주성의 공동체

초판 1쇄 인쇄 2017년 3월 18일

초판 1쇄 발행 2017년 3월 31일

지은이 이병창

펴낸곳 먼빛으로

주소 151-050 서울특별시 관악구 봉천동 865-2

세종오피스텔 716호

전화 070 8742 5830

팩스 051 980 0609

이메일 bclee1972@gmail.com

법인 617-91-76607

ISBN 978-89-963381-7-8(03190)